Die Computerdelikte im deutschen Recht

im

Fachbereich Rechtswissenschaft der Universität Passau

unter Betreuung von

Prof. Dr. Bernhard Haffke

Dissertation zur Erlangung der Doktorwürde

der Juristischen Fakultät der Universität Passau

vorgelegt von

Mamoun Abu-Zeitoun

Passau, im November 2004

Erstgutachter: Prof. Dr. Bernhard Haffke
Zweitgutachter: Prof. Dr. Werner Beulke
Tag der mündlichen Prüfung: 20. Dezember 2004

Berichte aus der Rechtswissenschaft

Mamoun Abu-Zeitoun

Die Computerdelikte im deutschen Recht

Shaker Verlag
Aachen 2005

Bibliografische Information der Deutschen Bibliothek
Die Deutsche Bibliothek verzeichnet diese Publikation in der Deutschen Nationalbibliografie; detaillierte bibliografische Daten sind im Internet über http://dnb.ddb.de abrufbar.

Zugl.: Passau, Univ., Diss., 2004

Ausgeschieden von
Landtagsbibliothek
Magdeburg

am ....

Copyright Shaker Verlag 2005
Alle Rechte, auch das des auszugsweisen Nachdruckes, der auszugsweisen oder vollständigen Wiedergabe, der Speicherung in Datenverarbeitungsanlagen und der Übersetzung, vorbehalten.

Printed in Germany.

ISBN 3-8322-3632-5
ISSN 0945-098X

Shaker Verlag GmbH • Postfach 101818 • 52018 Aachen
Telefon: 02407 / 95 96 - 0 • Telefax: 02407 / 95 96 - 9
Internet: www.shaker.de • eMail: info@shaker.de

Vorwort

Die vorliegende Arbeit wurde im Sommersemester 2004 von der Rechtswissenschaftlichen Fakultät der Universität Passau als Dissertation angenommen.

Mein besonderer Dank gilt meinem Doktorvater, Herrn Professor Dr. Bernhard Haffke, der die Dissertation angeregt und betreut hat. Herrn Professor Dr. Werner Beulke danke ich für seine Bereitschaft zur Übernahme des Zweitgutachtens. Außerdem bedanke ich mich bei Herrn Professor Dr. Ulrich Manthe für die Führung des Vorsitzes bei meinem Rigorosum.

Grundlage für das Gelingen meiner Arbeit war die liebevolle ideelle und finanzielle Unterstützung durch meine lieben Eltern und meine Geschwister, die mir mein Studium ermöglicht und mich mit Rat und Tat unterstützt haben. Daher bin ich ihnen zu großem Dank verpflichtet und möchte ihnen die vorliegende Arbeit widmen. Mein besonderer Dank gilt meinem Bruder Herrn Aiman Abou-Zaitoun und meinem Freund Herrn Raed Al-Shwahin und allen Freunden, die mich immer wieder unterstützt haben.

Ebenfalls gilt mein Dank Frau Isabel Said, Frau Andrea Schnabl, Frau Christine Obermeier, Herrn Dr. Ronald Torka, Herrn Rechtsanwalt Michael Reinhart und Herrn Dr. Andreas Popp, die mir sehr geholfen haben. Ebenso danke ich auch Herrn Simon Rohlfing und Herrn Marcus Greulich für das sorgfältige Korrekturlesen des Manuskriptes.
Schließlich bedanke ich mich bei Deutschland und bei allen Deutschen, die mir die Chance gegeben haben, hier in Deutschland zu studieren.

Passau, im Dezember 2004   Mamoun Abu-Zeitoun

Inhaltsverzeichnis

Erster Teil: Allgemeine Übersicht über Computerkriminalität 1

I. Einleitung 1
   1. Der Begriff der Computerkriminalität 2
   2. Die Entwicklung der Computerkriminalität 3
   3. Die Ursachen der Computerkriminalität 6
   4. Die Gefahren der Computerkriminalität 9

II. Die Notwendigkeit für neue gesetzliche Regelungen 10

III. Die allgemeinen Probleme der Computerkriminalität 12
   1. Die Problematik der grenzüberschreitenden Computerkriminalität und des anzuwendenden Gesetzes 12
      1.1. Die Anwendbarkeitsfrage des deutschen Strafrechts bei normalen Straftaten 12
         1.1.1. Das Territorialprinzip 13
         1.1.2. Das Personalitätsprinzip 14
         1.1.3. Das Schutzgrundprinzip 14
         1.1.4. Der Weltrechtsgrundsatz (Universalprinzip) 15
         1.1.5. Das Prinzip der stellvertretenden Strafrechtspflege 15
         1.1.6. Das Kompetenzverteilungsprinzip 16
         1.1.7. Die Teilnahme an Straftaten 16
      1.2. Die Anwendbarkeitsfrage des deutschen Strafrechts bei Internetkriminalitäten 16
   2. Cyber Crime Convention 18
      2.1. Einführung 18
      2.2. Das Anliegen der Cyber Crime Convention 19
      2.3. Der Inhalt der Cyber Crime Convention 20
         2.3.1. Der Inhalt des Kapitels I der Konvention (Verwendung von Begriffen). 20
         2.3.2. Der Inhalt des Kapitels II der Konvention (Maßnahmen auf nationaler Ebene) 21
            a. Abschnitt 1 – Materielles Strafrecht 21
            b. Abschnitt 2 – Verfahrensrecht 22
            c. Abschnitt 3 – Gerichtsbarkeit 23

2.3.3. Der Inhalt des Kapitels III der Konvention (Internationale Zusammenarbeit) 24
    a. Abschnitt 1 – Allgemeine Grundsätze 24
    b. Abschnitt 2 – Besondere Bestimmungen 25
2.3.4. Der Inhalt des Kapitels IV der Konvention (Schlussbestimmungen) 27
2.4. Die Kritik an der Cyber Crime Convention 28
    2.4.1. Das Zusatzprotokoll I 30
    2.4.2. Das Zusatzprotokoll II 30
IV. Die Strafgesetze zur Computerkriminalität 31

Zweiter Teil: Die Erscheinungsformen der Computerkriminalität 31

A. Die Computermanipulation 31
  I. Einleitung 32
    1. Die Arten der Computermanipulation 32
      1.1. Die Veränderung der Eingabedaten (Die Inputmanipulation) 32
      1.2. Die Veränderung von Daten (Die Konsolenmanipulation) 34
      1.3. Das Ändern von Programmen (Die Programmmanipulation) 35
      1.4. Die Ausgabe der Daten (Die Outputmanipulation) 38
    2. Die Gefährlichkeit der Computermanipulation 38
  II. Die Manipulationsfolgen 39
    1. Die unrichtige Druckausgabe 39
    2. Das falsche Datum 39
  III. Die Zusammenfassung 39
  IV. Die Erscheinungsformen der Computermanipulation 40

    1. Die Datenveränderung § 303a StGB 40
      1.1. Einleitung 40
        1.1.1. Der Hintergrund der Einführung des § 303a StGB 41
        1.1.2. Das Rechtsgut des § 303a StGB 42
        1.1.3. Das Tatobjekt des § 303a StGB 42
        1.1.4. Die Fremdheit der betroffenen Daten 44
      1.2. Die Tathandlung 45
        1.2.1. Das Löschen von Daten 46

a. Die Begriffsbestimmung 46
b. Die Erscheinungsformen des Löschen 47
 aa. Das physische Löschen 47
 bb. Das logische Löschen 47
1.2.2. Das Unterdrücken von Daten 48
 a. Die Erscheinungsformen des Unterdrückens 49
  aa. Das logische oder physische Löschen der Daten........................ 49
  bb. Die Wegnahme des Datenträgers 50
  cc. Das logische Verstecken 50
  dd. Das Unterdrücken durch unterlassene Dateneingabe 50
 b. Der Zeitfaktor 51
1.2.3. Das Unbrauchbarmachen von Daten 52
 a. Die Erscheinungsformen des Unbrauchbarmachens 53
  aa. Das Löschen/Hinzufügen von Daten 53
  bb. Das Umgestalten gespeicherter Daten 53
1.2.4. Das Verändern von Daten 54
1.3. Die Tathandlung durch Unterlassen 55
1.4. Das Verhältnis der einzelnen Tatvarianten zueinander 56
1.5. Die Erscheinungsformen der Erfüllung der Tathandlungen
 des § 303a StGB durch die Datenverarbeitung 56
 1.5.1. Die Computerviren 57
  a. Die Infektion 57
  b. Die Funktionsweise 58
   aa. Die Funktion mit positiver Zielrichtung 58
   bb. Lediglich belästigende Funktionen 59
   cc. Funktionen, die Daten manipulieren, beschädigen oder zerstören 60
  c. Die Bekämpfung 60
 1.5.2. Die logischen Bomben 61
 1.5.3. Trojanische Pferde 62
 1.5.4. Die Hintertüren 63
1.6. Der subjektive Tatbestand 63
 1.6.1. Der Unterschied zwischen bedingtem Vorsatz und bewusster
  Fahrlässigkeit 64

1.6.2. Der Vorsatz des Täters und die Fremdheit des angegriffenen Verfügungsrechts 65
1.7. Die Versuchsstrafbarkeit 66
   1.7.1. Der Tatentschluss und das unmittelbare Ansetzen 66
   1.7.2. Die Anwendung des § 22 StGB auf § 303a StGB 68
1.8. Die Konkurrenzen 70
1.9. Der Strafantrag 71
   1.9.1. Der Antragsberechtigte.. 71
   1.9.2. Das besondere öffentliche Interesse 72
1.10. Die Zusammenfassung 72

2. Die Fälschung beweiserheblicher Daten § 269 StGB 75
  2.1. Einleitung 75
     2.1.1. Die Notwendigkeit der Einführung des § 269 StGB 76
     2.1.2. Die Varianten des § 269 StGB 77
     2.1.3. Der Tatbestand des § 269 StGB im Einzelnen 78
        a. Die Tathandlung 78
           aa. Die Datenspeicherung 78
           bb. Die Datenveränderung 79
           cc. Der Gebrauch der Daten 80
        b. Der objektive Tatbestand 80
           aa. Der Datenbegriff 80
              aaa. Die extensive Auslegung 80
              bbb. Die Beschränkungen des Datenbegriffs bei § 269 StGB 82
                 aaaa. Die Beweiserheblichkeit 82
                 bbbb. Die Garantiefunktion 82
        c. Der subjektive Tatbestand 83
  2.2. Die Konkurrenzen 84
  2.3. Die Zusammenfassung 84

IV

3. Die Urkundenunterdrückung, Veränderung einer Grenzbezeichnung § 274 StGB ... 86

   3.1. Einleitung ... 86

      3.1.1. Die Begründung der Einführung des § 274 I Nr. 2 StGB ... 87

      3.1.2. Das Schutzobjekt des § 274 I Nr. 2 StGB ... 87

      3.1.3. Die Begriffsbestimmung der Beweiserheblichkeit von Daten ... 88

   3.2. Der Tatbestand des § 274 I Nr. 2 StGB ... 88

      3.2.1. Der objektive Tatbestand ... 88

         a. Das Löschen von Daten ... 89

         b. Das Unterdrücken von Daten ... 89

         c. Das Unbrauchbarmachen von Daten ... 90

         d. Das Verändern von Daten ... 90

      3.2.2. Der subjektive Tatbestand ... 90

   3.3. Die Konkurrenzen ... 91

   3.4. Die Zusammenfassung ... 92

B. Der Computerbetrug § 263a StGB ... 94

   I. Einleitung ... 94

   1. Die Notwendigkeit der Einführung des § 263a StGB ... 95

      1.1. Die Erfassung des Computerbetrugs durch § 263 StGB ... 95

         1.1.1. Das Rechtsgut und Tatobjekt der beiden Vorschriften ... 96

         1.1.2. Die Tathandlungen des § 263 StGB hinsichtlich des Computerbetrugs ... 97

            a. Die Täuschung ... 97

               aa. Der Täuschungsgegenstand ... 97

               bb. Die Täuschungshandlung ... 98

            b. Der Irrtum ... 99

               aa. Die Begriffbestimmung des Irrtums ... 99

               bb. Irrtum und die Computermanipulation ... 100

               cc. Die Stichprobenkontrolle ... 101

      1.2. Die strafrechtliche Erfassung einer betrugsähnlichen Computermanipulation durch andere Straftatbestände ... 103

         1.2.1. Der Diebstahl § 242 StGB ... 103

         1.2.2. Die Unterschlagung § 246 StGB ... 104

1.2.3. Die Untreue § 266 StGB 105
1.2.4. Das Erschleichen von Leistungen § 265a StGB 105
2. Die Kritik des Schrifttums und Einzelprobleme bei der Anwendung
des § 263a StGB 107
   2.1. Der Vorwurf der Verfassungswidrigkeit des § 263a StGB 107
   2.2. Der Vorwurf, dass § 263a StGB einige Fälle nicht erfasse............... 109
      2.2.1. Die Strafbarkeit der kontoüberziehenden Geldabhebung mit
      eigener Kodekarte 109
      2.2.2. Das Leerspielen von Glücksspielautomaten 110
      2.2.3. Der Fall des Bankautomatenmissbrauchs................................ 111

II. Der Tatbestand der Straftat des Computerbetruges gemäß § 263a StGB 111

1. Die Tathandlung 111
   1.1. Der Begriff der Daten 111
      1.1.1. Der Datenbegriff des § 202a StGB 111
      1.1.2. Der Datenbegriff des § 3 I BDSG (Bundesdatenschutzgesetz)................ 112
      1.1.3. Der eigene Datenbegriff des § 263a StGB 113
   1.2. Die einzelnen Tathandlungen des § 263a StGB 114
      1.2.1. Die unrichtige Gestaltung des Programms 114
      1.2.2. Die Verwendung unrichtiger oder unvollständiger Daten 116
      1.2.3. Die unbefugte Verwendung von Daten 118
         a. Das Problem der Geldspielautomaten 121
         b. Die Verwendung der Daten in mittelbarer Täterschaft 124
            aa. Die Definition der mittelbaren Täterschaft 124
            bb. Die gleichzeitige Täuschung eines Menschen 124
      1.2.4. Die unbefugte Einwirkung auf den Ablauf 126
2. Die Beeinflussung des Ergebnisses eines Datenverarbeitungsvorganges 128
   2.1. Der Begriff der Beeinflussung 129
      2.1.1. Die Programmwidrigkeit 129
      2.1.2. Die Modifizierung des Ergebnisses einer Datenverarbeitung 129
   2.2. Der Begriff der Datenverarbeitung 130
   2.3. Das Mahnverfahren als Datenverarbeitung 130
      2.3.1. Zum Begriff der Vollendung und Beendigung 132
      2.3.2. Die Anwendbarkeit der Begriffe der Vollendung und Beendigung
      auf den Computerbetrug 132

    a. Bei Erlass des Mahnbescheides 133
    b. Nach Ablauf der Widerspruchsfrist gegen den Mahnbescheid 133
    c. Mit Antrag auf Erlass des Vollstreckungsbescheides 134
    d. Bei Erlass und Zustellung des Vollstreckungsbescheides 134
  3. Der subjektive Tatbestand 135
III. Die Versuchsstrafbarkeit **136**
  1. Einführung 136
  2. Die allgemeine Voraussetzungen einer Versuchsstrafbarkeit 136
  3. Das Problem der Feststellung des unmittelbaren Ansetzens beim
     Computerbetrug 138
  4. Der Versuchsbeginn im Mahnverfahren 138
IV. Der strafbefreiende Rücktritt **139**
V. Die Konkurrenzen **140**
VI. Die Zusammenfassung **141**

C. Die Computerspionage (Ausspähen von Daten § 202a StGB) **145**
I. Einleitung **145**
  1. Die Notwendigkeit der Einführung des § 202a StGB 145
  2. Das Rechtsgut des § 202a StGB 146
  3. Der Schutzbereich des § 202a StGB gegenüber Daten Dritter 147
II. Der Tatbestand **148**
  1. Der objektive Tatbestand 148
    1.1. Der Datenbegriff 148
    1.2. Die Tathandlung 150
    1.3. Die Beschränkungen des § 202a I StGB 151
      1.3.1. Die Daten dürfen nicht für den Täter bestimmt sein 151
        a. Der Maßstab der Feststellung der Bestimmtheit der Daten für
          den Täter 151
        b. Sonderproblem: Softwarehersteller 153
      1.3.2. Die Daten müssen gegen unberechtigten Zugang besonders
          gesichert sein 154
        a. Der Art und Umfang der Sicherung 155
          aa. Die physischen Schutzmaßnahmen 156
          bb. Das Passwort 157

cc. Die Verschlüsselung 158
b. Der unberechtigte Zugang 159
1.3.3. Die Daten müssen dem Täter oder einem Dritten verschafft werden 160
1.4. Die Beschränkungen des Datenbegriffs des § 202a II StGB 165
1.4.1. Die Daten sollen elektronisch, magnetisch oder sonst nicht unmittelbar wahrnehmbar sein 166
1.4.2. Die Daten müssen gespeichert oder übermittelt sein 167
2. Der subjektive Tatbestand 169
3. Die Rechtswidrigkeit 170
4. Die Konkurrenzen 171
5. Der Strafantrag 172
6. Die Zusammenfassung 173

D. Die Computersabotage 175
I. Einleitung 175
1. Der Hintergrund der Einführung des § 303b StGB 176
2. Das geschützte Rechtsgut 177
3. Der Tatbestand des § 303b StGB 178
3.1. Der objektive Tatbestand 178
3.1.1. Die Begriffbestimmung der Datenverarbeitung 179
3.1.2. Die Tathandlungen des § 303b StGB (Erscheinungsformen der Störung einer Datenverarbeitung) 180
a. Die Störung der Datenverarbeitung durch die Datenveränderung: § 303b I Nr. 1 180
b. Die Störung der Datenverarbeitung durch Angriffe auf Datenverarbeitungsanlagen oder Datenträger: § 303b I Nr. 2 StGB 180
3.1.3. Die Anwendbarkeit des § 303b StGB auf den Datenverarbeitungsvorgang 181
3.1.4. Die Einschränkungen 182
a. Die Fremdheit des Betriebes oder Unternehmens im Gegensatz zur Behörde 183
aa. Die Begriffsbestimmung der Worte Betrieb, Unternehmen und Behörde 183
bb. Der fremde Betrieb bzw. das fremde Unternehmen 184

b. Die Wesentlichkeit der gestörten Datenverarbeitung 185

aa. Die Feststellung der Wesentlichkeit der gestörten
Datenverarbeitung 186

bb. Die Art der Betroffenheit 187

c. Die Daten müssen elektronisch, magnetisch oder sonst nicht unmittelbar wahrnehmbar gespeichert oder übermittelt werden § 202a II StGB 188

d. Die Datenverarbeitung muss gestört werden 188

aa. Das Vorliegen einer Störung 189

aaa. Die Erstellung eines neuen Programms 190

bbb. Die Beeinflussung vorhandener Programme 191

bb. Die zeitliche Dauer der Störung 191

cc. Die Arten der Störung 192

aaa. Die Störung einer Datenverarbeitung § 303b I Nr. 1 StGB 192

bbb. Die Störung einer Datenverarbeitungsanlage oder eines
Datenträgers § 303b I Nr. 2 StGB 193

aaaa. Der Begriff der Datenverarbeitungsanlage 193

bbbb. Der Begriff des Datenträgers 193

dd. Die Tathandlungen, die die Datenverarbeitungsanlage oder
Datenträger betreffen 194

aaa. Das Zerstören und Beschädigen 194

bbb. Das Unbrauchbarmachen 195

ccc. Das Beseitigen 196

ddd. Das Verändern 196

3.2. Der subjektive Tatbestand 197

3.2.1. Die Bejahung des bedingten Vorsatzes im Rahmen der
Hardwareangriffe 198

3.2.2. Die Bejahung des bedingten Vorsatzes im Rahmen der
Softwareangriffe 198

a. Die Schwierigkeiten der Feststellung des bedingten Vorsatzes 198

b. Die Lösung dieses Problems 200

II. Die Versuchsstrafbarkeit 201

1. Der Versuch des § 303b StGB 201

2. Der Versuch des Täters, der nur beim Grund- und nicht beim
Qualifikationsdelikt unmittelbar angesetzt hat 202

III. Die Konkurrenzen 203
   1. Das Konkurrenzverhältnis bezüglich der §§ 303b I Nr. 1 und 303a I StGB 203
   2. Das Konkurrenzverhältnis zwischen den § 303b I Nr. 2 und 303 StGB 203
   3. Das Konkurrenzverhältnis zwischen Nrn. 1 und 2 des § 303b I StGB 204
IV. Der Strafantrag 204
V. Die Zusammenfassung 205
Literaturverzeichnis 207

Erster Teil: Allgemeine Übersicht über Computerkriminalität

I. Einleitung

Die rapide Ausbreitung von Computern[1] bzw. computerunterstützten Informations- und Kommunikationssystemen hat gleichzeitig ein erhebliches Anwachsen der damit verbundenen Missbrauchsmöglichkeiten zur Folge. Auch in Deutschland steigt die Computerkriminalität weiter an. Mindestens jedes zweite Unternehmen ist schon Opfer von Saboteuren oder Hackern geworden. Es ist aber von einem großen Dunkelfeld auszugehen, weil viele begangene Sabotageakte oder von Hackern begangene Taten usw. oft nicht zu erkennen sind. Wer nicht bemerkt, dass er von diesen Straftaten betroffen ist, kann sich nicht als Opfer melden bzw. wehren.

Die Straftatbestände sowohl des Strafgesetzbuches als auch der anderen Gesetze, die vor 1986 verabschiedet worden waren, erfassten die nun mögliche Computerkriminalität, wie z.B. die „Datenverbreitung" im Bereich der Wirtschaftskriminalität, die sich nach diesem Zeitpunkt stark verbreitet hat, gar nicht oder nur unzureichend. Dies liegt daran, dass die vorhandenen Gesetzbestimmungen nicht dafür bestimmt waren, was die Subsumtion dieser neuen Straftaten unter diese Gesetzesbestimmungen erschwert hatte.

Der Bundestag hat nach jahrelanger lebhafter Diskussion am 25. Februar 1986 das zweite Gesetz zur Bekämpfung der Wirtschaftskriminalität (2. WiKG)[2] verabschiedet. Dadurch konnte ein erster Versuch unternommen werden, Computerkriminellen wirkungsvoller zu begegnen. Durch dieses Gesetzes wurde eine Reihe von neuen Tatbeständen in das Strafgesetzbuch eingefügt, die es vorher nicht gegeben hatte; es ist damit dem deutschen Gesetzgeber gelungen, das vorher beschriebene Problem des Subsumierens zu beseitigen.

---

[1]-Unter Computer versteht man eine „programmgesteuerte elektronische Rechenanlage", Duden Lexikon A-Z, hrsg. u. bearb. von Meyers Lexikonredaktion, 7. Auflage, Mannheim 2001, S. 131.

[2]-Durch dieses Gesetz, das am 1. August 1986 in Kraft getreten ist, sollten Lücken im Bereich des Wirtschaftsstrafrechts geschlossen und der neuartigen Deliktsform der Computerkriminalität entgegengetreten werden. Mehr dazu bei Schlüchter, 2. WiKG, S. 129ff.; Weber, NStZ 1986, S. 481, (487); Achenbach, NJW 1986, S. 1835, (1840ff.) Die in dieser Untersuchung verwendeten Abkürzungen orientieren sich an Kirchner, Abkürzungsverzeichnis.

Das am 01.08.1986 in Kraft getretene 2. WiKG umfasst unter anderem folgende neue Vorschriften:

1. § 303a StGB - Datenveränderung
2. § 269 StGB - Fälschung beweiserheblicher Daten
3. § 274 StGB - Urkundenunterdrückung
4. § 263a StGB - Computerbetrug
5. § 202a StGB - Ausspähen von Daten
6. § 303b StGB - Computersabotage
7. § 270 StGB - Täuschung im Rechtsverkehr bei Datenverarbeitung
8. § 271 StGB - mittelbare Falschbeurkundung
9. § 273 StGB - Gebrauch falscher Beurkundung
10. § 348 StGB - Falschbeurkundung im Amt
11. § 17 UWG - Verrat von Geschäftsgeheimnissen

1. Der Begriff der Computerkriminalität

Die Definition des Begriffs der Computerkriminalität und damit dessen Eingrenzung ist nach wie vor umstritten. Eine Meinung[3] geht davon aus, dass unter Computerkriminalität alle Kriminalitätsformen zu verstehen sind, die unmittelbar oder mittelbar im Zusammenhang mit der elektronischen Datenverarbeitung stehen und unter Einbeziehung einer EDV-Anlage begangen werden[4].

Einige Autoren nehmen jedoch an, dass diese Definition zu weit ist[5]. Die Computerkriminalität wurde einmal folgendermaßen definiert: „[...] all jenes deliktisches Handeln, bei dem der Computer Werkzeug oder Ziel der Tat ist"[6]. Eine andere Auffassung nimmt jedoch an, dass eine genaue Definition letztlich, allein schon wegen der Vielfältigkeit der Erscheinungsformen, nicht möglich sein wird[7]. In Übereinstimmung mit dieser Auffassung geht eine Meinung davon aus, dass der Begriff der Computerkriminalität nur ein Schlagwort sei, kein juristischer brauchbarer Terminus[8].

---

[3]-Sieber, CR 1995, S. 100ff.
[4]-Dannecker, BB 1996, S. 1285ff.; Tilch, Computerkriminalität, Deutsches Rechts-Lexikon, Bd. 1 1993, S. 883.
[5]-Z.B. Möhrenschläger, wistra 1991, S. 321ff.
[6]-Mühlen, Computerkriminalität und Abwehrmaßnahmen, S. 17.
[7]-Hilgendorf, JuS 1996, S. 509ff.; Sieber, CR 1995, S. 101.
[8]-Haft, NStZ 1987, S. 6ff.

Nach der Arbeitsgemeinschaft der Leiter der Landeskriminalämter und des Bundeskriminalamts umfasst die Computerkriminalität die Computermanipulation, den Computerbetrug, die Computerspionage sowie den Computersabotage[9].

Die Polizei differenziert zwischen den Bereichen der Computerkriminalität im engeren und weiteren Sinne. Computerkriminalität im engeren Sinne erfasst alle strafbaren Handlungen, bei denen der Computer die Straftat erst ermöglicht.

Computerkriminalität im weiteren Sinne sind alle konventionellen Straftaten, bei denen der Computer als Medium zur effizienteren Durchführung genutzt wird.

Delikte, die im Internet begangen werden, sind entweder speziell auf das Internet oder Intranet[10] ausgerichtet oder generell, wobei das Internet nur als Kommunikationsmedium genutzt wird.

Netzspezifische Delikte sind Computermanipulation, Computerbetrug, Computerspionage, Computersabotage.

Generelle Delikte sind unter anderem die Verbreitung pornografischer Schriften, Erpressung oder Bedrohung per E-Mail, Menschenhandel, Vergehen nach dem Urheberrechtsgesetz, insbesondere im Bereich der Software-Piraterie und illegal kopierte Musikwerke, Waffenhandel usw.

In meiner Arbeit möchte ich auf die netzspezifische Computerkriminalitäten im engeren Sinne eingehen.

Die herrschende Meinung geht davon aus, dass die Computerkriminalität in vier Deliktsgruppen unterschieden wird[11]. Diese Gruppen sind Computermanipulation, Computerbetrug, Computerspionage und Computersabotage.

2. Die Entwicklung der Computerkriminalität

Nachdem der Computer im Bereich der Wirtschaft und Verwaltung eingesetzt wurde, haben sich viele Straftaten, die mit dem Computer verbunden sind, ergeben.

---

[9]-Steinke, NStZ 1984, S. 295ff.

[10]-Unter Intranet versteht man die Vernetzung von Computersystemen zur Übermittlung von Informationen und Daten zwischen Abteilungen, Filialen und Arbeitsstellen eines Unternehmens bzw. einer Behörde.

[11]-Sieber, DSWR 1974, S. 246; Mühlen, Computerkriminalität und Abwehrmaßnahmen, S. 17ff., 45ff.; Lenckner, Computerkriminalität und Vermögensdelikte S. 22ff.; Rohner Computerkriminalität, S. 37ff.; OLG München, JZ 1977, S. 408f.

Angriffe auf EDV-Anlagen und Datenträger sind Realität[12]. In der Bundesrepublik Deutschland wird über eine ganze Reihe von bekannt gewordenen Fällen und Strafverfahren berichtet. Beim Bayerischen Landeskriminalamt wurden in den Jahren 1978 bis 1982 durchschnittlich zwei bis vier Fälle aus dem Bereich der Computerkriminalität erfasst, 1983 bereits sechs Fälle, bis Mitte 1984 etliche neue Fälle[13].

Mit dem Ende des 20. Jahrhunderts haben sich die Möglichkeiten der elektronischen Datenverarbeitung durch das Internet potenziert. Das Internet verbindet über Länder und Kontinente. Es ist ein Kommunikationsmedium, das in den letzten Jahren unglaublich populär geworden ist.

Die Vorteile liegen klar auf der Hand: das neue Medium ist schnell, preiswert und effizient und entwickelt sich außerdem immer stärker zu einem zentralen Wirtschaftsfaktor, der Arbeitsplätze schafft. Es hat damit insgesamt einen positiven Einfluss auf Wirtschaft und Gesellschaft.

Doch neben diesen positiven Eigenschaften birgt es ebenso die Gefahr des Missbrauchs. Diese Statistik zeigt, wie rasant sich die Computerkriminalität in den letzten Jahren entwickelt hat[14]:

Polizeiliche Kriminalstatistik bzgl. der Computerkriminalität 1992-1996	1992	1993	1994	1995	1996
Erfasste Fälle nach PKS	11428	13898	20998	27902	32128
davon Betrug mittels Karten für Geldautomaten	8447	10754	17357	23315	26802
Computerbetrug gemäß § 263a StGB	2009	2247	2754	3575	3588
Fälschung beweiserheblicher Daten / Täuschung im Rechtsverkehr gemäß §§ 269, 270 StGB	122	156	179	227	198
Datenveränderung oder Computersabotage gemäß §§ 303a, 303b StGB	88	137	188	192	228
Ausspähen von Daten gemäß § 202a StGB	67	103	165	110	933
Software-Piraterie insgesamt:	542	501	356	483	379
-davon private Anwendungen			267	363	192
-in Form gewerbsmäßigen Handels			89	120	187
Straftaten gegen das Datenschutzgesetz (Bund und					

---

[12]-Sieber, Informationstechnologie, S. 11, Rdnr. 1.

[13]-Zimmerli-Liebl, Computermissbrauch, S. 18.

[14]-Rolf Günter, Computerkriminalität, BHV-Verlag, S. 17.

Länder):	163	158	194	232	311
Gesamt einschließlich Verstöße gegen Datenschutz					
Kriminalität mit Kreditkarten	11591	14056	21192	28134	32128
Betrug mittels Kreditkarte	10964	12777	28860	29632	26130
Missbrauch von Kreditkarten gemäß § 266b StGB	891	1002	1322	1546	1757
Fälschung von Euroschecks und EC-Karten gemäß § 152a StGB	139	98	8	11	
Gesamt Kreditkarten	11855	13918	30280	31186	27898

Schlüssel	Straftaten (Gruppen)	Erfasste Fälle		Veränderung	Aufklärungs-quote	
		1998	1997	absolut in %	1998	1997
8970	Computerkriminalität davon:	46 022	39 331	x x	43,4	47,5
5163	Betrug mittels rechtswidrig erlangter Karten für Geldausgabe- bzw. Kassenautomaten	35 909	30 727	5182 16,9	39,4	42,4
5175	Computerbetrug gemäß § 263a StGB	6 465	6 506	-41 -0,6	60,7	57,5
5179	Betrug mit Zugangsberechtigungen zu Kommunikationsdiensten	2 109			31,5	-
5430	Fälschung beweiserheblicher Daten, Täuschung im Rechtsverkehr bei Datenverarbeitung gemäß §§ 269, 270 StGB	349	380	-31 -8,2	89,7	93,7
6742	Datenveränderung, Computersabotage §§ 303a, 303b StGB	326	187	139 74,3	40,2	52,9
6780	Ausspähen von Daten	267	213	54 25,4	80,1	60,1
7151	Softwarepiraterie (private Anwendung z.B. Computerspiele)	362	546	-184 -33,7	96,4	99,3
7152	Softwarepiraterie in Form gewerbsmäßigen Handels	289	772	-483 -62,6	98,6	98,8

Die vorher genannten Statistiken zeigen, dass der Betrug mittels rechtswidrig erlangter Karten für Geldausgabe- bzw. Kassenautomaten im Jahre 1998 gegenüber dem Vorjahr stark zugenommen hat.

Bei Computerbetrug und Betrug im Hinblick auf Zugangsberechtigungen zu Kommunikationsdiensten wurde auch eine starke Zunahme der Fälle gegenüber dem Vorjahr registriert. Darüber hinaus gab es auch in den andern Bereichen der Computerkriminalität starke Anstiege. Dies hängt auch von anderen Umständen ab, beispielsweise beim Internetzugangsmissbrauch von erheblich höheren Verbindungskosten.

3. Die Ursachen der Computerkriminalität

1. Häufige Nichtanzeige durch das Opfer, was den Täter dazu verleitet, eine weitere Straftat zu begehen[15]. Die Nichtanzeige geht auf folgende Gründe zurück:

1.1. Wegen der Unerfahrenheit einiger Opfer, die oftmals von einer strafrechtlichen Ahndung nicht ausgehen, selbst wenn ein Verdacht besteht, weil sie dies als fahrlässig und nicht als vorsätzlich qualifizieren.

1.2. Wegen des Bestrebens einiger Opfer nach einer gütlichen Einigung, um Schadensersatz statt einer gerichtlichen Bestrafung des Täters zu erreichen. Bei einer Anzeige muss er mit einer Verurteilung und möglicherweise mit Strafhaft rechnen. Außerdem ist nach Verbüßung der Haft mit erheblichen Schwierigkeiten bei der Wiedereingliederung in den Arbeitsprozess zu rechnen[16].

1.3. Die Unternehmen und vor allem Banken mögen keine Anzeige erheben, um den Ruf zu wahren und die zustande gekommenen Schäden zu verbergen[17].

Durch die Anzeige kann die mögliche mangelnde Aufsicht durch Dienstvorgesetzte und die unzureichenden Sicherheitsmaßnahmen offengelegt werden, was die Position und damit den Ruf dieser Banken belasten kann. So wird häufig Stillschweigen bewahrt, um die eigene Unzulänglichkeit nicht an die Öffentlichkeit dringen zu lassen[18].

---

[15]-Mühlen, Computerkriminalität und Abwehrmaßnahmen, S. 30.

[16]-Mühlen, Computerkriminalität und Abwehrmaßnahmen, S. 31.

[17]-Mühlen, Computerkriminalität und Abwehrmaßnahmen, S. 31.

[18]-Mühlen, Computerkriminalität und Abwehrmaßnahmen, S. 31.

1.4. Die mangelnde Überprüfung der verarbeiteten Daten hat bei einer geringen Abweichung die Nichterhebung einer Anzeige zur Folge. Wenn das betroffene Opfer seine Daten in seinem Computer sieht, geht es meistens davon aus, dass sie korrekt und damit nicht manipuliert sind. Es kann also hier im Falle einer geringen Abweichung nicht ohne weiteres feststellen, dass seine Daten manipuliert worden sind, so dass eine Anzeige in diesem Fall ausscheidet.

2. Die Schwierigkeit der Entdeckung solcher Straftaten, was durch folgende Gründe verursacht wird:

2.1. Es gibt oft keine gezielten Recherchen, um diese Straftaten zu entdecken; sie werden meist durch Zufall aufgedeckt.

2.2. Wegen des Auseinanderfallens der Tathandlung und der Wirkung dieser Straftaten. Tathandlung und Wirkung dieser Straftaten fallen zeitlich oft erheblich auseinander. Der Täter kann z.B. im Bereich der Datenveränderung zuerst bestimmte Daten manipulieren und sie dann durch einen Computer verbreiten[19]. „Die Tathandlung hat in der Regel erst zu einem spätern Zeitpunkt die vom Täter beabsichtigte Wirkung, weil zwischen der Manipulation des Programms und seinem Einsatz ein gewisser Zeitabstand liegt. Ist ein Programm lange im Einsatz, so kann die Tat noch nach Monaten oder Jahren wirksam sein"[20].

Darüber hinaus verhält es sich in Bezug auf Sabotagefälle nicht anders, d.h., dass auch hier eine große Zeitspanne zwischen der Sabotagehandlung (z.B. Löschen von Magnetbändern) und der Entdeckung dieser Straftat liegen kann, wenn der Täter aufgrund der nicht sichtbaren Form der elektromagnetischen Speicherung keine persönlichen Spuren hinterlässt.

2.3. Wegen der Schwierigkeiten (Spionagefälle), an das vom Täter genutzte Programm heranzukommen, was die Entdeckung dieser Straftat erschwert.

2.4. Defizite in der Ausbildung der Strafverfolgungsorgane im Bereich der elektronischen Datenverarbeitung.

Die Strafverfolgungsbehörden besitzen teilweise unzureichende Kenntnisse im Bereich der EDV, was die Aufklärung dieser Straftaten zusätzlich belastet[21].

---

[19]-Mühlen, Computerkriminalität und Abwehrmaßnahmen, S. 25.
[20]-Mühlen, Computerkriminalität und Abwehrmaßnahmen, S. 25.
[21]-Rupp, Computersoftware und Strafrecht, S. 2.

3. Die Besonderheiten der Computerkriminalität und die Vorteile, die der Täter genießen kann, wenn er auf diese Art von Straftaten zurückgreift:

3.1. Die Straftaten, die mit Hilfe eines Computers begangen werden, können durch deren leichte Wiederholbarkeit lange andauern.

Ist es dem Opfer oder den Strafverfolgungsorganen nicht gelungen, die begangene Computerkriminalität zu entdecken, so kann sie noch einige Male begangen werden, bis sie durch Zufall oder durch gezielte Kontrollen entdeckt wird. So verhält es sich beispielsweise, wenn der Täter in den Computer des Opfers auf unerlaubte Weise eingedrungen ist und einen Teil von den darauf befindlichen Daten gelöscht hat. In diesem Fall wirkt diese Straftat im Gegensatz zu einigen normalen Straftaten ständig fort, bis sie entweder durch Zufall oder durch gezielte Kontrolle entdeckt wird.

Hat der Täter ein Programm oder Stammdaten des Opfers verändert, so kann die Manipulation bei jedem Einsatz dieses Programms selbsttätig neu durchgeführt werden. Demgegenüber können sich die Vermögensdelikte, wie z.B. Diebstahl, nicht von selbst, nämlich ohne Eingreifen des Täters, wiederholen.

3.2. Diese Art von Kriminalität kann große finanzielle Schäden anrichten, weil sie nicht selten über EDV-Anlagen begangen wird, die wegen der automatischen Massenverarbeitung in der Lage sind, auch aus kleinen Beträgen schnell hohe Schadenssummen zu machen.

3.3. Der Täter ist nicht gezwungen, seine Taten von einem bestimmten Ort oder zu einer bestimmten Zeit zu begehen; er kann sie z.B. von seinem Büro aus begehen. Er muss also im Rahmen dieser Straftaten nicht am Tatort anwesend sein, um seine Angriffe herbeizuführen.

3.4. Die Schwierigkeit des Ertappens eines nicht am Tatort anwesenden Täters.

3.5. Mit der Verbreitung von Computern und Vernetzung kann der Täter diese Straftat global begehen, ohne gezwungen zu sein anzureisen.

3.6. Einige Straftaten, wie z.B. Kinderpornographie im Internet, kann man mit Hilfe von Computern leichter begehen.

3.7. Dieser Art von Kriminalität fehlt, im Gegensatz zu anderen Straftaten, die richtige Kontrolle.

4. Die mangelhaften Sicherheitsaspekte: Die Soft- und Hardwarehersteller dachten noch immer nicht daran, Fragen der Sicherheit angemessen zu berücksichtigen.

4. Die Gefahr der Computerkriminalität

Die Computerkriminalität richtet meistens großen Schaden an. Keiner vermag aber mit Bestimmtheit zu sagen, wie hoch die alljährlichen durch Computerkriminelle verursachten Schäden tatsächlich sind. Es gibt Schätzungen, die von einem weltweiten Schaden von weit mehr als 500 Milliarden Dollar pro Jahr ausgehen.

Bis zum 1. Januar 1977 wurden in der US-amerikanischen Privatwirtschaft über 400 aktenkundige Fälle von Diebstahl, Betrug, Untersuchung und Erpressung mittels EDV bekannt. Darüber hinaus wurde eine Untersuchung der 150 bedeutendsten veröffentlichten Fälle der Computerkriminalität in den USA publiziert.

Die amerikanischen Produktionsunternehmen hatten einen Verlust von 567.000 US$ durch Betrug erlitten.

Dieser Verlust unterteilte sich folgenderweise: bei Banken und Sparkassen 193.000 Dollar, bei Staats- und Lokalbehörden 329.000 Dollar und bei den Bundesbehörden 45.000 Dollar.

In Westeuropa verhält es sich nicht anders, d.h., dass man auch hier Opfer der Computerkriminalität wurde.

In Deutschland und der Schweiz wurden Unterschlagungsfälle mit Schadenssummen von damals über 1 Mio. Franken begangen.

Alle Experten sind überzeugt davon, dass die Computerkriminalität stark zunehmen wird und noch größere Geldsummen veruntreut werden.

Natürlich gibt es auch Schäden, die gar nicht in Geld messbar sind. Das ist z.B. der Fall, wenn jemand auf unerlaubte Weise auf geheime Daten wie etwa Arzt- oder Anwaltsdaten zugreift und sie vernichtet.

Durch das Ausspähen von Daten oder Datenmanipulationen können sicherheitsrelevante Bereiche von enormer Bedeutung bedroht werden.

Wegen der Computertechnik, die inzwischen zum entscheidenden Faktor bei militärischen Auseinandersetzungen geworden ist, kann der Kriegsgegner mit Spionagesatelliten kontrolliert und ins Visier genommen wird.

Schlüssel	Straftaten	Erfasste Fälle		Aufklärungsquote	
		2001	2000	2001	2000
8970	Computerkriminalität davon:	79 283	56 684	56,8	48,9
5163	Betrug mittels rechtswidrig erlangter Karten für Geldausgabe- bzw. Kassenautomat	48 610	44 284	41,7	41,8
5175	Computerbetrug gemäß § 263a StGB	17 310	6 600	77,9	67,0
5179	Betrug mit Zugangsberechtigungen zu Kommunikationsdiensten	8 039	2198	84,2	81,5
5430	Fälschung beweiserheblicher Daten, Täuschung im Rechtsverkehr bei Datenverarbeitung gemäß §§ 269, 270 StGB	920	268	95,8	90,3
6742	Datenveränderung, Computersabotage gemäß §§ 303a, 303b StGB	862	513	45,4	52,6
6780	Ausspähen von Daten	1 463	538	82,6	46,1
7151	Softwarepiraterie (private Anwendung z.B. Computerspiele)	1 672	1 361	99,6	97,3
7152	Softwarepiraterie in Form gewerbsmäßigen Handelns[22]	410	937	96,1	99,6

II. Die Notwendigkeit für neue gesetzliche Regelungen

Der Gesetzgeber hat, um die schädlichen Eingriffe, die im Zusammenhang mit EDV-Anlagen begangen werden, zu verhindern bzw. einzudämmen und die Strafbarkeitslücken bestehender Gesetzesbestimmungen zu beseitigen, beschlossen, in diesem Bereich neue Straftatbestände einzuführen.

Ein Beispiel für die Notwendigkeit der Einführung neuer gesetzlichen Regelungen kommt im Bereich des § 303 StGB und dessen Anwendbarkeit auf die Datenveränderung und auf die Fälle der Computersabotage zum Vorschein. Bevor das 2. WiKG zustandegekommen ist, war versucht worden § 303 StGB auf die Fälle der Datenveränderung und Computersabotage anzuwenden. Diese Anwendbarkeit bezüglich der Datenveränderung konnte nicht erfolgreich sein, weil die herrschende Meinung davon ausging, dass diese Vorschrift nur das Löschen von Magnetbändern erfasst. Daher kann der § 303 StGB die anderen Tathandlungen wie

---

[22]-PKS Berichtsjahr 01.01.2001, Computerkriminalität- 8970-242.

Verändern, Unterdrücken, Vernichten oder Unbrauchbarmachen von Daten nicht erfassen, was eine Strafbarkeitslücke darstellt.

Nach der Einführung des § 303a StGB wurde der Streit, der um die Anwendbarkeit des § 303 StGB und damit über die Strafbarkeit oder Straflosigkeit des Täters beim Löschen vom Magnetbänder ging, weitgehend hinfällig.

Darüber hinaus wäre eine Anwendung des § 303 StGB auf die Fälle der Computersabotage insofern problematisch, als es dem Gesetzgeber bekannt war, dass der Täter, der Software[23], z.B. durch Löschen von Daten zerstört, gegebenenfalls eine härtere Strafe als z.B. für die Zerstörung von Hardware[24] verdient. Das hat seine Gründe darin, dass die Softwarezerstörung meistens größere Schäden als die Hardwarezerstörung verursacht. Diese Sabotageakte können also viel gefährlicher sein als normale Sachbeschädigungen. Deswegen war es von Bedeutung, eine Vorschrift für die Sabotageakte einzuführen, die härtere Strafen ermöglichte als jene, die aus § 303 StGB folgen.

Allein das Einführen der neuen gesetzlichen Tatbestände ist jedoch nicht ausreichend, die Computerkriminalität erfolgreich zu bekämpfen. Es müssen also im Bereich der Staatsanwaltschaften und der Polizei ausgebildete Spezialisten, die die nötigen Fachkenntnisse in Hard- und Software besitzen, angestellt werden. Ansonsten ist die Erweiterung des Strafrechts nicht in der Lage, die Computerkriminalität sinnvoll zu bewältigen.

---

[23]-Ein Computer, wie in Fn. 1 beschrieben, ist in dieser Form noch nicht arbeitsfähig. Damit ein PC arbeiten kann, benötigt man mindestens ein Programm (Software), welches die verschiedenen Arbeitsabläufe unter den Bauteilen organisiert und steuert. Als Software bezeichnet man alle Programme, die einem Computer sagen, welche Funktionen er ausführlich soll. Da man diese Befehlsfolgen nicht direkt anfassen oder sehen kann, werden sämtliche Programme als Software bezeichnet. Ein Programm ist eine Ansammlung von Befehlen und Informationen, die den Computer zur Lösung einer bestimmten Aufgabe befähigt. Programme liegen in Form von Daten vor, die man beispielsweise auf Disketten oder CD kaufen und dann auf die Festplatte installieren kann.

[24]-Unter „Hardware" versteht man sämtliche physischen Bauteile eines Computers und dessen Zusatzgeräte. Hierzu gehören z.B. der Computer selbst, der Monitor, die Tastatur und der Drucker. Mit dem Begriff „Hardware" sind die festen Teile des Computers gemeint, jene teile, die man im Unterschied zur Software, den Programmen, anfassen kann bzw. anfassen kann, wenn das Gehäuse des Computers geöffnet ist.
Zur Hardware eines PC gehören mehrere Elemente. Außer dem eigentlichen Gehäuse und seinem Inhalt gehören der Bildschirm oder Monitor dazu, der Drucker und die Tastatur sowie die Maus. Unter Umständen kann auch noch ein Scanner dazugehören, ein Modem und ein CD-ROM-Laufwerk.

III. Die allgemeinen Probleme der Computerkriminalität

Der Begriff der Computerkriminalität wurde vom englischen „Computer Crime" abgeleitet, welcher zum ersten Mal in den USA aufkam.

Es wird eingewandt, dass der Begriff der Computerkriminalität sprachlich nicht korrekt ist, weil der Computer selbst nicht kriminell sein kann. Daher wurde jedoch vorgeschlagen, diesen Begriff, der keine präzise Definition aufwirft, abzuschaffen und durch den Begriff Computermissbrauch zu ersetzen[25].

Weil die vorgeschlagenen Bezeichnungen keine große Klarheit brachten, wurde jedoch vorgezogen, den Begriff *Computerkriminalität* beizubehalten und auf die anderen Bezeichnungen zu verzichten.

Da die Computerkriminalität nicht unbedingt auf ein Land beschränkt ist, wurde immer gehofft, eine international gültige Definition für sie zu erstellen. Der Täter kann z.b. mit Hilfe des Internets eine grenzüberschreitende Straftat begehen, die vielleicht nach dem Gesetz des Tatortes im Gegensatz zum Erfolgsort nicht unter Strafe steht. Deshalb wurde beschlossen, eine internationale Zusammenarbeit zu schaffen, um die mit Hilfe des Internets begangenen Straftaten, und damit die Täter, wirksam zu bekämpfen. Ansonsten wären die Täter unterschiedlich zu behandeln, was das Recht und die Gerechtigkeit ziemlich belasten könnte.

Der Europarat, einschließlich auch anderer Länder, hat deshalb im Jahr 2001 die Cyber Crime Convention verabschiedet, die die über das Internet begangenen grenzüberschreitenden Straftaten betrifft.

1. Die Problematik der grenzüberschreitenden Computerkriminalität und des anzuwendenden Gesetzes

Der Täter kann die Computerkriminalität durch die Vernetzung der Datenverarbeitungsanlagen grenzüberschreitend ausführen, er muss somit die nationalen Grenzen selbst nicht überschreiten. Daher stellt sich die Frage, welches Gesetz anzuwenden ist.

1.1. Die Anwendbarkeitsfrage des deutschen Strafrechts bei normalen Straftaten

Es gibt unterschiedliche Sachverhalte, etwa wenn die Straftat von einem Deutschen im Ausland begangen worden ist oder ein Ausländer eine Tat in Deutschland begangen hat.

---
[25]-Sieber, Informationstechnologie und Strafrechtsreform, S. 14.

Das deutsche Strafgesetzbuch sieht in seinem ersten Abschnitt verschiedene Möglichkeiten der Anwendbarkeit vor. Folgende Prinzipien gelten:

1.1.1. Das Territorialprinzip

Das Territorialprinzip, das in § 3 StGB normiert ist, ist das wichtigste Prinzip für die Anwendbarkeit des deutschen Strafrechts. Ist dieses Prinzip zu bejahen, so finden die Sondervorschriften der §§ 4 bis 7 StGB keine Anwendung.
Gemäß § 3 StGB ist das deutsche Strafrecht anzuwenden, wenn die Tat im Inland begangen wurde. Anknüpfungspunkt ist der Tatort. Unabhängig von der Nationalität des Täters findet dann deutsches Strafrecht Anwendung[26]. In § 9 I StGB wird der Begriff des Tatortes legaldefiniert. Gemäß dieser Vorschrift umfasst der Tatort sowohl den Ort, an dem der Täter gehandelt hat oder im Falle des Unterlassens hätte handeln müssen, als auch den Ort, an dem der Erfolg dieser Handlung eintritt bzw. nach der Vorstellung des Täters eintreten sollte.
Das Territorialprinzip geht also davon aus, dass das deutsche Strafrecht anzuwenden ist, wenn die Tat innerhalb der Grenzen Deutschlands begangen wird. Darüber hinaus kann deutsches Strafrecht angewandt werden, wenn der Erfolg der Tat, die außerhalb Deutschlands begangen worden ist, im Inland eintritt. Der Inlandsbegriff gemäß §§ 3, 5 Nrn. 6, 8 StGB und § 7 II Nr. 2 StGB umfasst das Gebiet, in dem deutsches Strafrecht aufgrund hoheitlicher Staatsgewalt seine Ordnungsfunktion geltend macht[27]. Ausland ist als Folge dieser Bestimmung jeder Ort, der außerhalb des auf diese Weise definierten Inlands liegt[28].
Darüber hinaus gilt das deutsche Strafrecht gemäß § 4 StGB[29] unabhängig vom Recht des Tatortes für Taten, die auf einem Schiff oder Luftfahrzeug begangen werden, das berechtigt ist, die Bundesflagge oder das Staatszugehörigkeitszeichen der Bundesrepublik Deutschland zu führen[30].
Aufgrund dieses Prinzips ist das deutsche Strafrecht nicht anzuwenden, wenn die Tat von Inländern im Ausland begangen wird[31].

---

[26]-Wessels/Beulke, Strafrecht AT, Rdnrn. 62f.
[27]-BGHSt 30, S. 1ff.
[28]-Lackner/Kühl, vor §§ 3-7 Rdnr. 6.
[29]-Lackner/Kühl, vor § 4 Rdnr. 1.
[30]-Lackner/Kühl, vor §§ 3-7 Rdnr. 2.
[31] -Schönke/Schröder-Eser, §§ 7-9 Rdnr. 4.

1.1.2. Das Personalitätsprinzip

Aufgrund des Personalitätsprinzip, das in § 5 Nrn. 3a, 5b, 8, 9, 12, 13 StGB[32] vorkommt, kann die im Ausland begangene Tat nach deutschem Recht bestraft werden, wenn das Opfer eines Verbrechens zur Zeit der Tatbegehung deutscher Staatsbürger war gemäß § 7 I StGB oder wenn ein Täter deutscher Staatsbürger ist oder er nach der Tatbegehung geworden ist gemäß § 7 II Nr. 1 StGB.

Der deutsche Staatsbürger ist also dem deutschen Strafrecht unterworfen, selbst wenn er eine Straftat im Ausland begeht[33]. Anknüpfungspunkt für dieses Prinzip ist die Staatsangehörigkeit des Täters.

Die Bestrafung nach deutschem Recht im Falle der Schädigung eines deutschen Staatsbürgers kann für die strafrechtliche Behandlung der Computerkriminalität sehr bedeutend sein. Sie ist jedoch zunächst nur möglich, wenn die Tat am Ort des Verbrechens ebenfalls mit Strafe bedroht ist oder der Tatort keiner Strafgewalt gemäß § 7 I StGB unterliegt. Diese Bestimmung würde dem Täter die Möglichkeit eröffnen, jeweils in dem Land mit der geringsten Strafbarkeit zu handeln. Deshalb ist an dieser Stelle auch die Bestimmung des StGB über den Tatort einer Handlung von Bedeutung.

Durch diese Bestimmung ist das deutsche Strafrecht auf jede Computerstraftat anwendbar, die im Ausland begangen wurde, dessen Opfer jedoch in Deutschland durch die strafbare Handlung geschädigt wurde.

1.1.3. Das Schutzgrundprinzip

Dieses Prinzip erlaubt dem Staat, dessen Inlandsgüter betroffen sind, sein Strafrecht, unabhängig davon, von welchem Täter und an welchem Ort der Welt sie verletzt werden, anzuwenden. Danach ist also das deutsche Strafrecht anzuwenden, wenn deutsche inländische oder international geschützte Rechtsgüter gemäß §§ 5, 6 StGB betroffen sind. Dieses Prinzip wird auch Personalprinzip genannt[34].

Anknüpfungspunkt für das Schutzgrundprinzip ist die Gefährdung oder Verletzung inländischer Rechtsgüter durch Taten, die im Ausland begangen werden[35].

---

[32]-Hilgendorf, NJW 1997, S. 1874.

[33]-Wessels/Beulke, Strafrecht AT, Rdnr. 68.

[34]-Schönke/Schröder-Eser, §§ 3-7 Rdnr. 7.

[35]-Schönke/Schröder-Eser, §§ 7-9 Rdnr. 7.

1.1.4. Der Weltrechtsgrundsatz (Universalprinzip)

Dieses Prinzip, das in § 6 Nrn. 1-8 StGB normiert ist, sieht im Interesse der ganzen Menschheit und nur begrenzt durch die Regeln des Völkerrechts, unbeschränkte Strafbarkeit für die dort bestimmten Straftaten[36] vor.

1.1.5. Das Prinzip der stellvertretenden Strafrechtspflege

Die Regelungen dieses Prinzips, das in § 7 II StGB normiert ist, kommen in Betracht, wenn eine ausländische Strafgewalt in Bezug auf die begangene Tat gehindert wird, ihre Gesetze auf diese Tat anzuwenden[37].

Wurde der Täter, der im Ausland eine Straftat begangen hat, in Deutschland gefasst und seine Auslieferung von dem Land, in dem er seine Tat begangen hat, entweder nicht verlangt oder von Deutschland abgelehnt, so kann er nach deutschem Strafrecht bestraft werden gemäß § 7 II, Nr. 2 StGB.

Darüber hinaus kann auf Grund dieses Prinzips und gemäß § 7 II StGB das deutsche Strafrecht auch angewandt werden, wenn die im Ausland begangene Straftat gegen einen Deutschen gerichtet ist, wenn der Täter inzwischen Deutscher geworden ist oder in Deutschland gefasst wird und nicht an das Land, in dem die Tat begangen wurde, ausgeliefert wird.

Dieses Prinzip gewährleistet, dass flüchtige Straftäter nicht deshalb straflos bleiben, weil es im Zufluchtsland für dessen Strafgewalt an einem sonstigen Anknüpfungspunkt fehlt. Beispiel: Ein Nigerianer hat auf einem libanesischen Tanker während der Überfahrt einen staatenlosen Matrosen angegriffen und erstochen. Im Hamburger Hafen gelingt ihm die Flucht von Bord. Nach seinem Ergreifen durch die deutschen Behörden wird von keiner Seite ein Auslieferungsersuchen gestellt. Hier bietet § 7 II Nr. 2 StGB die Möglichkeit, den Täter wegen des Tötungsdelikts zu bestrafen[38].

---

[36]-Lackner/Kühl, vor §§ 3-7 Rdnr. 2.
[37]-Lackner/Kühl, vor §§ 3-7 Rdnr. 2.
[38]-Wessels/Beulke, Strafrecht AT, Rdnrn. 71f.

1.1.6. Das Kompetenzverteilungsprinzip

Dieses Prinzip beruht auf dem Gedanken, aufgrund zwischenstaatlicher Vereinbarungen die Zuständigkeit zur Aburteilung von Taten aus Zweckmäßigkeitsgründen und um der Gerechtigkeit willen so zu bestimmen, dass Überschneidungen verschiedener strafrechtlicher Behandlungsweisen und Doppelstrafbarkeiten weitgehend vermieden werden[39].

1.1.7. Die Teilnahme an Straftaten

Das deutsche Strafrecht unterscheidet zwischen Täter gemäß § 25 StGB, Anstifter gemäß § 26 StGB und Gehilfen gemäß § 27 I StGB.

Für die Teilnahme gilt das deutsche Strafrecht, wenn der Anstifter oder Gehilfe einer Auslandstat im Inland gehandelt hat, selbst wenn die Haupttat nach dem Recht des Tatortes nicht mit Strafe bedroht ist[40].

1.2. Die Anwendbarkeitsfrage des deutschen Strafrechts bei Internetkriminalitäten

Beispiel-1: Ein deutscher Staatsbürger stellt eine nach § 130 I Nr. 2 und III StGB strafbare, so genannte Auschwitzlüge, ins Internet.

Beispiel-2: Ein australischer Staatsbürger stellt die gleiche Behauptung ins Internet (über einen australischen Server). Das Landgericht kann nicht feststellen, dass außer den ermittelnden Polizeibeamten Internetnutzer aus Deutschland die Homepage des australischen Staatsbürgers anwählen[41].

Die Kriminalität im Internet muss an dieser Stelle eine gesonderte Erwähnung finden, da es sich bei diesem Medium um ein internationales Netzwerk handelt, dessen Übertragung von Inhalten sich technisch nicht von einer Überschreitung der nationalen Grenzen abhalten lässt. Daher soll die Frage gestellt werden, ob das deutsche Strafrecht aufgrund der vorher erwähnten Prinzipien eine Anwendung findet, wenn der Täter über das Internet eine Straftat begeht oder ob seine Anwendbarkeit nur dann über § 6 Nr. 6 StGB möglichst zu begründen ist, wenn der Täter z.B. gemäß § 184 III, IV StGB harte Pornographie verbreitet[42].

---

[39]-Lackner/Kühl, vor §§ 3-7 StGB, Rdnr. 2.
[40]-Schönke/Schröder-Eser, § 9 Rdnr. 11; Dreher/Tröndle, § 9 Rdnr. 5.
[41]-BGHSt 46, 212, Rdnrn. 45, 62 und 63.
[42]-Beisel/Heinrich, JR 1996, S. 95.

Die Inhalte des Internets sind weltweit abrufbar und können auch weltweit in das Netz eingespeist werden. An dieser Stelle tritt die Problematik der unterschiedlichen Wertvorstellungen sowie der verschiedenen Strafgesetzbestimmungen auf.

Würden auch für die Inhalte des Internets die Bestimmungen gelten, dass jede Straftat nach deutschem Gesetz bestraft werden könnte, deren Erfolg in Deutschland eintritt, so würde jede Veröffentlichung im Internet nach deutschem Recht bestraft werden können. Jeder Inhalt des Internets ist schließlich auch in Deutschland abrufbar. Genauso könnte auch ein deutscher Staatsbürger mit einer Veröffentlichung von Inhalten, möglicherweise auch unwissentlich, gegen Wertvorstellungen und Strafgesetzbestimmungen eines anderen Landes verstoßen und wäre folglich nach dem Gesetz dieses Landes strafbar.

Hat der Täter solche Straftaten im Inland begangen, so kann man in diesem Fall grundsätzlich gemäß § 3 StGB von der Anwendbarkeit des deutschen Strafrechts ausgehen. Gemäß § 9 II StGB ist die Tat an jedem Ort begangen, an dem der Täter gehandelt hat (Variante 1), im Falle des Unterlassens hätte handeln müssen (Variante 2) oder an dem Ort, wo der zum Tatbestand gehörende Erfolg eingetreten ist (Variante 3) oder nach der Vorstellung des Täters eintreten sollte (Variante 4)[43]. Nach dieser Vorschrift kann man davon ausgehen, dass, wenn Handlungsort und Erfolgsort der vom Täter begangenen Straftat in unterschiedlichen Staaten gelegen sind, beide Rechtsordnungen Berücksichtigung finden. Strafbarkeitsbegründend ist damit sowohl der Ort der Handlung oder Unterlassung als auch der Ort des Erfolgs der Tat[44]. Nach dem Grundgedanken des § 9 I Var. 3 StGB soll, entsprechend der Meinung des Bundesgerichtshof, das deutsche Strafrecht, selbst wenn die Tathandlung im Ausland vorgenommen wird, eine Anwendung finden, sofern es im Inland zu der Schädigung von Rechtsgütern oder zu Gefährdungen kommt, deren Vermeidung Zweck der jeweiligen Strafvorschrift ist[45].

In Bezug aber auf den § 9 I Var. 1 StGB, in dem es um die Handlung des Täters geht, hat der Bundesgerichtshof die Strafbarkeit angezweifelt, weil nicht nachgewiesen werden konnte, ob inländische Internetnutzer die Seiten auf dem australischen Server aufgerufen und damit die Dateien nach Deutschland heruntergeladen haben[46].

Es wurde dahingehend entschieden, dass nur solche strafrechtlich relevanten Inhalte im Internet nach deutschem Strafrecht behandelt werden dürfen, die durch verschiedene

---

[43]-Lackner/Kühl, vor § 9 Rdnr. 1; Dreher/Tröndle § 9 Rdnr. 1.
[44]-Schönke/Schröder-Eser, § 9 Rdnr. 4.
[45]-BGHSt 46, S. 45, 57.
[46]-BGHSt 46, S. 62.

Merkmale auf einen endgültigen Bezug der Veröffentlichung zur Bundesrepublik Deutschland schließen lassen. Über einen solchen direkten Bezug eines Internetangebotes können unter anderem die Sprache des Dokumentes, die Inhalte oder die Gestaltungen der Internetseiten Aufschluss geben.

2. Cyber Crime Convention

2.1. Einführung

Die Straftaten, die mit Hilfe des Internets begangen werden, waren sehr schwer zu verfolgen, weil der Täter bei dieser Art von Straftaten nicht gezwungen ist, sich in dem Staat zu befinden, in dem der Taterfolg eintreten wird. Daher befassten sich die EU-Kommission gemeinsam mit dem Europarat mit der Frage der Verfolgung dieser Kriminalität, die nur durch Harmonisierung sowohl der internationalen als auch der nationalen Gesetze zu erreichen ist[47].

Am 28. September 2001 haben einundvierzig Staaten des Europarates, gemeinsam mit Kanada, den USA, Japan und Südafrika den ersten Entwurf eines Übereinkommens über die Datennetzkriminalität (die so genannte Cyber Crime Convention) erzielt.

Am 8. November 2001 wurde die Cyber Crime Convention trotz Bedenken von Menschenrechtlern und Datenschützern durch das Ministerkomitee des Europarats[48] endgültig verabschiedet[49].

Die Konvention behandelt unter anderem das Verbot von Hackerwerkzeugen, bestimmte Vorgehensweisen zur Überprüfung von E-Mail-Inhalten, das Einfrieren von Kommunikationsdaten und ein gemeinsames Vorgehen gegen Kinderpornographie.

---

[47]-Für weitere Information über die Arbeit des Europarates zur Datennetzkriminalität www.coe.int/files/cybercrime/de, 16.06.04.

[48]-Der Europarat umfasst mit 41 Mitgliedsstaaten weit mehr Länder als die Europäische Union. Die Konventionen des Europarates müssen von den einzelnen Ländern ratifiziert werden.

Der Europarat umfasst das Ministerkomitee, die Parlamentarische Versammlung und den Kongress der Gemeinden und Regionen Europas. Konventionen des Europarates werden von Fachausschüssen vorbereitet und dann von der Parlamentarischen Versammlung, die viermal im Jahre zusammentritt, verabschiedet. Anschließend werden die Konventionen dem Ministerkomitee vorgelegt, das sie endgültig verabschiedet und damit die Konvention verbindlich macht, sobald sie von den Mitgliedsstaaten ratifiziert wurde.

[49]-http://conventions.coe.int/Treaty/Commun/QueVoulezVous.asp?NT=185&CM=8&DF=18/03/04&CL=GER, 16.06.04.

2.2. Das Anliegen der Cyber Crime Convention

1. Die Bekämpfung der Internetkriminalität.

Die erfolgreiche Bekämpfung dieser Art von Straftaten kann nicht herbeigeführt werden, wenn die Gesetze der Mitgliedsstaaten unterschiedlich sind, und deswegen war es von Bedeutung, eine Konvention zu schaffen, die in der Lage ist, die unterschiedlichen Gesetze zu harmonisieren. Ein Beispiel für die unterschiedlichen Gesetze, die die Bekämpfung dieser Art von Straftaten erschweren kann, zeichnet sich ab, wenn ein Japaner in einen fremden Computer in Deutschland eindringt. Das Einbrechen in einen fremden Computer ist in Japan im Gegensatz zu Deutschland nicht strafbar, und deswegen kann der Täter in diesem Fall unbestraft bleiben, wenn er sich in Japan befindet.

Noch ein Beispiel zu unterschiedlichen Gesetzen, die die Bekämpfung dieser Art von Straftaten erschweren: In einigen Länder ist die Hilfe des Service-Providers zu erzwingen, wogegen sie in anderen Länder lediglich erbeten werden kann. Deswegen kann die Verfolgung dieser Art von Kriminalität behindert werden, wenn die zuständigen Behörden des Landes, in dem die Hilfe des Service-Providers nur erbeten werden kann, ihre Hilfe verweigern.

Darüber hinaus kann eine erfolgreiche Bekämpfung dieser Art von Straftaten nicht herbeigeführt werden, wenn es zwischen den Mitgliedsstaaten keine internationale Zusammenarbeit gibt. Daher war es nötig, eine Konvention zu schaffen, die diese internationale Zusammenarbeit regelt. Ein Beispiel für die Belastung der erfolgreichen Bekämpfung dieser Kriminalität aufgrund des Fehlens der internationalen Zusammenarbeit ist: Das Übergreifen der Strafverfolgungstätigkeit eines Staates nach den Grundsätzen des Strafprozessrechts auf das Gebiet eines anderen Staates ist grundsätzlich unzulässig. Dieses Verbot kann aber die bessere Verfolgung dieser Kriminalität und damit die Strafbarkeit des Täters verhindern, was Recht und Gerechtigkeit zuwiderläuft.

2. Die mangelnde Funktionsfähigkeit der seit langem existierenden traditionellen Vorgehensweisen:

Die in internationalem Recht schon seit langem existierenden traditionellen Vorgehensweisen, z.B. dass deutsche Gerichte russische Gerichte um Hilfe bitten, standen dem Bedürfnis für eine solche Konvention nicht entgegen, weil das Amtshilfeverfahren für Fälle des Computerhackens, einer sich sehr schnell ausbreitenden Kriminalitätsform, viel zu lange dauert.

3. Das geplante „Netzwerk":
Weil das geplante Netzwerk dank des unverzüglichen Einfrierens von Daten schnell genug reagieren kann, so dass es weniger Bedarf für grenzüberschreitende Verhandlungen gibt, wurde die Konvention durch das Ministerkommitee des Europarats verabschiedet.

2.3. Der Inhalt der Cyber Crime Convention

Die Cyber Crime Convention[50] ist unterteilt in vier Kapitel, die wiederum in mehrere Abschnitte unterteilt sind. Die Abschnitte bestehen aus mehreren Titeln. Jeder Titel wiederum besteht aus einem oder mehreren Artikeln. Diese vier Kapitel sind folgendermaßen zu beschreiben:

2.3.1. Der Inhalt des Kapitels I der Konvention (Verwendung von Begriffen)

Dieses Kapitel besteht nur aus einem Artikel. Unter diesem Artikel[51] wurden das Computersystem, die Computerdaten, der Service-Provider[52] und die Verkehrsdaten definiert[53].

---

[50]-Text der Konvention: http://convention.coe.int/Treaty/en/Treaties/Html/185.htm, 17.06.04.
Die originale Fassung kann unter Explanatory Report to the Convention on Cybercrime gefunden werden: http://conventions.coe.int/Treaty/en/Treaties/Html/185.htm, 17.06.04.

[51]-Entwurf eines Übereinkommens über Datennetzkriminalität, Artikel 1- Begriffsbestimmungen.

[52]-Unter Provider versteht man Anbieter von Kommunikationsdiensten (z.B. einen Zugang zum Internet).

[53]-Entwurf eines Übereinkommens über Datennetzkriminalität, Kapitel I, Artikel 1: a. Unter Computersystem versteht man "eine Vorrichtung oder eine Gruppe verbundener oder zusammenhängender Vorrichtungen, die einzeln oder zu mehreren auf der Grundlage eines Programms die automatische Datenverarbeitung durchführen"; b. Gemäß dieser Artikel sind Computerdaten jede Darstellung von Fakten, Informationen oder Konzepten in einer für die Verarbeitung in einem Computersystem geeigneten Form einschließlich eines Programms, das geeignet ist, das Computersystem zur Durchführung einer Funktion zu veranlassen; c. Dienstanbieter ist: (1) Jede öffentliche oder private Organisation, die Nutzern ihres Dienstes ermöglicht, mit Hilfe eines Computersystems zu kommunizieren. (2) jede andere Organisation, die für diesen Kommunikationsdienst oder für Nutzer dieses Dienstes Computerdaten verarbeitet oder speichert; d. Verbindungsdaten sind alle Computerdaten im Zusammenhang mit einer Kommunikation mit Hilfe eines Computersystems, die von einem Computersystem, das Teil der Kommunikationskette war, erzeugt wurden und aus denen Ursprung, Bestimmung, Leitweg, Uhrzeit, Datum, Umfang oder Dauer der Kommunikation oder die Art des Trägerdienstes hervorgehen.

2.3.2. Der Inhalt des Kapitels II der Konvention (Maßnahmen auf nationaler Ebene)

Dieses Kapitel besteht aus drei Abschnitten. Diese Abschnitte sind Folgende:

a. Abschnitt 1 - Materielles Strafrecht

Dieser Abschnitt besteht aus nachfolgenden 5 Titeln:

1. Im Ersten Titel (Straftaten gegen die Vertraulichkeit, Integrität und Verfügbarkeit von Computerdaten und Computersystemen)[54] fordert die Konvention die Mitgliedsstaaten dazu auf, Klauseln in ihre nationalen Gesetze einzuführen, die den unerlaubten Zugriff auf Rechensysteme, das Abhören und Ausspionieren von Daten, die Störung oder Veränderung der Kommunikation, die Störung von Computersystemen und den Missbrauch von Geräten und Programmen unter Strafe zu stellen. Darüber hinaus hat die Konvention gemäß diesem Titel die Mitgliedsstaaten aufgefordert, den bloßen Besitz von Computerprogrammen, Computerpassworten oder Zugriffscodes (Hackerwerkzeugen) unter Strafe zu stellen, wenn dahinter kriminelle Absichten stehen. Weiterhin liefert die Konvention in diesem Titel eine eindeutige Definition von Computerhackung, illegalen Abfangens von Informationen, illegaler Störung von Computersystemen usw., die bisher keine international unumstrittene rechtliche Definition hatten.

2. Nach dem Zweiten Titel (Computerstraftaten)[55] fordert die Konvention die Mitgliedsstaaten auf, die Fälschung, Veränderung, Unterdrückung, oder Löschung von Daten sowie den Computerbetrug durch Datenveränderung bzw. Störung von Computersystemen unter Strafe zu stellen.

3. Laut dem Dritten Titel (inhaltsbezogene Straftaten)[56] wird Kinderpornographie[57] im Großen und Ganzen umfassend unter Strafe gestellt. Dies betrifft die Produktion, den Vertrieb, das Übertragen, das Besitzen und auch das Herunterladen von Kinderpornografie. In

---

[54]-Entwurf eines Übereinkommens über Datennetzkriminalität, Artikel 2: Rechtswidriger Zugriff; Artikel 3: Rechtswidriges Abfangen; Artikel 4: Eingriffe in Daten; Artikel 5: Eingriff in das System; Artikel 6: Missbrauch von Vorrichtungen.

[55]-Entwurf eines Übereinkommens über Datennetzkriminalität, Artikel 7:Computerurkundenfälschung; Artikel 8: Computerbetrug.

[56]-Entwurf eines Übereinkommens über Datennetzkriminalität, Artikel 9: Straftaten in Bezug auf Kinderpornographie.

[57]-Entwurf eines Übereinkommens über Datennetzkriminalität, Artikel 9: Straftaten in Bezug auf Kinderpornographie.

Bezug auf andere mögliche inhaltsbezogene Straftaten, wie rassistischer Propaganda und Aufrufen zur Gewalt, konnte keine Einigung erzielt werden, weil diese Handlungen in einigen Ländern, wie z.B. in den USA, verfassungsmäßig geschützt sind.

4. Im Vierten Titel (Straftaten im Zusammenhang mit Verletzungen des Urheberrechts und verwandter Schutzrechte)[58] nimmt die Konvention Bezug auf verschiedene internationale Konventionen und Abkommen, die Copyrightverletzungen unter Strafe stellen.

5. Gemäß dem Fünften Titel (Nebenformen der Verantwortlichkeit und Sanktionen)[59] fordert die Konvention die Mitgliedsstaaten auf, die Beihilfe und den Versuch von Verstößen gegen die vorher genannten Regelungen unter Strafe zu stellen. Weiterhin erklärt die Konvention hier, dass juristische Personen für die Taten der natürlichen Personen haften, die sie repräsentieren oder die die Befugnis haben, die entsprechende Entscheidung für die juristische Personen zu treffen.

b. Abschnitt 2 - Verfahrensrecht

Dieser Abschnitt besteht aus 5 Titeln, diese Titel sind Folgende:

1. Gemäß dem Ersten Titel (Allgemeine Bestimmungen)[60] fordert die Konvention von den Mitgliedern, entsprechende Gesetze zu schaffen, die die Verfolgung von Verstößen gegen die Cyber Crime Convention oder andere Verstöße ermöglichen, die in Zusammenhang mit Computersystemen stehen. Dabei müssen die Menschenrechte beachtet werden.

2. Nach dem Zweiten Titel (Beschleunigte Sicherung gespeicherter Computerdaten)[61] wird eine Gesetzgebung gefordert, die es erlaubt, die unverzügliche Sicherung und unverfälschte Aufbewahrung von Computerdaten zu verlangen. Weiterhin sollen, gemäß diesem Titel, unverzüglich alle Daten den staatlichen Autoritäten zur Verfügung gestellt werden, die zur Identifizierung der beteiligten Internet-Service-Provider (ISP) und des Kommunikationspfads nötig sind. Darüber erklärt die Konvention in diesem Titel erklärt, dass die Netzbetreiber ohne richterlichen Beschluss zu verpflichten sind, Daten bis zu 90 Tage zu speichern.

---

[58]-Entwurf eines Übereinkommens über Datennetzkriminalität, Artikel 10: Straftaten im Zusammenhang mit Verletzungen des Urheberrechts und verwandter Schutzrechte.

[59]-Entwurf eines Übereinkommens über Datennetzkriminalität, Artikel 11: Versuch und Beteiligung; Artikel 12: Verantwortlichkeit juristischer Person; Artikel 13: Sanktionen und Maßnahmen.

[60]-Entwurf eines Übereinkommens über Datennetzkriminalität, Artikel 14: Geltungsbereich verfahrensrechtlicher Bestimmungen; Artikel 15: Bedingungen und Garantien.

[61]-Entwurf eines Übereinkommens über Datennetzkriminalität, Artikel 16: Beschleunigte Sicherung gespeicherter Computerdaten; Artikel 17: Beschleunigte Sicherung und Teilwiedergabe von Verbindungsdaten.

3. Im Dritten Titel (Herausgabeanordnung)[62] fordert die Konvention die Mitglieder auf, eine gesetzliche Situation zu schaffen, durch die jede Person verpflichtet werden kann, Computerdaten herauszugeben.

4. Gemäß dem Vierten Titel (Durchsuchung und Beschlagnahme gespeicherter Computerdaten)[63] soll jeder Mitgliedsstaat verpflichtet sein, ein Gesetz zu erlassen, das es den staatlichen Autoritäten erlaubt, Zugriff auf sämtliche Computersysteme und Datenspeicher im Territorium des Landes zu verlangen. Daher erlaubt die Konvention gemäß diesem Titel den staatlichen Autoritäten, die Suche sofort auf andere Computersysteme oder Datenspeicher auszudehnen, wenn diese vom ursprünglichen Computersystem aus zugreifbar sind. Weiterhin dürfen die Computersysteme und Datenspeicher gemäß diesem Titel beschlagnahmt werden. Werden die Computersysteme beschlagnahmt, so dürfen die darauf befindlichen Daten gelöscht werden.

Außerdem erklärt die Konvention in diesem Titel, dass jede Person, die sich mit dem Computersystem oder den Mechanismen zum Schutz der gespeicherten Daten (z.B. Verschlüsselung) auskennt, verpflichtet werden kann, alle nötigen Informationen zur Ermöglichung der oben genannten Maßnahmen bereitzustellen; Artikel 14 und 15 sind zu beachten.

5. Entsprechend dem Fünften Titel (Echtzeiterhebung[64] von Computerdaten)[65] müssen Gesetze geschaffen werden, die es den staatlichen Autoritäten erlauben, einen ISP dazu zu zwingen, in Echtzeit Kommunikationsdaten und Kommunikationsinhalt zu sammeln oder Unterstützung dazu zu gewähren. Der ISP ist dabei zur Geheimhaltung verpflichtet; Artikel 14 und 15 sind zu beachten.

c. Abschnitt 3 – Gerichtsbarkeit

Dieser Abschnitt[66] besteht nur aus einem Artikel. Gemäß diesem Artikel kann der Staat seine Rechtszuständigkeit für Verstöße gegen die Regelungen der Artikel 2-11 erklären, wenn sie

---

[62]-Entwurf eines Übereinkommens über Datennetzkriminalität, Artikel 18: Herausgabeanordnung.

[63]-Entwurf eines Übereinkommens über Datennetzkriminalität, Artikel 19: Durchsuchung und Beschlagnahme gespeicherter Computerdaten.

[64]-Echtzeit steht kurz für Echtzeitbetrieb. Unter Echtzeitbetrieb versteht man die Arbeitsweise einer elektronischen Rechenanlage, bei der das Programm oder die Datenverarbeitung (nahezu) simultan mit den entsprechenden Prozessen in der Realität abläuft.

[65]-Entwurf eines Übereinkommens über Datennetzkriminalität, Artikel 20: Echtzeiterhebung von Verbindungsdaten; Artikel 21: Abfangen von Inhaltsdaten.

[66]-Entwurf eines Übereinkommens über Datennetzkriminalität, Artikel 22: Gerichtsbarkeit.

auf seinem Territorium, auf einem Schiff unter seiner Flagge, in einem nach seinem Recht registrierten Flugzeug oder von einem seiner Staatsbürger außerhalb der Rechtszuständigkeit aller anderen Saaten begangen werden. Ebenso kann die Zuständigkeit erklärt werden, wenn der vermeintliche Straftäter aufgrund seiner Nationalität nach Aufforderung nicht an andere Staaten ausgeliefert wird.

2.3.3. Der Inhalt des Kapitels III der Konvention (Internationale Zusammenarbeit)

Dieses Kapitel besteht aus nachfolgenden zwei Abschnitten:

a. Abschnitt 1 - Allgemeine Grundsätze

Dieser Abschnitt besteht aus vier Titeln:
1. Im Ersten Titel (Allgemeine Grundsätze der internationalen Zusammenarbeit)[67] fordert die Konvention die Unterzeichnerstaaten auf, dass sie im Rahmen der Ermittlungen und des Sammelns von Beweismitteln zusammenarbeiten sollen. Diese Zusammenarbeit, durch die die Gewinnung und Sicherung von Beweismitteln erleichtert wird, kann nur durch Harmonisierung der Strafprozessrechte der Mitgliedsstaaten erreicht werden. Daher hat die Konvention gemäß diesem Titel die Staaten auch aufgefordert, ihre Strafprozessrechte zu harmonisieren.
2. Im Zweiten Titel (Grundsätze der Auslieferung)[68] regelt die Konvention, im Hinblick auf die verlangte gegenseitige Unterstützung und Zusammenarbeit die Auslieferungsfrage bei Verstößen gegen Tatbestände, die in den Artikeln 2 bis 11 behandelt werden. Nach dieser Regelung kann der Täter zu einem anderen Staat ausgeliefert werden, wenn er mit einer Freiheitsstrafe von mindestens einem Jahr oder mit einer schlimmeren Strafe zu bestrafen ist. Außerdem erklärt die Konvention gemäß diesem Titel, dass die anderen Auslieferungsabkommen, die zwischen den Parteien abgeschlossen sind, einen Vorrang haben, wenn sie auch die in den Artikeln 2 bis 11 genannten Taten betreffen.
Schließlich behandelt die Konvention in diesem Titel die Situation, in der eine Partei die Auslieferung beantragt und die andere Partei die Auslieferung aufgrund der Nationalität des vermeintlichen Straftäters verweigert. Hier soll die verweigernde Partei den Fall und damit

---

[67]-Entwurf eines Übereinkommens über Datennetzkriminalität, Artikel 23: Allgemeine Grundsätze der internationalen Zusammenarbeit.

[68]-Entwurf eines Übereinkommens über Datennetzkriminalität, Artikel 24: Auslieferung.

die Auslieferungsfrage auf Wunsch des Antragsstellers an die Strafverfolgungsbehörden übergeben.

3. Entsprechend dem Dritten Titel (Allgemeine Grundsätze der Rechtshilfe)[69] sind die Mitgliedsstaaten aufgefordert, sich gegenseitig in Bezug auf Ermittlungen und Sicherstellung von Beweisen zu unterstützen. Daher kann jede Partei in dringenden Fällen Unterstützung per Fax und E-Mail anfordern, wenn ein ausreichendes Maß zur Identifizierung sichergestellt wurde. Darüber hinaus fordert die Konvention in diesem Titel die Parteien auf, Gesetze zu erlassen, um den Verpflichtungen aus den Artikeln 27 bis 35 nachkommen zu können.

4. Im Vierten Titel (Verfahren für Rechtshilfeersuchen ohne anwendbare völkerrechtliche Übereinkünfte)[70] klärt die Konvention die Frage der gegenseitigen Unterstützung für den Fall, dass zwischen den einzelnen Parteien keine gegenseitigen Unterstützungsabkommen vorhanden sind. Hier müssen die Kontaktkoordinaten der zuständigen Stellen an den Europarat gemeldet werden, darüber hinaus kann jedes Ersuchen oder jede Mitteilung in diesem Fall über Interpol übermittelt werden.

Schließlich regelt die Konvention in diesem Titel, wann eine Unterstützungsanfrage und die Information des Antragstellers abgelehnt werden darf.

b. Abschnitt 2 - Besondere Bestimmungen

Dieser Abschnitt besteht aus folgenden drei Titeln:

1. Im Ersten Titel (Rechtshilfe bei vorläufigen Maßnahmen)[71] regelt die Konvention die konkrete Umsetzung der gegenseitigen Unterstützung in Bezug auf Anfragen der beschleunigten Sicherstellung der Computerdaten. Die Daten sind für einen Zeitraum vom mindestens 60 Tagen sicherzustellen. Stellt sich dabei heraus, dass ein weiterer ISP in einem anderen Staat beteiligt ist, ist unverzüglich eine ausreichende Menge an Verkehrsdaten dem Antragsteller zu übermitteln, die die Identifikation des ISP und den Pfad der Daten erlaubt.

---

[69]-Entwurf eines Übereinkommens über Datennetzkriminalität, Artikel 25: Allgemeine Grundsätze der Rechtshilfe; Artikel 26: Unaufgeforderte Übermittlung von Informationen.

[70]-Entwurf eines Übereinkommens über Datennetzkriminalität, Artikel 27: Verfahren für Rechtshilfeersuchen ohne anwendbare völkerrechtliche Übereinkommen; Artikel 28: Vertraulichkeit und Beschränkung der Verwendung.

[71]-Entwurf eines Übereinkommens über Datennetzkriminalität, Artikel 29: Beschleunigte Sicherung gespeicherter Computerdaten; Artikel 30: Beschleunigte Weitergabe gespeicherter Verbindungsdaten.

2. Der Zweite Titel (Rechtshilfe in Bezug auf Ermittlungsbefugnisse)[72] behandelt den Zugriff auf die sichergestellten oder gespeicherten Daten im Rahmen der gegenseitigen Unterstützung. Danach darf jede Partei von einem Computersystem in einem Territorium ohne Zustimmung einer anderen Partei auf Daten zugreifen, die öffentlich sind. Ist die Zustimmung einzuholen, so kann die Partei auch auf die öffentlichen Daten zugreifen, wenn sie die Zustimmung von der berechtigten Person einholt. Darüber hinaus regelt die Konvention hier, dass die gegenseitige Unterstützung auch bei der Echtzeitsammlung und dem Abhören von Daten zu gewähren ist.

Im Gegensatz zu Aufforderungen dieser Konvention zur Harmonisierung des Strafrechts und Strafprozessrechts finden sich leider keine Ansätze zur Harmonisierung des Datenschutzrechts und des Fernmeldegeheimnis[73] auf hohem Niveau. Es wird den Staaten überlassen, die entsprechenden Datenverarbeitungs- und Überwachungsmöglichkeiten national zu regeln.

3. Gemäß dem Dritten Titel (24/7-Netzwerk)[74] soll jede Partei eine Kontaktstelle schaffen, die 24 Stunden am Tag, 7 Tage die Woche erreichbar ist. Diese Kontaktstelle soll technische Hilfestellungen geben und die Sicherstellung von Daten nach Artikeln 29 und 30 durchführen. Weiterhin soll sie Indizien sammeln, Verdächtige lokalisieren und über Rechtsinformationen Auskunft geben. Die Konvention enthält also unter anderem Vorgaben zur vorsorglichen Speicherung und Offenbarung von Bestands-, Verbindungs- und Nutzungsdaten und zur Einrichtung von Schnittstellen[75] zur Überwachung von Kommunikationsinhalten. Sie sieht auch grenzüberschreitende Verfahren und Mechanismen bei der Strafverfolgung vor. Polizeibehörden eines Landes sollen Kollegen eines anderen Landes gegebenenfalls zu rascher Amtshilfe auffordern können. Zu diesem Zweck wird jedes Mitgliedsland aufgefordert, eine Kontaktstelle einzurichten. So können diese Länder in Zukunft rund um die Uhr über das Netzwerk von Kontaktpunkten besser kommunizieren und die internationale Untersuchung beschleunigen.

---

[72]-Entwurf eines Übereinkommens über Datennetzkriminalität, Artikel 31: Rechtshilfe beim Zugriff auf gespeicherter Computerdaten; Artikel 32: Grenzüberschreitender Zugriff auf gespeicherter Computerdaten mit Zustimmung oder wenn diese öffentlich zugänglich sind; Artikel 33: Rechtshilfe bei der Echtzeiterhebung von Verbindungsdaten; Artikel 34: Rechtshilfe beim Abfangen von Inhaltsdaten.

[73]-Unter Fernmeldegeheimnis verstehet man Informationen oder das Recht, das es Dritten oder dem Staat untersagt, von deren Inhalt Kenntnis zu erlangen.

[74]-Entwurf eines Übereinkommens über Datennetzkriminalität, Artikel 35: 24/7-Netzwerk.

[75]-Unter Schnittstelle versteht man Verbindungsstelle zwischen Funktionseinheiten eines Datenverarbeitungssystems oder Datenübertragungssystems, an der der Austausch von Daten oder Steuersignalen erfolgt.

2.3.4. Der Inhalt des Kapitels IV der Konvention (Schlussbestimmungen)

In diesem Kapitel[76] ist die Ratifizierung und das Inkrafttreten der Konvention geregelt. Sowohl Mitgliedsstaaten des Europarates als auch Nichtmitgliedsstaaten, die bei der Ausarbeitung mitgewirkt haben, können unterzeichnen. Die Konvention tritt drei Monate nach der Unterzeichnung durch mindestens fünf Staaten, davon mindestens drei Mitgliederstaaten, in Kraft. Nach Inkrafttreten können auch weitere Nichtmitgliedsstaaten Unterzeichner werden. Jeder Unzeichner kann die Territorien, für die die Konvention gelten soll, angeben[77].

Schließlich darf man im Rahmen des Inhaltes der Cyber Crime Convention nicht vergessen, dass sie auch Bestimmungen über die individuelle und gemeinsame Verantwortlichkeit sowie über den Mindeststandard der Strafverhängung der in dieser Konvention genannten Straftaten beinhaltet. Darüber hinaus verpflichtet die Konvention die Mitgliedsstaaten des Europarates dazu, die Grundrechte ihrer Bürger zu schützen. Dies gilt jedoch nicht für weitere Staaten, die dem Europarat nicht angehören und die ebenfalls eingeladen sind, der Konvention beizutreten. Aufgrund dieser Erörterung ist es jedoch zu befürchten, dass wegen dieser Konvention personenbezogene Daten von Internetnutzern auch in Länder übermittelt werden müssen, in denen kein angemessenes Niveau des Datenschutzes und des Fernmeldegeheimnisses gewährleistet ist oder keine hinreichenden verfahrensmäßigen Garantien bei Eingriffen in das Fernmeldegeheimnis bestehen. Außerdem stellt die Konvention klar, dass es erlaubt ist, Internetnutzer oder Domainbesitzer[78] grenzüberschreitend zu identifizieren oder Webseiten, deren Inhalt gegen die Konvention verstoßen, grenzüberschreitend aus dem Internet zu entfernen.

---

[76]-Entwurf eines Übereinkommens über Datennetzkriminalität, Artikel 36: Unterzeichnung und Inkrafttreten; Artikel 37: Beitritt zu dem Übereinkommen; Artikel 38: Räumlicher Geltungsbereich; Artikel 39: Wirkungen des Übereinkommens; Artikel 40: Erklärungen; Artikel 41: Bundesstaatsklausel; Artikel 42: Vorbehalte; Artikel 43: Status und Rücknahme von Vorbehalten; Artikel 44: Änderungen; Artikel 45: Beilegung von Streitigkeiten; Artikel 46: Konsultationen der Vertragsparteien; Artikel 47: Kündigung; 48: Notification.

[77]-http://conventions.coe.int/Treaty/Commun/ChercheSig.asp?NT=185&CM=8&DF=18/03, 16.06.04.

[78]-Unter Domain versteht man den Teilbereich eines elektronischen Netzwerks (oftmals Bestandteil der Internetadresse).

2.4. Die Kritik an der Cyber Crime Convention

Obwohl diese Konvention viele Schwierigkeiten im Bereich der Internetkriminalität gelöst hat, ist sie aber von Kritik nicht verschont geblieben.

1. Die Cyber Crime Convention, die teilweise weiten Spielraum für die Umsetzung in nationales Recht zulässt, stärkt Behörden und nimmt weniger Rücksicht auf die Privatsphäre der Bürger.

2. Gemäß Artikel 3 fordert die Konvention die Mitgliedsstaaten auf, illegales Überwachen nichtöffentlicher Datenübertragung, wie das Abfangen der elektromagnetischen Abstrahlung von Computern, ausdrücklich unter Strafe zu stellen. Zugleich verlangt sie von diesen Staaten eine rasche Kommunikationsdatenermittlung, die nur durch Überwachung und Abhören von Daten möglich ist.

3. Nach Ansicht der Global Internet Liberty Campaign (GILC) ist die Konvention in ihrer derzeitigen Fassung nicht tragbar, weil sie gegen Artikel 12 der universellen Menschenrechtserklärung verstoße, worin es heißt: Kein Mensch darf willkürlich in seiner Privatsphäre, seiner Familie, seinem Heim oder seiner Korrespondenz gestört werden.

4. Gemäß Artikel 6 der Konvention sollen die Mitgliedsstaaten legale Handlungen, wie den bloßen Besitz von Hackerwerkzeug, die heutzutage mit jeder Suchmaschine gefunden und in Sekundenschnelle heruntergeladen werden können, unter Strafe stellen, wenn dahinter niedrige Absichten stehen. Daraus resultiert die Gefahr der notwendigen Sicherheitsüberprüfungen von Computern und Netzen unterbleiben, weil die dazu berechtigten Personen Angst haben, sich durch diese Handlungen strafbar zu machen.

5. Ebenfalls ist an dieser Konvention zu kritisieren, dass sie sich nicht nur an die Mitglieder des Europarates richtet, sondern auch diejenigen Länder einschließt, die aufgrund ihrer technologischen und wirtschaftlichen Fähigkeit das Internet prägen, insbesondere die Vereinigten Staaten von Amerika und Japan. Daher können Daten an ein Land übermittelt werden, das der Europäischen Menschenrechtskonvention mit ihren strengeren Vorschriften zur Wahrung der Privatsphäre nicht beigetreten ist.

6. Gemäß Artikel 16 und 17 fordert die Konvention die Mitgliedsstaaten auf, Gesetze zu schaffen, die den staatlichen Autoritäten erlauben, die unverzügliche Speicherung und Offenbarung von Bestands-, Verbindungs- und Nutzungsdaten zu verlangen. Dabei ist nicht klar, unter welchen Voraussetzungen und für welchen Zeitraum die Daten auf Vorrat gespeichert werden müssen.

7. Die Konvention verlangt von den Mitgliedsstaaten, alle Daten des Computersystems offiziell an Kontrollbehörden zu übergeben. Die Wirksamkeit dieses Verlangens ist zu bezweifeln. Wenn nämlich das System verschlüsselt ist, dann muss es entschlüsselt werden. Nun hat aber der Angeklagte nicht nur laut US-amerikanischem Gesetz das Recht, Aussagen, die ihn selbst belasten, zu verweigern. Er muss also auch keine Daten entschlüsseln. In Amerika wird dies als ein Grundrecht betrachtet und es ist sehr unwahrscheinlich, dass dieses Recht dort entfallen wird.

8. Die Cyber Crime Convention enthält leider keine Ansätze zur Harmonisierung des Datenschutzes und des Fernmeldegeheimnisses auf hohem Niveau. Darüber hinaus nimmt sie auf die Datenschutz-Konvention des Europarats keinen Bezug. Vielmehr wird es den Staaten überlassen, die entsprechenden Datenverarbeitungs- und Überwachungsmöglichkeiten national zu regeln. Weil die Konvention die Mitgliedsstaaten des Europarats im Gegensatz zu den weiteren Staaten, die dem Europarat zwar nicht angehören, aber eingeladen sind, dieser Konvention beizutreten, verpflichtet, die Grundrechte ihrer Bürger zu schützen, ist es zu befürchten, dass personenbezogene Daten von Internetnutzern auch in Länder übermittelt werden müssen, in denen kein angemessenes Niveau des Datenschutzes und des Fernmeldegeheimnisses gewährleistet ist.

9. Die Konvention verpflichtet die Mitglieder, Regelungen zur Überwachung des Internetverkehrs einzuführen, ohne wenigstens gewisse Mindeststandards in den betreffenden Verfahrensvorschriften vorzusehen[79]. Dies ist ausschließlich den Staaten überlassen. Außerdem schlägt die Konvention in diesem Titel ein Netzwerk vor, um die internationale Untersuchung der Cyberkriminalität zu beschleunigen. Daran ist zu kritisieren, dass diese Kooperation noch auf der traditionellen Form basiert. Das kann der Fall sein, wenn z.B. eine illegale Webseite in sechs Teile gespeichert wird, jedes in einem anderen Land. In diesem Fall kann der Inhalt der Webseite nur untersucht werden, wenn die Behörden dieser Länder ihre Zustimmung erteilen. Das kann viel Zeit in Anspruch nehmen, in der man bestimmte Inhalte von dieser Webseite entfernen kann.

Des Weiteren ist zu bemängeln, dass die Konvention das verlangte Netzwerk nur auf die Mitgliedsstaaten beschränkt. Daher kann die internationale Bekämpfung der Internetkriminalität nicht erfolgreich sein, wenn anderen Ländern das verlangte Netzwerk fehlt.

10. Gemäß Artikel 9 der Konvention sind die Mitgliedsstaaten dazu aufgefordert, alles, was im Zusammenhang mit Kinderpornografie steht, wie z.B. das Verbreiten, Herstellen oder

---

[79]-Entwurf eines Übereinkommens über Datennetzkriminalität, Kapitel III, Abschnitt 3, Titel 3, Artikel 35: 24/7-Netzwerk.

Anbieten, unter Strafe zu stellen. In Bezug aber auf die Bestrafung der Verbreitung anderer Straftaten, wie z.b. rassistischer Propaganda und Aufrufe zur Gewaltanwendung, wurden diese aufgrund des zu erwartenden Widerspruchs der Amerikaner vorerst aus der Konvention gestrichen und sollen nun wie folgt als Zusatzprotokoll ausgearbeitet werden.

2.4.1. Das Zusatzprotokoll I

Bereits beim Entwurf der Cyber Crime Convention wünschten sich einige Staaten, gegen rassistische oder allgemein diskriminierende Texte oder Bilder international vorzugehen. Solche Einschränkungen der Meinungsfreiheit wurden insbesondere von den USA in der eigentlichen Konvention abgelehnt.

Die Mitgliedsstaaten haben also schließlich in der Konvention von der Kriminalisierung extremistischer Äußerungen abgesehen, da einzelne Delegationen, z.b. die der USA, gegen eine solche Regelung schwerwiegende Bedenken auf Basis der freien Meinungsäußerung geäußert haben. Deshalb und um den Rechtsextremisten die Möglichkeit zu verbauen, ihre Seiten auf Servern in einem anderen Land zu verlegen, das weniger strenge Gesetze hat, oder in eines, in dem, wie in den USA, auch solche Meinungen durch die Verfassung geschützt sind, einigte man sich darauf, ein Zusatzprotokoll, in dem der Tatbestand des illegalen Einspeicherns oder Erstellens einer solchen Seite eingeführt werden soll, zu entwerfen.

Zahlreiche Bürgerrechtsgruppen, die sich in der Global Internet Liberty Campaign (GILC) zusammengeschlossen haben, veröffentlichten daher Anfang Februar 2002 ein gemeinsames Schreiben, in dem der Europarat aufgefordert wurde, den Entwurf zu veröffentlichen.

Am 7. November 2002 wurde das Zusatzprotokoll gegen Rassismus[80] vom Europarat verabschiedet.

Es stellt die Verbreitung rassistischer Propaganda, die missbräuchliche Speicherung von Hassbotschaften und die Benutzung des Internets zum Menschenhandel unter Verbot.

2.4.2. Das Zusatzprotokoll II

Nach den Attacken vom 11. September 2001 sieht man allerdings noch weiteren Ergänzungsbedarf. Am 6. Dezember 2001 wurde das Europäische Komitee zur Verbrechensproblematik

---

[80]-Addition Protocol to the Convention on Cyber Crime concerning the Criminalisation of Acts of a Racist or Xenophobic Nature committed through Computer Systems.

vom Ministerrat aufgefordert, ein zweites Zusatzprotokoll zur Cyber Crime Convention zu schaffen, um terroristische Botschaften und deren Verschlüsselung aufzudecken.

IV. Die Strafgesetze zur Computerkriminalität

Gemäß den §§ 303a, 303b StGB sind Datenveränderung und Computersabotage unter Strafe gestellt. Für rechtswidriges Löschen, Unterdrücken, Unbrauchbarmachen oder Verändern von Daten droht eine Freiheitsstrafe von bis zu zwei Jahren oder eine Geldstrafe. Wer die Datenverarbeitung eines fremden Betriebes, Unternehmens oder einer Behörde in dieser Weise stört, wird mit Geldstrafe bestraft. Allein der Versuch ist bereits unter Strafe gestellt.

Nach § 263a StGB ist es strafbar, das Vermögen eines anderen dadurch zu beschädigen, dass „das Ergebnis eines Datenverarbeitungsvorgangs durch unrichtige Gestaltung des Programms, durch Verwendung unrichtiger oder unvollständiger Daten, durch unbefugte Verwendung von Daten oder sonst durch unbefugte Einwirkung auf den Ablauf beeinflusst wird". In solchen Fällen drohen neben Geldstrafen bis zu fünf Jahre Haft.

Nach § 202a StGB, der das Ausspähen von Daten behandelt, droht Freiheitsstrafe bis zu drei Jahren oder eine Geldstrafe dem, der unbefugt Daten, die nicht für ihn bestimmt und die gegen unberechtigten Zugang besonders gesichert sind, sich oder einem anderen zu verschaffen. Als Daten definiert § 202a II StGB Informationen, „die elektronisch, magnetisch oder sonst nicht unmittelbar wahrnehmbar gespeichert sind oder übermittelt werden".

Zweiter Teil: Die Erscheinungsformen der Computerkriminalität

A. Die Computermanipulationen

Die Computermanipulation ist die unerlaubte Veränderung von Inhalten eines Datums, eines Datenträgers oder von Programmen - in der Regel wird damit eine Bereicherungsabsicht verfolgt.

So gesehen stellt man fest, dass die Computermanipulation, die häufig als Datenveränderung qualifiziert wird, sich nicht vom Computerbetrug unterscheidet und trotzdem unterscheidet das deutsche Strafgesetzbuch zwischen beiden.

Das hat seine Gründe: Der Täter strebt im Bereich des Computerbetruges, entweder für sich selbst oder für einen Dritten, nach einer Gewinnerzielung, während es in der Datenveränderung so nicht zu sehen ist. Der Tatbestand der Datenveränderung wirft also keine Einschränkungen auf.

I. Einleitung

Die Computermanipulation, die die größte Rolle der Computerkriminalität spielt, kommt in Betracht, wenn der Täter Daten, Datenträger oder ein Programm eines anderen verändert, unrichtig verwendet oder wenn er einen Eingriff in einen Verarbeitungsprozess ausübt, um z.B. eine Gehaltsverdoppelung zu fingieren, Forderungen zu löschen, Bilanzen zu manipulieren oder um eine Manipulation im Bereich der staatlichen Sozialprogramme zu begehen.

Der Täter bezweckt meistens durch diese Handlungen, die ein ordnungsgemäßes Verarbeitungsergebnis einer EDV verändern, eine Person zu schädigen oder eine persönliche Bereicherung (Vermögensvorteile) zu erlangen[81].

Darüber hinaus darf nicht vergessen werden, dass der Missbrauch von Geldautomaten, der 86% aller Computermanipulationen darstellt, eine große Rolle spielt[82].

Dazu kommt noch eine andere Art von Manipulation in Betracht, und zwar die Manipulation des Telefonnetzes, wie beispielsweise durch Fälschung von Telefonkarten oder Manipulationen bei der Nutzung von Mehrwertdiensten[83].

Die Computermanipulation kann durch das Löschen, Unterdrücken, Verändern und Unterlassen von Daten hervorgerufen werden.

1. Die Arten der Computermanipulation

In das Programm des Opfers kann in vier Arbeitsphasen eingegriffen werden:

1.1. Die Veränderung der Eingabedaten (Inputmanipulation)

Von einer Inputmanipulation spricht man, wenn der Täter, z.B. zur Realisierung einer Bereicherung, in ein ordnungsgemäß ablaufendes Computerprogramm unrichtige Daten eingibt, die von dem Computer programmgemäß bearbeitet werden.

---

[81]-Sieber, BB 1982, S. 1433; Winkelbauer, CR 1985, S. 40 (41)ff.

[82]-Paul, NJW 1995, S. 42; Dannecker, BB 1996, S. 1285 (1288); LK 11-Tiedemann, § 263a, Rdnrn. 47ff.

[83]-Dannecker, BB 1996, S. 1285 (1288)ff.; LK 11-Tiedemann, § 263a Rdnrn. 7, 59.

Bei der Inputmanipulation, die im Grunde genommen nicht schwer herbeizuführen ist, werden Daten während ihrer Eingabe manipuliert. Diese falsche Eingabe kann der Täter beispielsweise über Magnetbänder, Disketten, Magnetplatten oder über Tastaturen vornehmen.

Darüber hinaus kann die Inputmanipulation durch die Herstellung eines falschen Beleges, eine Abänderung der Daten auf Datenträger, eine Ergänzung der alten Daten mit neuen Daten sowie eine Unterdrückung von Daten herbeigeführt werden.

Bei der Inputmanipulation wird die Datenverarbeitung selbst nicht beeinträchtigt, d.h., dass alle eingegebenen Daten ordnungsgemäß verarbeitet werden. Darüber hinaus funktioniert der Computer und das Programm korrekt, wobei die zur Verfügung gestellten Ausgangsdaten falsch sind.

Die Einführung der Daten in den Verarbeitungsvorgang kann auf verschiedene Weise erfolgen, entweder einfach manuell oder per Datenübermittlung[84].

Die Inputmanipulation wird in Unternehmen bzw. der öffentlichen Verwaltung häufig von Angestellten und Mitarbeitern durchgeführt. Darüber hinaus kann sie auch von einem unabhängigen Dritten ausgeführt werden, wenn er den nötigen Zugang zur EDV-Anlage hat oder diesen über das Internet findet.

Beispiel - 1: Gehaltsmanipulation

In einem kleineren deutschen Industriebetrieb ließ ein Mitarbeiter der EDV-Abteilung längere Zeit hindurch den Computer Gehälter für fiktive Angestellte errechnen und die entsprechenden Beträge auf das Konto seiner Frau überweisen. Er verstand es, zwischen die Aufstellung der Gehaltslisten und das Ablöschen der Eingabedaten die entsprechenden gefälschten Anweisungen einzuschieben, so dass sie gemeinsam mit den korrekten Daten abgelöscht wurden. Dem Betrieb erwuchs im Laufe der Zeit durch die Manipulation ein Gesamtschaden von rund 280.000,- DM[85].

Beispiel - 2: Manipulation von Bankeinzahlungen

Eine Reihe von Kreditinstituten führte zwecks maschineller Beleglesung eine Magnet-Codierung bei den Einzahlungsbelegen ein. Um den Einzahlungsvorgang zu erleichtern, erhielten die Kunden dieser Institute Einzahlungsscheine zugeschickt, die mit einem Magnetschrift-Code für die automatische Bearbeitung präpariert waren, und zwar war die Kontonummer des Kunden in Magnetschrift eingedrückt. Bei Bareinzahlung wurde der

---

[84]-Lampe, GA 1975, S. 1 (2ff.).
[85]-Mühlen, Computerkriminalität und Abwehrmaßnahmen, S.61.

Schein dann nur ausgefüllt und am Schalter abgegeben. Für den Fall, dass der Kunde seine persönlichen Einzahlungsscheine nicht bei sich hatte, konnte er am Schalter neutral Scheine erhalten, die erst nachträglich mit einer Magnetschrift versehen wurden.

Eine Reihe von Kunden mit deliktischer Absicht mischte unter die am Schalter erhältlichen neutralen Einzahlungsscheine ihre bereits mit Magnet-Code vorpräparierten. Ahnungslose Bankbenutzer füllten diese dann aus und zahlten ihre Beträge damit nicht auf das von ihnen gewünschte sondern auf das magnetisch gekennzeichnete Konto ein. Die Täter hoben die ihnen fälschlich gutgeschriebenen Beträge dann schnell ab, bevor die Reklamation der Einzahler zu erwarten war[86].

1.2. Die Veränderung von Daten (Konsolmanipulation)

Von einer Konsolmanipulation spricht man, wenn der Täter durch Eingriff in den Datenverarbeitungsprozess mit Hilfe einer Konsole, durch die nur Daten oder Programme manipuliert werden können, die mechanischen Bedienungselemente einer EDV-Anlage oder eines Computers missbraucht.

In diesem Fall werden also richtige Daten in einem ordnungsgemäß ablaufenden Computerprogramm verarbeitet. Als Folge davon werden die richtig verarbeiteten Daten nach Wunsch des Täters geändert. Die Ausgabe der Daten wird also durch einen Eingriff in die Hardware verändert.

Beispiel - 1:
Ein Mitarbeiter der EDV-Abteilung hatte das Programm der Lohn- und Gehaltsabrechnungen geschrieben. Er hatte daher fundierte Kenntnisse der Programme des Unternehmens, dessen EDV-Anlage nicht sehr groß war und das nicht über viele Mitarbeiter verfügte, weshalb die Programmierer, wenn Not am Mann war, auch zum Operating herangezogen wurden. So hatte auch dieser Mitarbeiter häufig die Gelegenheit, das von ihm entwickelte Gehaltsprogramm selbst zu bedienen. Auf dieser Voraussetzung basierte sein Plan, den er noch dadurch optimierte, dass er zum Monatsende die Rechenanlage für zahlreiche, angeblich immer wichtige Testläufe benötigte und dabei viel Computerzeit verbrauchte. Er bewirkte hiermit, dass die Gehaltsabrechnung des Öfteren nicht mehr während der Tagesschicht termingerecht erledigt werden konnte. Damit die Gehaltsabrechnung noch pünktlich zum Monatsende freigestellt wurde, versprach er, das Versäumte in Überstunden oder am Wochenende

---

[86]-Mühlen, Computerkriminalität und Abwehrmaßnahmen, S.66f.

nachzuholen. Da er stellvertretender Leiter der EDV- Arbeitung war, erregte er nirgendwo Misstrauen. Man dankte es ihm, dass die Löhne und Gehälter pünktlich gezahlt werden konnten.

Bei der Manipulation veränderte er die Gehaltsabrechnung selbst nicht. Er sorgte dafür, dass die Lohnstreifen exakt angefertigt und ausgedrückt wurden und dass auch die Auflistungen, die der Personalabteilung zugingen, korrekt waren, damit kein Verdacht entstehen konnte. Lediglich vor dem im Programm befindlichen Befehl „Schlusssumme ausdrucken" stoppte er den Programmablauf, schaltete die Anlage auf Handeingabe und erhöhte die auszudruckende Schlusssumme durch Handeingabe an der Konsole um 400 Dollar. Über das Bedienungsfeld veranlasste er dann den Wiederanlauf, d.h. das Ausdrucken der um diesen Betrag erhöhten Schlusssumme. Er ging dabei von der Überlegung aus, dass sich mit an Sicherheit grenzender Wahrscheinlichkeit kein Revisor des Unternehmens die Mühe machen würde, die Addition des Computers nachzuvollziehen, um die rechnerische Richtigkeit der ausgedruckten Summe nachzuprüfen.

Bei dem zweiten Programmlauf, bei dem die Gehaltsschecks vom Computer automatisch erstellt wurden, wurde gleichzeitig auch ein dazugehöriger Sammelbeleg für die Bank ausgedruckt. Dieser Sammelbeleg richtete sich nach der Höhe der Schlusssumme des im ersten Programmdurchlauf ermittelten Endbetrages, den der Täter verfälscht hatte. Um nun auch in den Besitz des Geldes zu gelangen, schaltete er dem zweiten Programmlauf ein Fehländerungsprogramm vor und erhöhte dadurch den Scheck, der auf seinen Namen ausgedruckt wurde, um gleichfalls 400 Dollar[87].

Beispiel - 2:
Ein Mitarbeiter eines Rechenzentrums ist auf die Idee gekommen, den Computer in dem Augenblick zu stoppen, in dem der Programmlauf die Erstellung seines Gehaltsschecks veranlasst. Er schaltet den Computer dann auf Wiederholung des Vorganges und bewirkt durch wiederholte Rückschaltung auf Wiederholung das Ausdrucken einer größeren Anzahl von Gehaltsschecks auf seinen Namen, die alle auf den gleichen Betrag lauten.

1.3. Das Ändern von Programmen (Programmmanipulation)

Im Gegensatz zu den vorher genannten Arten der Computermanipulation benötigt der Täter für die Programmmanipulation, die großen Schäden verursacht, häufig ein fundiertes Wissen

---

[87]-Mühlen, Computerkriminalität und Abwehrmaßnahmen, S. 76f.

über den Ablauf und die Programmierung des Computerprogramms. Diese Manipulation kann also im Grunde nur durch Fachleute bewirkt werden.

Der Täter ändert das Computerprogramm, wenn er ganze Programmteile nachschreibt, einen Programmabschnitt löscht, ein ganz neues Programm installiert oder wenn er mit Hilfe von selbst erstellten Programmen die gespeicherten Daten verändert. Dadurch bezweckt der Täter eine vorteilhafte und günstige Datenverarbeitung[88].

Der Täter kann also die Programmmanipulation in zwei unterschiedlichen Taten ausführen; er kann also das bestehende Programm selbst verändern oder ein ganz neues Programm installieren.

Verändert der Täter das bestehende Programm, so befinden wir uns in diesem Fall, neben der Programmanipulation, im Bereich der Inputmanipulation, weil sie zusätzlich zur Veränderung dieses Programms auch die unrichtige Verarbeitung der eingegebenen Daten zur Folge hat. Durch diese Veränderung hat der Täter also auch die eingegebenen Daten unrichtig verarbeitet. Trotz dieser Möglichkeit des Herbeiführens der Programm- und Inputmanipulation durch eine Handlung geht die herrschende Meinung davon aus, dass sie sich voneinander unterscheiden[89].

Die Mindermeinung nimmt jedoch an, dass das Verarbeitungsprogramm wie die eingegebenen Daten in den Kernspeicher eingelesen wird, und deswegen unterscheidet sich dies nicht von der Verarbeitung bestimmter Daten.

Obwohl die Programme innerhalb der EDV-Anlage technisch wie Daten behandelt werden, kann man trotzdem der herrschenden Meinung folgen, weil es doch einen Unterschied in Bezug auf den Inhalt und die Funktion der gespeicherten Daten zwischen normaler Dateneingabe und Programmveränderung gibt.

Die Programme steuern die Vorgänge in der Zentraleinheit und bleiben bestehen, während die anderen Daten Gegenstand (Input) bzw. Ergebnis (Output) einer solchen Operation sind[90].

Die Programmmanipulation kann auch mit Hilfe von Trojanischen Pferden ausgeführt werden.

---

[88]-Rupp, Computersoftware und Strafrecht, S. 11; Mühlen, Computerkriminalität und Abwehrmaßnahmen, S. 45ff.

[89]-Schönke/Schröder-Cramer, § 263a Rdrn. 4.

[90]-Rupp, Computersoftware und Strafrecht, S. 3.

Beispiel - 1:

In Deutschland sind in mehreren Unternehmen eine Reihe von Manipulationen in den Rechenzentren aufgedeckt worden, die sich im Tathergang sehr ähnelten. In jedem dieser Fälle hatten die Täter den so genannten Rundungstrick angewendet, um recht erhebliche Beträge an sich zu bringen. Er ist in der Bundesrepublik bei zwei Kreditinstituten und in einem Industrieunternehmen mit Erfolg praktiziert worden. In zwei Fällen betrug der Schaden jeweils um die 500.000,- DM, in einem Fall 330.000,- DM.

Bei der manuellen Berechnung von Zinsen war es in den Kreditinstituten üblich, dass vom errechnenden Sachbearbeiter jeweils entschieden wurde, ob auf ganze Pfennige auf- oder abzurunden sei. Bis zum Wert von 0,5 wurde meist abgerundet, darüberliegende Bruchteile wurden aufgerundet. Die Summen der auf- und Abrundungen glichen sich in der Regel bis auf wenige Pfennige voll aus. Geringfügige Differenzen pflegte man auszubuchen.

Die bisher verwendeten Computer kannten den Befehl Runden jedoch nicht. Nur die neueren Anlagen verfügen seit kurzem über diese Möglichkeit. Infolgedessen behalf man sich in den Rechenzentren, denen die Zinsberechnungen übertragen worden waren, z.b. damit, dass man bis auf drei Stellen hinter dem Komma genau rechnete und dann beim Ausdrucken die letzte Dezimalstelle durch Versetzen des gesamten Betrages nach rechts wegfallen ließ. Dadurch wurde eine Abrundung erreicht.

Diesen Umstand machte sich nun der Chefprogrammierer eines norddeutschen Kreditinstituts zu Nutzen, als er das Computerprogramm für die Zinsberechnung auszuarbeiten hatte. Er baute in das Programm einen Rechenschritt ein, der dem Computer die Anweisung erteilte, die letzten Dezimalstellenbeträge zu addieren und dann in einer Gesamtsumme seinem von ihm eingerichteten Konto gutzuschreiben[91].

Beispiel - 2:

In einem Warenhaus konnten Angestellte so bezahlen, dass ihnen die Schulden am Monatsende vom Gehalt abgezogen wurden. Ein Programmierer manipulierte nun das Programm für die Abrechnung der Personalkäufe so, dass er und seine Freundin die Schulden nicht zu bezahlen brauchten. Die Beträge wurden auf ein Zwischenkonto gebucht. Dieses Zwischenkonto wurde zwar zu den Personalforderungen addiert, nicht aber ausgedruckt.

---

[91]-Mühlen, Computerkriminalität und Abwehrmaßnahmen, S.47.

1.4. Die Ausgabe der Daten (Outputmanipulation)

Eine Outputmanipulation wird herbeigeführt, indem die auf dem Computer intern oder auf den externen Medien wie Magnetbänder, -platten, Speicher, Speicherchips und Laserspeicher befindlichen Daten ausgedruckt werden[92].

Von einer Outputmanipulation spricht man, wenn ein anderes als das erarbeitete Ergebnis ausgedruckt oder wenn der Ausdruck erst überhaupt verhindert wird.

Zur Herbeiführung dieser Manipulation ist zumeist die Kenntnis des Täters vom Rechenprogramm nicht erforderlich.

Bei dieser Manipulation geht es also um die Verfälschung des ursprünglich richtigen Ergebnisses, das im Rahmen eines Datenverarbeitungsvorgangs ordnungsgemäß entstanden ist[93].

Beispiel: Löschen von Daten

Dr. Emil Sauvundra aus Ceylon gründete in London die FAM-Versicherungsgesellschaft. Durch aggressive Werbung und niedrige Tarife, die nach Ansicht der Konkurrenz niemals zur Abdeckung des Risikos ausreichen konnten, gewann er in kurzer Zeit vierhunderttausend britische Autobesitzer als Kunden. Als die Schadensrechnungen eingingen, wuchs ihm das Problem über den Kopf; er ging mitsamt den Prämiengeldern außer Landes. Zurück blieben leere Büros und ein Großcomputer mit leeren Magnetbändern. Sauvundra hatte sämtliche Unterlagen (Prämienrechnungen, Schadensleistungen, Belege über Schulden etc.) elektronisch speichern und die Bänder am Tage seiner Abreise löschen lassen. Da keine brauchbaren Unterlagen mehr vorhanden waren, konnte der genaue Schaden niemals festgestellt werden.

2. Die Gefährlichkeit der Computermanipulation

Die Gefährlichkeit der Computermanipulation liegt in der technischen Kompliziertheit und Komplexität der EDV-Anlage bzw. der Rechenprogramme. Manipulationen an Daten lassen sich kaum aufklären und sind kaum nachweisbar. Diese Art von Erscheinungsform der Computerkriminalität bewirkt nicht selten große finanzielle und überhaupt wirtschaftliche Schäden.

---

[92] -Haft, 100 x Computer, S. 84.
[93] -Rupp, Computersoftware und Strafrecht, S. 11; Lenckner, Computerkriminalität und Vermögensdelikte, S. 23.

II. Die Manipulationsfolgen

Die Folgen der Manipulation sind:

1. Die unrichtige Druckausgabe

Hat der Täter die Daten anderer Personen - wie oben beschrieben - manipuliert, so ist das zustande gekommene Ergebnis falsch. Darüber hinaus erweist sich das Druckerzeugnis als unrichtig, was dem Opfer Schaden zufügen kann.

Dies wird sogar die häufigste Folge sein, weil die meisten Daten, die sich sowohl intern auf dem Computer als auch auf den externen Medien befinden, heutzutage ausgedruckt und archiviert werden.

2. Das falsche Datum

Will das Opfer die vom Täter heimlich manipulierten Daten nicht ausdrucken, weil es sie weiterverarbeiten möchte (Bewegungsdaten) oder weil es sie nicht ausdrucken muss (Stammdaten), so ist zwischen den beiden Varianten, nämlich den Bewegungs- und Stammdaten zu unterscheiden.

In Bezug auf die Bewegungsdaten, die oft vom Berechtigten verändert werden, kann man eine Manipulation nur einmal annehmen, weil die ursprüngliche Form dieser manipulierten Daten nur einmal in dieser Form abgerufen werden kann. Im Gegensatz dazu wird bei den Stammdaten, die weder zu vermehren noch zu reduzieren sind, die vom Täter durchgeführte Manipulation bei jedem Abruf wiederholt.

Außerdem ist die Manipulation der Bewegungsdaten - im Gegensatz zu der der Stammdaten - nur schwerer nachprüfbar. Man kann aber nicht sagen, dass eine der Varianten generell schadensrelevanter sei als die andere.

III. Die Zusammenfassung

Computermanipulation ist gegeben, wenn das ordnungsgemäße Verarbeitungsergebnis einer elektronischen Datenverarbeitungsanlage durch Löschen, Verändern oder Unterdrücken von Daten in einer Datei, einem Programm oder auf einem Datenträger verändert wird.

Insofern unterscheidet sich die Computermanipulation nicht vom Computerbetrug, und doch strebt der Täter bei letzterem, entweder für sich selbst oder für einen Dritten, nach einer rechtswidrigen Bereicherung, während dies bei der Computermanipulation nicht der Fall ist.

Eine Computermanipulation kann in vier Varianten auftreten, nämlich als Veränderung der Eingabedaten (Inputmanipulation), Veränderung von Daten (Konsolmanipulation), durch das Ändern von Programmen (Programmmanipulation) und die Veränderung von Daten bei der Ausgabe (Outputmanipulation).

IV. Die Erscheinungsformen der Computermanipulation

Strafrechtlich subsumierbar ist die Computermanipulation als Datenveränderung gemäß § 303a StGB, als Fälschung beweiserheblicher Daten gemäß § 269 StGB sowie als Urkundenunterdrückung gemäß § 274 I Nr. 2 StGB.
Im Folgenden wird auf diese Straftatbestände der Computermanipulation ausführlich eingegangen.

1. Die Datenveränderung § 303a StGB

§ 303a StGB bestimmt:
„(1) Wer rechtswidrig Daten (§ 202a Abs. 2) löscht, unterdrückt, unbrauchbar macht oder verändert, wird mit Freiheitsstrafe bis zu zwei Jahren oder mit Geldstrafe bestraft.
(2) Der Versuch ist strafbar."

1.1. Einleitung

Einige Formen der Computerkriminalität können den Straftatbestand der Datenveränderung erfüllen. Dieser Tatbestand wurde durch das 2. WiKG in das Strafgesetzbuch eingefügt. Der Gesetzgeber wollte durch Einführung des § 303a StGB das Interesse an der Verwendbarkeit von Daten durch den Verfügungsberechtigten schützen[94].
Eine Schädigungs- oder Gewinnerzielungsabsicht spielt hierbei keine Rolle. Es erfüllen vielmehr alle unrechtmäßigen Datenveränderungen den Tatbestand des § 303a StGB. Aus diesem Grund werden auch Sabotagehandlungen an Datenbeständen etwa durch Computer-

---

[94]-Schönke/Schröder-Stree, § 303a Rdnr. 1.

viren[95], logische Bomben[96] oder Computerwürmer[97], die eine logische Zerstörung, eine Unterdrückung, ein Unbrauchbarmachen oder ein Verändern von Daten zur Folge haben, erfasst.

1.1.1. Der Hintergrund der Einführung des § 303a StGB

Bevor der § 303a StGB in das Strafgesetzbuch eingeführt wurde, hat die herrschende Meinung[98] das Löschen von Informationen unter § 303 StGB (Sachbeschädigung) subsumiert. Dieser Meinung konnte nicht zugestimmt werden, weil § 303 StGB eine rechtswidrige Beschädigung oder Zerstörung einer fremden Sache voraussetzt, die fraglichen Informationen sind indes keine Sachen (vgl. § 90 BGB)[99], da sie nicht körperlicher Natur sind. Deshalb war § 303 StGB für das Löschen oder Verändern von Daten nicht einschlägig[100], was den Gesetzgeber dazu brachte, den § 303a StGB in das Strafgesetzbuch einzuführen.
Im Gegensatz zum Löschen von Daten hat die herrschende Meinung[101] die Anwendbarkeit des § 303 StGB auf das Löschen von Tonbändern jedoch bejaht, weil dieses Löschen in der Lage ist, die elektromagnetische Struktur des betroffenen Datenträgers zu verändern und damit körperlich zu beeinträchtigen[102].
Über diese Ausnahme hinaus gab es noch einen Grund, der den Gesetzgeber ermutigt hat, den Tatbestand des § 303a StGB in das Strafgesetzbuch einzuführen. § 303 StGB (Sachbeschä-

---

[95]-Der Computervirus ist ein Programm, das andere Programme durch Einbringung seiner eigenen Kopie infizieren kann.

[96]-Die logischen Bomben sind alle Programmarten, die wie die Viren eine gute, oder belästigende oder destruktive Funktion besitzen, welche in irgendeiner Weise den Betrieb eines Rechners stören oder diesen zerstören können, sobald sie zu laufen beginnen.

[97]-Würmer sind vollständige Programme, deren „Lebensbereich" Rechnernetze sind. Ein Wurm kann eine Kopie von sich an andere Rechner verschicken. Hierzu muss er das Protokoll des jeweiligen Netzes kennen. Zudem muss er die Adressenliste, in welchen die einzelnen Knotenrechner des Rechners verzeichnet sind, inspizieren können.

[98]-Merkel, NJW 1956, S. 778; Rupp, Computersoftware und Strafrecht 1985, S. 16f, 23 a.A; Lampe, GA 1975, S. 16; Gerstenberg, NJW 1956, S. 540; Kunz, JuS 1977, S. 605.

[99]-Schönke/Schröder-Stree, § 303, Rdnr. 3 mit Verweis auf (Schönke/Schröder-Eser), § 242, Rdnr. 9.

[100]-Möhrenschlager, wistra 1986, S. 141; Dreher/Tröndle, § 303a Rdnr. 1; Lenckner/Winkelbauer, CR 1986, S. 828; Haft, NStZ 1987, S. 10.

[101]-Schönke/Schröder-Stree, § 303 Rdnr. 8b; Lackner/Kühl, § 303 Rdnr. 4; Möhrenschlager, wistra 1986, S. 140f. und 1991, S. 326.

[102]-Möhrenschlager, wistra, 1986, S. 130; Lenckner/ Winkelbauer, CR 1986, S. 828.

digung) ist nämlich auch nicht auf die Daten im Übertragungsstadium[103], deren Schutz von Bedeutung ist, anwendbar.

Aus diesen Gründen hat der Gesetzgeber, der die vorher genannten Strafbarkeitslücken schließen und die geschilderte Rechtsunsicherheit beseitigen wollte, den Tatbestand des § 303a StGB, der sich eng an § 303 StGB anlehnt, im Strafgesetzbuch eingeführt.

1.1.2. Das Rechtsgut des § 303a StGB

Obwohl das Rechtsgut des § 303a StGB bislang in der Literatur noch nicht geklärt werden konnte, geht die herrschende Meinung[104] davon aus, dass § 303a StGB das Interesse des Verfügungsberechtigten an der uneingeschränkten bzw. unversehrten Verwendbarkeit der in Daten i.S.d. § 202a II StGB enthaltenen Informationen schützt. Es sollen also Unternehmen, Behörden und Einzelpersonen davor bewahrt werden, dass die Verwendbarkeit ihrer Informationen beeinträchtigt oder sogar ausgeschlossen wird[105].

1.1.3. Das Tatobjekt des § 303a StGB

Das Tatobjekt des § 303a StGB sind Daten in Anlehnung an den Wortlaut des § 202a II StGB. Sind die Daten (ursprüngliche Fassung eines Textes) aber inzwischen mehrmals überarbeitet worden, so können sie nicht als Daten i.S.d. § 303a StGB angesehen werden, weil das Verwendungsinteresse des Berechtigten durch Verarbeitung dieser Daten (Löschen, Unterdrücken etc.) nicht beeinträchtigt wird.
Unter Anlehnung an das Verwendungsinteresse geht eine Meinung davon aus, dass die beim Händler zur Veräußerung bereitliegenden Programme nicht unter den Anwendungsbereich des § 303a StGB fallen[106]. Dieser Meinung kann nicht zugestimmt werden, weil das Verwendungsinteresse des Händlers, das darin besteht, die Programme Dritten zur Nutzung zu überlassen, durch die Beschädigung oder Zerstörung dieser Programme insofern beeinträchtigt wird, weil das Weiterverkaufen dieser Programme verhindert wird.

---

[103]-Dreher/Tröndle, § 303a Rdnr. 1; Möhrenschlager, wistra 1986, S. 130, (140f) und 1991, S. 326; Lenckner/Winkelbauer, CR 1986, S. 828; Haß Strafrechtlicher Schutz von Computerprogrammen, Rdnr. 49.

[104]-Schönke/Schröder-Stree, § 303a Rdnr. 1; Dreher/Tröndle, § 303a Rdnr. 2; Lackner/Kühl, § 303a Rdnr. 1; Möhrenschlager, wistra 1986, S. 140f; Tiedemann, JZ 1986, S. 870; Arzt/Weber, Strafrecht BT 4, Rdnr. 106; Hilgendorf, JuS 1996, S. 890.

[105]-Dreher/Tröndle, § 303a Rdnr. 2; Bühler, MDR 1987, S. 455.

[106]-LK-Tolksdorf, § 303a Rdnr. 3.

Wenn man den Wortlaut des § 303a StGB anschaut, stellt man fest, dass er, anders als § 303 StGB, nicht das Merkmal der Fremdheit beinhaltet[107]. Folgt man daher dem reinen Wortlaut des Gesetzes, wäre jeder Programmierer und Datentypist und jeder, der seine eigenen Daten löscht oder verändert, nach § 303a StGB strafbar[108]. Das kann nicht der Sinn und Zweck des Gesetzgebers sein, und deswegen muss diese Vorschrift eingegrenzt werden.

Eine Meinung geht, zur Beschränkung dieses Wortlautes, davon aus, dass das in § 303a StGB enthaltene Merkmal der Rechtswidrigkeit nicht ein allgemeines Verbrechensmerkmal, sondern ein Tatbestandsmerkmal darstellt. Ansonsten wäre das Tatobjekt des § 303a StGB zu weit und würde viele Fälle beinhalten, die mit dem Sinn und Zweck des Gesetzgebers nicht übereinstimmen[109].

Eine andere Meinung, der zuzustimmen ist, geht davon aus, dass dieses Merkmal ein allgemeines Verbrechensmerkmal darstellt[110].

Die Argumentation dieser Meinung besteht darin, dass der Gesetzgeber das im § 202a StGB eingefügte Merkmal „unbefugt" als allgemeines Deliktsmerkmal qualifiziert hat. Die §§ 202a, 303a StGB sind zeitgleich geschaffen worden, und deswegen besteht kein Grund, das im § 303a StGB genannte Merkmal „rechtswidrig" als Tatbestandsmerkmal und nicht als allgemeines Verbrechensmerkmal zu qualifizieren.

Der Gesetzgeber hat auf das Merkmal „Fremdheit" im Gegensatz zu § 303 StGB verzichtet, weil die Rechtsordnung den Begriff „fremd" nur mit körperlichen Sachen oder Rechten verbindet. Dieses Merkmal wurde aber nach der herrschenden Meinung[111] durch das Merkmal der Rechtswidrigkeit, dass sich im § 303a StGB befindet, ersetzt.

Daraus ergibt sich, dass dem Tatbestandsmerkmal „Rechtswidrigkeit" eine Doppelfunktion eingeräumt wird, weswegen eine Meinung davon ausgeht, dass es neben der Funktion als allgemeines Verbrechensmerkmal entsprechend dem Merkmal „unbefugt" zu verstehen ist[112]. Dementsprechend ist der Täter, der seine eigenen Daten löscht, unbrauchbar macht, unterdrückt oder verändert, trotz Fehlens des Fremdheitsmerkmals bezüglich der betroffenen

---

[107]-Schönke/Schröder-Stree, § 303a Rdnr. 3; Lenckner/Winkelbauer, CR 1986, S. 828f.

[108]-Haß, Strafrechtlicher Schutz von Computerprogrammen, Rdnr. 49.

[109]-Dreher/Tröndle, § 303a Rdnr. 9; Lackner/Kühl, § 303a Rdnr. 4; Frommel, JuS 1987, S. 667; Hilgendorf, JuS 1996, S. 892.

[110]-LK-Tolksdorf, § 303a Rdnr. 37; Schönke/Schröder-Stree, § 303a Rdnr. 6; Lenckner/Winkelbauer, CR 1986, S. 828f.

[111]-SK-Samson, § 303a, Rdnr. 3; Frommel, JuS 1987, S. 667; Dreher/Tröndle, § 303a Rdnr. 4.

[112]-Lenckner/Winkelbauer, CR 1986, S. 828.

Daten nicht nach § 303a StGB strafbar[113]. Er muss also zur Bejahung des § 303a StGB eine fremde Rechtsposition beeinträchtigt haben.

Bezüglich der Definition der Daten kann man auf § 202a II StGB verweisen, da der Datenbegriff des § 303a StGB an den Tatbestand des § 202a II StGB anknüpft.

1.1.4. Die Fremdheit der betroffenen Daten

Aufgrund der vorher erwähnten Erörterung müssen sowohl die auf einem Datenträger gespeicherten Daten als auch die Daten, die sich im Arbeitsspeicher des Rechners befinden[114], fremd sein, um den Tatbestand des § 303a StGB bejahen zu können.

Strittig ist, wann die betroffenen Daten für den Täter fremd sind. Eine Meinung geht davon aus, dass es auf das Verhältnis des Täters zum Datenträger ankommt, also ob er Eigentümer ist oder nicht.

Demnach kann der Eigentümer eines Datenträgers den Tatbestand des § 303a StGB nicht erfüllen, wenn er die darauf gespeicherten Daten, selbst wenn sie sich auf eine andere Person beziehen, rechtswidrig verändert, unterdrückt, unbrauchbar macht oder löscht.

Im Gegensatz dazu kann er den Tatbestand des § 303a StGB erfüllen, wenn eine andere Person hinsichtlich dieser Daten verfügungsberechtigt ist.

Fraglich ist aber, ob der Auftragnehmer den Tatbestand des § 303a StGB erfüllen kann, wenn er die Daten des Auftraggebers zur Erfüllung seines Auftrags auf seinen Datenträger speichert, löscht, unterdrückt, unbrauchbar macht oder verändert.

Dafür müsste auf den zwischen den Personen geschlossenen Vertrag abgestellt werden. Stehen die gespeicherten Daten nach diesem Vertrag dem Auftraggeber zu, so kann der Auftragnehmer den Tatbestand des § 303a StGB erfüllen.

Eine andere Auffassung geht davon aus, dass es in diesem Fall nicht auf das Verhältnis des Täters zum Datenträger ankommt, ob er also Eigentümer ist oder nicht, sondern darauf, ob er ein Verfügungsrecht auf die Daten hat oder nicht[115]. Folglich kann der Eigentümer eines Datenträgers den Tatbestand des § 303a StGB erfüllen, wenn er die darauf befindlichen Daten, bezüglich derer er kein Verfügungsrecht hat, löscht, unterdrückt, unbrauchbar macht oder verändert.

---

[113]-Lenckner/Winkelbauer, CR 1986, S. 828; Schönke/Schröder-Stree, § 303a, Rdnr. 2; SK-Samson, § 303a, Rdnrn. 3ff.; Dreher/Tröndle, § 303a Rdnr. 9; Frommel, JuS 1987, S. 667.

[114]-LK-Tolksdorf, § 303a Rdnr. 4.

[115]-Dreher/Tröndle, § 303a, Rdnr. 9; Möhrenschlager, wistra 1986, S. 141; Bühler, MDR 1987, S. 455; Schlüchter, zweites Gesetz zur Bekämpfung der Wirtschaftskriminalität, S. 7.

Darüber hinaus kann der Verfügungsberechtigte[116] den Tatbestand des § 303a StGB erfüllen, wenn auch andere verfügungsberechtigt sind[117]. Das ist der Fall, wenn z.b. A, der die Daten, die er gemeinsam mit B erstellt und dann auf einem Datenträger gespeichert hat, ohne Einwilligung des B löscht, verändert etc.

In diesem Fall kann man den Tatbestand des § 303a StGB bejahen, weil diese Daten nicht nur allein ihm, sondern auch noch dem B, der ebenfalls ein Verfügungsrecht an den Daten hat, ‚gehören'.

Eine andere Ansicht, die eine vermittelnde Position darstellt[118], unterscheidet zwischen dem Recht auf den Datenträger und dem Recht auf den Datenbestand.

Nach dieser Ansicht kann der Eigentümer, dessen Datenträger unbefugt zur Materialisierung der Daten benutzt wird, den Tatbestand des § 303a StGB nicht erfüllen, wenn er die darauf befindliche Daten löscht, unterdrückt, unbrauchbar macht oder verändert[119]. Im Gegensatz dazu kann er sich gemäß § 303a StGB strafbar machen, wenn die Speicherung der Daten durch seine Erlaubnis (durch Vermietung) stattgefunden hat, weil das Recht auf Datenbestand dem Recht auf den Datenträger vorgeht.

1.2. Die Tathandlung

Die Tathandlungen des § 303a StGB, die sich miteinander überschneiden, sind das Löschen, Unterdrücken, Unbrauchbarmachen und Verändern von Daten[120].
Durch diese Aufzählung wollte der Gesetzgeber jedwede mögliche Lücke vermeiden[121].
In Abgrenzung zu § 303 StGB kann diese Vorschrift erfüllt sein, selbst wenn auf die Substanz des Datenträgers nicht eingewirkt wird[122].
§ 303a StGB bezieht sich immer auf die konkrete Speicherung und deswegen ist die Möglichkeit einer Reproduktion der Daten unerheblich[123].

---

[116]-Dreher/Tröndle, § 303a Rdnr. 9; Lackner/Kühl, § 303a Rdnr. 4.
[117]-Haß, Strafrechtlicher Schutz von Computerprogramm, Rdnr. 50.
[118]-Lenckner/Winkelbauer, CR 1986, S. 829; Sondermann, Diss. 1989, S. 34ff.
[119]-SK-Samson, § 303a, Rdnr. 15.
[120]-Lenckner/Winkelbauer, CR 1986, S. 829; Arzt/Weber, Strafrecht BT 4, Rdnr. 108; Mühle, Diss. 1998, S. 90ff.
[121]-Schönke/Schröder-Stree, § 303a Rdnr. 4; Dreher/Tröndle, § 303a Rdnr. 4; Gravenreuth, NStZ 1989, S. 206. Kritisch hierzu Hilgendorf, JuS 1996, S. 891.
[122]-Bühler, MDR 1987, S. 455.
[123]-Lenckner/Winkelbauer CR 1986, S. 829.

1.2.1. Das Löschen von Daten

a. Die Begriffsbestimmung

Das Strafgesetzbuch definiert Löschen im § 303a StGB nicht, deswegen verweist die Gesetzesbegründung[124] auf die Legaldefinition des § 3 IV Nr. 5 BDSG. Dort wird das Löschen als Unkenntlichmachen gespeicherter, personenbezogener Daten definiert.

Nach dieser Definition sind Informationen dann gelöscht, wenn sie nicht länger aus den gespeicherten Daten gewonnen werden können oder wenn sie vor ihrer Beseitigung ohne Informationsverlust an einer anderen Stelle oder auf einem anderen Datenträger festgehalten wurden.

Diese Definition des Bundesdatenschutzgesetzes bezüglich des Löschens kann mit dem Sinn und Zweck des Gesetzes nicht übereinstimmen, weil das Löschen, nach Meinung des Gesetzgebers, in Betracht kommt, wenn die gelöschten Daten nicht wiedergebracht werden können, z.b. mittels eines Datenträgers[125].

Beseitigt der Täter Informationen, die nicht mehr mit Hilfe geeigneter Werkzeuge, wie z.b. einer Diskette etc. wiederzuerlangen sind[126], so liegt in diesem Fall, der herrschenden Meinung nach, Löschen i.S.d. § 303a StGB vor[127].

Ein Löschen ist jedoch dann nicht gegeben, wenn die gelöschten Daten ohne viel Aufwand, Zeit und Kosten (z.B. durch Vorhandensein von Kopien) wiedererlangt werden können. Darüber hinaus liegt kein Löschen i.S.d. § 303a StGB vor, wenn die vom Täter zeitweilig gelöschten Daten durch den Benutzer einfach wiederhergestellt werden können.

Hier scheitert die Tatbestandsmäßigkeit des § 303a StGB an der mangelnden Erheblichkeit

---

[124]-Möhrenschlager, wistra 1986, S. 141; Bähler, MDR 1987, S. 455.

[125]-Lenckner/Winkelbauer, CR 1986, S. 829.

[126]-Dreher/Tröndle, § 303a, Rdnr. 5; SK-Samson, § 303a Rdnr. 19, Haß, Strafrechtlicher Schutz von Computerprogrammen, Rdnr. 51; Möhrenschlager, wistra 1986, S. 141; Schlüchter, zweites Gesetz zur Bekämpfung der Wirtschaftskriminalität, S. 73; Lackner/Kühl, § 303a Rdnr. 3; Tiedemann, JZ 1986, S. 870; Arzt/Weber, Strafrecht BT 4 Rdnr. 108; SK-Samson, § 303a Rdnr. 19.

[127]-Für eine engere Definition des Löschens als Aufhebung der Verkörperung plädiert Tolksdorf, LK, § 303a Rdnr. 23, da sich sonst die Tathandlung des Löschens kaum noch von denen des Unterdrückens oder Unbrauchbarmachens unterscheide.

der Verletzungswirkung[128]. Ebenso ist es, wenn der Datenträger zum Löschen durch einen Dritten freigegeben worden ist.[129]

b. Die Erscheinungsformen des Löschen

In Bezug auf die Erscheinungsformen des Löschens stellt sich die Frage, ob unter der Unkenntlichmachung nur das physische oder auch das logische Löschen zu verstehen ist.

aa. Das physische Löschen

Der überwiegende Teil der Literatur nimmt an, dass die Daten unwiederbringlich oder unkenntlich gemacht sind, wenn sie physisch beseitigt worden sind[130], folglich ihr ursprünglicher Inhalt nicht mehr vorhanden ist. Weil es unerheblich ist, wie das Unkenntlichmachen der Daten vorgenommen wird, ist das Zerstören eines Datenträgers mit gespeicherten Daten auch nach § 303a StGB strafbar[131].
Fraglich ist, ob ein Löschen i.S.d. § 303a StGB vorliegt, wenn der Täter die Daten eigentlich nicht löscht, aber das Programm so manipuliert, dass es auf diese Daten nicht mehr zurückgreift.
Beispielsweise, wenn der Täter in den Bibliothekspeichern den Namen einer Datei aus dem Inhaltsverzeichnis löscht. In diesem Fall hat der Täter die nach der Handlung immer noch existierende Daten physisch nicht beseitigt, sondern dem Berechtigten das Verfügungsrecht und Zugriff auf diese Daten entzogen.
Nach der vorherigen Meinung, die auf das physische Löschen abstellt, kann hier das Löschen i.S.d. § 303a StGB im Gegensatz zum Unterdrücken nicht bejaht werden, weil die Daten physisch immer noch vorhanden sind.

bb. Das logische Löschen

Das logische Löschen liegt vor, wenn die vom Täter betroffenen Daten nach dem Angriff physisch vorhanden, aber nicht mehr interpretierbar sind.

---

[128]-Hilgendorf, JuS 1996, S. 891.
[129]-Sondermann, Diss. 1989, S. 50.
[130]-Dreher/Tröndle, § 303a, Rdnr. 5; SK-Samson, § 303a, Rdnr. 19.
[131]-Schönke/Schröder-Stree, § 303a, Rdnr. 4; Möhrenschlager, wistra 1986, S. 141; Haß, strafrechtlicher Schutz von Computerprogrammen, Rdnr. 51; LK-Tolksdorf, § 303a Rdnr. 24.

Zum Beispiel, wenn der Täter lediglich einen Verzeichniseintrag löscht, der die Adresse einer Datei enthält und nicht die Daten selbst.

In diesem Fall geht die herrschende Meinung davon aus, dass der Tatbestand des § 303a StGB einschlägig ist, obwohl die betroffenen Daten physisch nach wie vor vorhanden sind, weil die Handlung des Täters vom Sinn und Zweck des § 303a StGB, den Zugriff des Verfügungsberechtigten auf seine Daten zu schützen, erfasst wird[132].

Für diese Meinung spricht, dass der Gesetzgeber durch den Wortlaut des § 303a StGB keine Hinweise darauf gegeben hat, dass nur physisches Löschen gemeint sei[133]. Zudem ist auch das logische Löschen in der Lage, den Zugriff des Verfügungsberechtigten auf seine Daten zu verhindern.

Problematisch ist die Frage, ob das logische Löschen als ein Löschen oder Unterdrücken einzustufen ist.

Eine Meinung[134] geht davon aus, dass es ein Löschen und kein Unterdrücken darstellt, weil die Beseitigung des Verzeichniseintrags, der als Datum angesehen werden kann, auch ein physisches Löschen darstellt.

Im Gegensatz dazu nimmt eine Meinung an, dass es ein Unterdrücken und kein Löschen darstellt, weil der betroffene Datensatz mit Hilfe eines speziellen Programms wiedergebracht werden kann[135].

Eine andere Ansicht geht davon aus, dass dieser Streit hinfällig und überflüssig ist, weil die beiden Tathandlungen vom Tatbestand des § 303a StGB erfasst werden[136].

1.2.2. Das Unterdrücken von Daten

Die zweite Tathandlung des § 303a StGB, nämlich das Unterdrücken, kommt unabhängig von dessen Art und Weise[137] in Betracht, wenn die Handlung des Täters dem Verfügungs-

---

[132]-Bühler, MDR 1987, S. 455; Pohl/Cremer, DUD 1990, S. 496.
[133]-Bühler, MDR 1987, S. 455.
[134]-Hilgendorf, JuS 1996, S. 891; LK-Tolksdorf, § 303a Rdnr. 25; Gravenreuth, NStZ 1989, S. 206.
[135]-LK-Tolksdorf, § 303a Rdnr. 25.
[136]-Frommel, JuS 1987, S. 667; anders jedoch Haft, NStZ 1987, S. 10, nach dessen Ansicht das bloße Löschen unter § 303 StGB fällt und der Anwendungsbereich des § 303a StGB sich auf übermittelte Daten beschränkt.
[137]-LK-Tolksdorf, § 303a Rdnr. 26.

berechtigten den Zugriff auf seine Daten entzieht, so dass er sie nicht mehr verwenden kann[138].

Durch die Tathandlung des Unterdrückens von Daten hat der Gesetzgeber den bloßen Entzug von Daten unter Strafe gestellt, um den Tatbestand des § 303a StGB von § 303 StGB zu unterscheiden.

a. Die Erscheinungsformen des Unterdrückens

aa. Das logische oder physische Löschen der Daten

Das Unterdrücken der Daten, das in Betracht kommt, wenn die Handlung des Täters dem Verfügungsberechtigten den Zugriff auf die Daten entzieht, so dass er sie nicht mehr verwenden kann, kann durch logisches Löschen in Betracht kommen. Dies kann der Fall sein, wenn der Täter die Daten physisch nicht berührt, dem Zugriff des Verfügungsberechtigten aber entzieht[139]. Beispielsweise, wenn der handelnde Täter den Zeiger, der auf einen Datensatz gerichtet ist, abhängt. In diesem Fall hat der Täter die Daten selbst nicht gelöscht; er hat nur den Zeiger abgehängt, was dem Verfügungsberechtigten den Zugriff auf diese physisch vorhandenen Daten entzieht.

Darüber hinaus kann ein Unterdrücken durch das normale Löschen, das in Betracht kommt, wenn die Daten physisch entfernt sind, herbeigeführt werden, denn auch hierbei wird der Zugriff des Berechtigten auf die Daten verhindert.

Folglich kann man sagen, dass die Vernichtung der Daten, d.h. das normale Löschen, auch die Tathandlung des Unterdrückens erfüllen kann ohne dafür allerdings Voraussetzung zu sein[140], weil auch die Daten, die in ihrer physischen Integrität erhalten bleiben, vom Sinn und Zweck des § 303a StGB erfasst sind, wenn dem Verfügungsberechtigten der Zugriff durch die Handlung des Täters entzogen wird.

---

[138]-Schönke/Schröder-Stree, § 303a Rdnr. 4; Dreher/Tröndle, § 303a Rdnr. 6; Lackner/Kühl, § 303a Rdnr. 3; Tiedemann, JZ 1986, S. 870; Bühler, MDR 1987, S. 455; Gravenreuth, NStZ 1989, S. 206; Haß, Strafrechtlicher Schutz von Computerprogrammen, Rdnr. 52.

[139]-Lenckner/Winkelbauer, CR 1986, S. 829.

[140]-Sondermann, Diss. 1989, S. 52; Schlüchter, zweites Gesetz zur Bekämpfung der Wirtschaftskriminalität, S. 73.

bb. Die Wegnahme des Datenträgers

Die Tathandlung Unterdrücken kann auch durch Wegnahme eines Datenträgers[141] erfüllt sein, weil der Verfügungsberechtigte durch diese Handlung auf seine Daten nicht mehr zugreifen kann[142].

Fraglich kann aber sein, ob ein Unterdrücken i.S.d. § 303a StGB vorliegt, wenn der Berechtigte von den betroffenen Daten auf dem entzogenen Datenträger, ein Duplikat hat[143]. In diesem Fall wird die Nutzungsmöglichkeit der Daten durch den Berechtigten letztlich nicht verhindert, da er nach wie vor auf das Duplikat zugreifen und es verwenden kann. Aus diesem Grund kann man hierbei nicht von einem Unterdrücken i.S.d. § 303a StGB sprechen, da die Verfügungsmöglichkeit des Berechtigten durch das Vorhandensein einer Kopie nicht genommen wird.

cc. Das logische Verstecken

Ein Unterdrücken i.S.d. § 303a StGB liegt auch vor, wenn der Täter die Daten logisch versteckt. Das ist der Fall, wenn der Täter die technische Sicherungssperre, wie z.B. das Passwort des Berechtigten, verändert, so dass dieser auf seine Daten nicht mehr zugreifen kann[144].

Darüber hinaus liegt ein Unterdrücken i.S.d. § 303a StGB vor, wenn sich ein Hacker unter der Kennung des rechtmäßigen Benutzers im System einloggt, was den weiteren Zugriff des Verfügungsberechtigten auf seine Daten verhindert.

dd. Das Unterdrücken durch unterlassene Dateneingabe

Fraglich ist, ob Unterdrücken i.S.d. § 303a StGB vorliegt, wenn der Täter die zur Eingabe bereitstehenden Daten so gestaltet, dass man sie nicht mehr eingeben kann. In diesem Fall kommt, in Anlehnung an den § 202a II StGB, auf den der § 303a StGB bezüglich des Datenbegriffs verweist, kein Unterdrücken in Betracht, weil die Daten hier, im Gegensatz zu den vom § 202a II StGB verlangten Anforderungen, nicht gespeichert oder übermittelt sind.

---

[141]-Dreher/Tröndle, § 303a Rdnr. 6; Hilgendorf, JuS 1996, S. 891.

[142]-Schönke/Schröder-Stree, § 303a, Rdnr. 4.

[143]-Grosch, CR 1985, S. 283; Volesky/Scholten, iur 1987, S. 286.

[144]-Schönke/Schröder-Stree, § 303a Rdnr. 4; Lenckner/Winkelbauer, CR 1986, S. 829; Bühler, MDR 1987, S. 455; Gravenreuth, NStZ 1989, S. 206; Hilgendorf, JuS 1996, S. 891.

Die unterlassene Dateneingabe ist also vom § 303a StGB nicht erfasst und erfüllt damit die Tathandlung des Unterdrückens nicht.

b. Der Zeitfaktor

Umstritten ist, ob die Zugriffsmöglichkeit des Berechtigten dauerhaft oder nur für eine bestimmte Zeit aufgehoben sein muss, damit man von einem Unterdrücken i.S.d. § 303a StGB ausgehen kann.

Eine Meinung[145] stellt hierbei auf den Tatbestand des § 242 StGB ab und geht davon aus, dass das Unterdrücken tatbestandsmäßig sein kann, wenn die Verwendungsmöglichkeiten des Berechtigten auf Dauer aufgehoben sind.

Diese Ansicht argumentiert, dass zwischen den beiden Vorschriften eine enge Parallele besteht und deswegen das Tatbestandsmerkmal der Zueignungsabsicht (aus § 242 StGB), Anwendung auf den Tatbestand des § 303a StGB finden soll.

Dieser Meinung kann jedoch nicht gefolgt werden, da sonst die Datenunterdrückung in eine Datenzueignung uminterpretiert würde[146].

Eine andere Meinung[147] geht indessen davon aus, dass keine Parallele zu § 242 StGB besteht, sondern zu § 274 StGB, bei welchem ein Unterdrücken auch vorliegt, wenn die Daten nicht auf Dauer, sondern nur für eine bestimmte Zeit zurückgehalten werden. Für diese Meinung spricht auch, dass der Tatbestand der Sachbeschädigung, der mit dem § 303a StGB eng verwandt ist, keine dauerhafte Beschädigung voraussetzt; es genügt allein schon die vorübergehende Beschädigung[148].

Demzufolge ist der Tatbestand des § 303a StGB unabhängig davon erfüllt, ob die Rekonstruktion der Daten möglich ist oder nicht[149], wenn die Verfügungsmöglichkeit über die

---

[145]-SK-Samson, § 303a Rdnr. 20.
[146]-LK-Tolksdorf, § 303a Rdnr. 27.
[147]-Schönke/Schröder-Stree, § 303a Rdnr. 4; Schönke/Schröder-Cramer, § 274, Rdnr. 10; Dreher/Tröndle, § 303a Rdnr. 6; Lackner/Kühl, § 303a Rdnr. 3; Lenckner/Winkelbauer, CR 1986, S. 829; Haß, Strafrechtlicher Schutz von Computerprogrammen, Rdnr. 52; Hilgendorf, JuS 1997, S. 325; Gravenreuth, NStZ 1989, S. 206.
[148]-Haß, Strafrechtlicher Schutz von Computerprogrammen, Rdnr. 52.
[149]-Gravenreuth, NStZ 1989, S. 206.

Daten nur für eine gewisse Dauer entzogen wird[150]. Ansonsten wären die Fälle des Unterdrückens sehr selten[151].

Fraglich ist, wie die Rechtslage zu beurteilen ist, wenn der Berechtigte die unterdrückten Daten, im Zeitpunkt ihrer Unterdrückung, nicht zur Verwendung braucht.

Eine Ansicht[152] nimmt an, dass eine Strafbarkeit gemäß § 303a StGB (wegen Unterdrückens von Daten) unabhängig davon ist, ob der Berechtigte die vorübergehend unterdrückten Daten während ihres Unterdrückens zwingend verwenden wollte oder nicht.

Eine andere Meinung[153] geht davon aus, dass die vorübergehende Unterdrückung nur dann strafbar ist, wenn sie in einem Zeitraum durchgeführt wird, in dem der Berechtigte die unterdrückten Daten tatsächlich verwenden wollte.

Zur Beurteilung dieser Frage kann man den Gedanken der Erheblichkeit heranziehen, d.h., dass das vorübergehende Unterdrücken in diesem Fall Tatbestandsmäßigkeit ist, wenn es zu einer erheblichen Verletzungswirkung führt, unabhängig davon, ob der Berechtigte gerade in dieser Zeitspanne die Daten benutzen wollte oder nicht. Es kommt also auf den Einzelfall an. Folge dieser Ansicht ist, dass auch das potentielle Interesse des Berechtigten an der Verwendung und Nutzung seiner Daten geschützt ist[154].

1.2.3. Das Unbrauchbarmachen von Daten

Daten können unbrauchbar gemacht werden, indem der Täter sie in ihrer Gebrauchsfähigkeit beeinträchtigt, so dass sie nicht mehr ordnungsgemäß verwendet werden und somit ihren Zweck nicht mehr erfüllen können[155].

Demnach kann der Täter das Unbrauchbarmachen i.S.d. § 303a StGB nicht erfüllen, wenn er die Daten nur verändert; er also auf den Datenträger oder auf das verarbeitende Programm so einwirkt, dass eine korrekte Bearbeitung der Daten nicht mehr möglich ist[156].

---

[150]-Schönke/Schröder-Stree, § 303a, Rdnr. 4; Haß, Strafrechtlicher Schutz von Computerprogrammen, Rdnr. 52; Dreher/Tröndle, § 303a, Rdnr. 6.

[151]-LK-Tolksdorf, § 303a, Rdnr. 27.

[152]-Lenckner/Winkelbauer, CR 1986, S. 829; Haß, Strafrechtlicher Schutz von Computerprogrammen, Rdnr. 52.

[153]-Schlüchter, Zweites Gesetz zur Bekämpfung der Wirtschaftskriminalität, S. 73.

[154]-Sondermann, Diss. 1989, S. 54.

[155]-Schönke/Schröder-Stree, § 303a Rdnr. 4; Lackner/Kühl, § 303a Rdnr. 3; Lenckner/Winkelbauer, CR 1986, S. 829; Bühler, MDR 1987, S. 455; Gravenreuth, NStZ 1989, S. 206; Haß, strafrechtlicher Schutz von Computerprogrammen, Rdnr. 53; Hilgendorf, JuS 1996, S. 891; Tiedemann, JZ 1986, S. 870.

[156]-Bühler, MDR 1987, S. 455.

a. Die Erscheinungsformen des Unbrauchbarmachens

Das Unbrauchbarmachen von Daten kann durch folgende Handlungen bewirkt werden:

aa. Das Löschen/Hinzufügen von Daten

Der Täter kann den Datensatz für den Verfügungsberechtigen unbrauchbar machen, indem er einzelne Daten löscht, was die Unvollständigkeit des Informationsgehalts dieser Daten zur Folge hat. Aufgrund dieses Löschens kann der Verfügungsberechtigte seine Daten nicht mehr richtig verwenden.

Darüber hinaus liegt ein Unbrauchbarmachen vor, wenn der Täter Daten hinzufügt[157] und dadurch den Informationsgehalt der sich darauf befindlichen Daten verändert, so dass sie ihren Zweck nicht mehr ordnungsgemäß erfüllen[158].

Ändert die hinzugefügte Information den Gehalt der gespeicherten Daten nicht, so scheidet eine Anwendung des § 303a StGB aus, weil die Daten nach wie vor in der Lage sind, ihren Zweck ordnungsgemäß zu erfüllen.

bb. Das Umgestalten gespeicherter Daten

Die Tathandlung des § 303a StGB (Unbrauchbarmachen) ist auch einschlägig, wenn der Täter die gespeicherten Daten so umgestaltet, dass ihr Bedeutungsinhalt nicht mehr ordnungsgemäß verwendet werden kann. Zum Beispiel, wenn der Datensatz in einen anderen Zusammenhang gestellt oder aus einem solchen gelöscht wird.

Solche Handlungen haben zur Folge, dass der Inhalt der Daten eine andere Bedeutung hat, wodurch sie nicht mehr ordnungsgemäß verwendet werden können.

---

[157]-Dreher/Tröndle, § 303a,Rdnr. 7; Haß, Strafrechtlicher Schutz von Computerprogrammen, Rdnr. 53; anders von Gravenreuth, NStZ 1989, S. 206, der diese als Verändern einstuft.

[158]-Sondermann, Diss. 1989, S. 54; Gravenreuth, NStZ 1989, S. 206.

1.2.4. Das Verändern von Daten

Mit dem Begriff des Veränderns wollte der Gesetzgeber alle Handlungen oder Funktionsbeeinträchtigungen erfassen, die den Informationsgehalt oder den Aussagenwert der Daten ändern[159].

Gemäß dem Wortlaut des § 303a StGB („oder verändert") sollen nur solche Verhaltensweisen unter die Tathandlung des Veränderns subsumiert werden, die nicht bereits ein Löschen, Unterdrücken oder Unbrauchbarmachen von Daten darstellen[160].

Verändern ist gemäß § 3 Abs. 4 Nr. 2 BDSG „das inhaltliche Umgestalten gespeicherter [...] Daten". Es geht also um eine Änderung des Informationsgehalts. Der Informationsgehalt der Daten kann z.B. dadurch verändert werden, dass ein wahrer Inhalt verfälscht oder ein unwahrer berichtigt wird.

Darüber hinaus können Daten verändert werden, wenn neue Daten hinzugefügt werden oder ein Datensatz mit einem anderen Datensatz verknüpft wird, so dass sich aus dem Kontakt ein anderer Informationsgehalt ergibt[161].

Außerdem kann der Täter die Tathandlung des Veränderns erfüllen, selbst wenn die betroffenen Daten ihren Informationsgehalt beibehalten. Beispielsweise, wenn er Klartext durch einen Code ersetzt oder Daten in eine andere Programmsprache übersetzt[162].

Vervielfältigt der Täter die Daten durch Kopieren auf einen anderen Datenträger, so kann diese Vervielfältigung nicht tatbestandsmäßig sein, weil der Informationsgehalt der Daten in diesem Fall nicht verändert wird[163].

Darüber hinaus verändert der Täter Daten nicht i.S.d. § 303a StGB, wenn er die kopierten Daten oder die Fortschreibung der Daten auf dem Original verhindert, weil er in diesen Fällen auch den Informationsgehalt der Daten nicht verändert[164].

Außerdem verändert der Täter die Daten nicht durch vollständiges Löschen, im Gegensatz zum Teillöschen[165], es sei denn, dass die leere Datei einen veränderten Informationsgehalt

---

[159]-Schönke/Schröder-Stree, § 303a Rdnr. 4; Lackner/Kühl, § 303a Rdnr. 3; Möhrenschlager, wistra 1986, S. 141; Tiedemann, JZ 1986, S. 870; Bühler, MDR 1987, S. 455; Arzt/Weber, Strafrecht BT 4, Rdnr. 108.

[160]-Hilgendorf, JuS 1996, S. 891.

[161]-Möhrenschlager, wistra 1986, S. 141; Bühler, MDR 1987, S. 455; Haß, Strafrechtlicher Schutz von Computerprogrammen, Rdnr. 54; Hilgendorf, JuS 1996, S. 891.

[162]-Hilgendorf, JuS 1996, S. 891.

[163]-Lackner/Kühl, § 303a Rdnr. 3.

[164]-LK-Tolksdorf, § 303a Rdnr. 31.

[165]-Schönke/Schröder-Stree, § 303a Rdnr. 4; Lackner/Kühl, § 303a Rdnr. 3; Bühler, MDR 1987, S. 455.

hat[166]. Fraglich ist außerdem, ob die Datenveränderung, wie bei der Sachbeschädigung i.S.d. § 303 StGB, auf eine nachteilig wirkende Veränderung zu beschränken ist. Kann der Täter die Tathandlung auch erfüllen, sofern die von ihm durchgeführte Veränderung keine nachteilige, sondern eine nützliche Wirkung hat? Beispielsweise, wenn der Täter durch die Veränderung die Verwendbarkeit der Daten (den Ablauf eines Programms beschleunigt) verbessert[167]. Hier muss man den Tatbestand der Datenveränderung im Auge behalten, der das Interesse des Verfügungsberechtigten an der uneingeschränkten Verwendbarkeit schützt. Durch seine nützliche Handlung hat der Täter das Interesse des Verfügungsberechtigten an der Verwendbarkeit nicht beeinträchtigt und deswegen kann er nicht wegen § 303a StGB bestraft werden.

Fraglich ist des Weiteren, ob der Tatbestand des § 303a StGB auch dann zu verneinen ist, wenn die objektiv verbesserte Verwendbarkeit der Daten für den Berechtigten subjektiv nicht unbedingt einen Fortschritt darstellt, weil er z.B. mit dieser Verbesserung nicht zurecht kommt oder weil er mit der nicht verbesserten Verwendbarkeit der Daten völlig zufrieden war. In diesem Fall soll man sich nicht auf die objektiven Kriterien, sondern auf den Willen des Berechtigten berufen. Der Tatbestand des § 303a StGB ist somit zu bejahen, wenn die vom Täter durchgeführte Verbesserung dem Willen des Verfügungsberechtigten entgegensteht[168].

1.3. Die Tathandlung durch Unterlassen

Eine Strafbarkeit nach § 303a StGB kann aus Unterlassung folgen[169]. So z.B., wenn der Täter eine Garantenpflicht hat, die Daten nicht zu löschen, zu unterdrücken, unbrauchbar zu machen oder zu verändern. Verhindert ein Operator (Garant), der beauftragt wird, einen programmgemäßen Ablauf eines Datenverarbeitungsvorganges vor Störung zu bewahren, das Löschen, Unterdrücken, Unbrauchbarmachen oder Verändern nicht, so macht er sich gemäß §§ 303a, 13 StGB strafbar[170].

---

[166]-Möhrenschlager, wistra 1986, S. 141.

[167]-Hilgendorf, JuS 1996, S. 891.

[168]-LK-Tolksdorf, § 303a Rdnr. 21.

[169]-Schönke/Schröder-Stree, § 303a, Rdnr. 4; Dreher/Tröndle § 303a, Rdnr. 8.

[170]-Sondermann, Diss. 1989, S. 63.

1.4. Das Verhältnis der einzelnen Tatvarianten zueinander

Wenn man die einzelnen Tathandlungen des § 303a StGB anschaut, stellt man fest, dass sie sich nur schwer voneinander unterscheiden lassen[171]. Das Unbrauchbarmachen überschneidet sich mit den Tathandlungen des Löschens und Veränderns, was die Feststellung erschwert, ob in der Tat ein Unbrauchbarmachen, Löschen oder Verändern zu sehen ist. Das Löschen kann gegenüber dem Unbrauchbarmachen und Unterdrücken als eine spezielle Tathandlung angesehen werden[172].

Darüber hinaus kann das Unterdrücken von Daten zugleich ein Unbrauchbarmachen oder Verändern von Daten bedeuten.

Diese Überschneidung hat der Gesetzgeber bewusst so geregelt, um jede mögliche Strafbarkeitslücke, die in der Zukunft in Betracht kommen kann, zu schließen[173].

1.5. Die Erscheinungsformen der Erfüllung der Tathandlungen des § 303a StGB durch die Datenverarbeitung

Die Handlungen des § 303a StGB (Löschen, Unterdrücken, Unbrauchbarmachen, Verändern) können mittels Datenverarbeitung, wie z.B. Programmmanipulation erfüllt, werden.

Das ist dann der Fall, wenn der durch Hacking in einen Computer eindringende Täter, ein Programm, das einen Virus, einen Wurm, ein Trojanisches Pferd oder eine logische Bombe enthält, auf einem fremden Rechner installiert.

Darüber hinaus kann der Täter die Programmmanipulation in Form mittelbarer Täterschaft im Sinne von § 25 I Alt. 2 begehen[174], so beispielsweise, wenn er ein Spielprogramm, das einen Virus beinhaltet, auf seiner Internetseite ablegt und darauf wartet, dass irgendjemand es herunterlädt und auf seinem Computer installiert. In diesem Fall war die Installation des Spielprogramms kausal für die eingetretene Datenveränderung, die sich der Täter zurechnen lassen muss[175]. Im Folgenden wird auf die Computerviren, Computerwürmer und auf die Trojanischen Pferde eingegangen.

---

[171]-Sondermann, Diss. 1989, S. 62; Schlüchter, zweites Gesetz zur Bekämpfung der Wirtschaftskriminalität, S. 73/74; Möhrenschlager, wistra 1986, S. 141.

[172]-Schlüchter, zweites Gesetz zur Bekämpfung der Wirtschaftskriminalität, S. 73/74.

[173]-Möhrenschlager, wistra 1986, S. 141.

[174]-Wessels/Beulke, Strafrecht AT, Rdnrn. 535ff.

[175]-Zum objektiven Zurechnung Wessels/Beulke, Strafrecht AT, Rdnrn. 176ff.

1.5.1. Die Computerviren

Unter Computerviren versteht man Programme, die die Eigenschaft besitzen, andere Programme zu verändern.

Diese Virenprogramme sind selbstständig nicht ablauffähig, weswegen sie in einem Wirtsprogramm enthalten sind.

Wenn der Täter einen Virus auf einem fremden Computer installiert, so muss man bezüglich der Strafbarkeit dieses Täters unterscheiden, ob bereits die Infektion einer Datei oder eines Computerprogramms mit einem Virus ausreicht, oder ob erst die vom Virus ausgeführte Funktion tatbestandsmäßig ist.

Beim Aufruf des Virenprogramms wird im Hauptprogramm zunächst das Unterprogramm für die Infektion aufgerufen, dann das für die Funktion. Erst danach springt das Programm in das Wirtsprogramm, in dem sich der Virus eingenistet hat, zurück. Nun soll weiter auf die Infektion, Funktion und auf die Bekämpfung von Computerviren eingegangen werden.

a. Die Infektion

Installiert der Täter einen überschreibenden Virus, der einen Teil eines Programms überschreibt (Löschen), nicht mehr ablauffähig macht (Unbrauchbarmachen) oder dessen Inhalt modifiziert, so dass eine bestimmte Funktion nicht mehr aufrufbar ist (Verändern), so ist der Tatbestand des § 303a StGB erfüllt.

Die Infektion ist also im Rahmen des überschreibenden Virusprogramms ausreichend, den Tatbestand des § 303a StGB zu erfüllen.

Fraglich ist hingegen, ob der nichtüberschreibende Virus, der sich lediglich an den Anfang, das Ende oder in die Mitte eines Programms kopiert, den Tatbestand des § 303a StGB erfüllt. Die mögliche Tathandlung ist dabei das Verändern.

Der nichtüberschreibende Virus, der Daten oder Computerprogrammen bloß infiziert, kann den Tatbestand des § 303a StGB nicht erfüllen, weil er in diesem Fall keine Veränderung herbeiführt. Im Gegensatz dazu kann der Tatbestand des § 303a StGB durch einen nichtüberschreibenden Virus erfüllt werden, wenn dieser Virus durch seine Funktion eine Datenveränderung bewirkt.

Im Fall der bloßen Infektion, in dem der Täter den Tatbestand des § 303a StGB nicht erfüllt, kann er wegen Versuchs bestraft werden.

In Bezug auf den speicherresistenten Virus verhält es sich nicht anders, auch hier bleibt der ursprüngliche Befehlsablauf des Wirtsprogramms erhalten, was kein Verändern i.S.d. § 303a StGB darstellt. Die reine Infektion ist also ebenfalls nicht tatbestandsmäßig.

Wird der Speicher eines Rechners durch die Vermehrung des nichtüberschreibenden oder speicherresistenten Virus so überlastet, dass er, zur weiteren Speicherung, abgeschaltet werden muss, so kann man von Unterdrücken i.S.d. § 303a StGB reden, weil die herrschende Meinung den vorübergehenden Entzug von Daten auch unter dem Anwendungsbereich des § 303a StGB fallen lässt[176].

b. Die Funktionsweise

Ein Computervirus - die große Gefahr der Datenverarbeitung heutzutage - beinhaltet ein Unterprogramm für die Infektion (Vermehrung) und ein anderes Unterprogramm für die Funktion.

Das Hauptprogramm des Virus ruft nacheinander erst die Vermehrung und dann die Funktion auf und springt danach in der Regel in das Wirtsprogramm zurück, in dem sich das Virusprogramm eingenistet hat.

Wird ein Programm von diesem Virus infiziert, so verbreitet auch dieses Programms den Virus und infiziert andere Programme.

Das Virusprogramm beinhaltet unterschiedliche Funktionen, die grundsätzlich in der Lage sind, eine Datenveränderung herbeizuführen. Diese Funktionen sind Folgende:

aa. Die Funktion mit positiver Zielrichtung

Einige Viren, wie z.B. die Viren, die einen Klartext kodieren oder eine Langschrift in eine komprimierte Form übersetzen, können auch eine positive Funktion haben. Fraglich ist in diesem Fall, ob der Einsatz solcher Viren, die Tathandlungen (Verändern, Unbrauchbarmachen) des § 303a StGB erfüllt.

In diesen Fällen hat der Täter, der gegen den Willen des Berechtigten handelt, die Daten inhaltlich umgestaltet, weswegen man ein Verändern i.S.d. § 303a StGB bejahen kann.

---

[176]-Schönke/Schröder-Stree, § 303a Rdnr. 4; Dreher/Tröndle, 3 303 a Rdnr. 6; Lackner/Kühl, § 303a Rdnr. 3; Lenckner/Winkelbauer, CR 1986, S. 829; Haß, Strafrechtlicher Schutz von Computerprogrammen, Rdnr. 52; Gravenreuth, NStZ 1989, S. 206.

Fraglich ist weiter, ob durch dieses Verändern ein Verletzungserfolg eingetreten ist. Zur Beurteilung dieser Frage muss unterschieden werden, ob der benutzte Virus eine Dekomprimierungsroutine beinhaltet oder nicht. Hat der Täter ein Kompressionsprogramm angelegt, das die gespeicherten Daten komprimiert, wodurch sie weniger Speicherplatz belegen, so kann man nicht von einem Verletzungserfolg ausgehen, weil diese Daten beim Aufruf wieder dekomprimiert werden, so dass der Berechtigte diese Daten ohne Schwierigkeiten weiterverarbeiten kann.

Bezüglich der Zeit, die der Virus zur Dekomprimierung der vorher komprimierten Daten braucht, kann man einen erheblichen Verletzungserfolg nur ausnahmsweise bejahen.

Beinhaltet der Virus keine Dekomprimierungsroutine, so kann man das Unbrauchbarmachen von Daten und damit einen Verletzungserfolg bejahen, weil der Berechtigte die komprimierten Daten nicht wieder dekomprimieren kann, was das Weiterbearbeiten dieser Daten verhindert.

bb. Lediglich belästigende Funktionen

Problematisch ist die Beurteilung. Verwendet der Täter nur belästigende Viren, beispielsweise, wenn er, ohne Durchführung von Veränderungen, ein Bild oder Texte auf den Rechner des Benutzers bringt, was die Verarbeitung der auf dem Rechner befindlichen Daten verhindert.

Ein Teil der Literatur[177], dem zuzustimmen ist, geht davon aus, dass die Strafbarkeit des Täters eingeschränkt werden kann, wenn das Störprogramm eine bloße Belästigung des Nutzers zur Folge hat, die Daten aber nicht beeinträchtigt. Darüber hinaus kann die Strafbarkeit des Täters eingeschränkt werden, wenn die Verletzungswirkung die Grenze der Erheblichkeit nicht überschreitet[178]. Das kann der Fall sein, wenn z.B. die veränderten oder gelöschten Daten durch eine verfügbare Kopie ersetzt werden können oder wenn der Berechtigte die Bilder oder Texte durch einen einfachen Tastendruck, wie z.B. der ESC-Taste etc., entfernen kann. Gelingt es ihm nicht, ohne viel Zeit oder Mühe diese Bilder, Texte etc. zu entfernen, so kann man das Unterdrücken von Daten i.S.d. § 303a StGB bejahen.

Im Gegensatz dazu liegt ein Unterdrücken von Daten nicht vor, wenn der Täter Anzeigen auf den Bildschirm des Computers des Berechtigten bringt, die aber von selbst nach wenigen Minuten verschwinden, da auch hier keine erhebliche Verletzungswirkung gegeben ist.

---

[177]-Welp, CR 1992, S. 291ff.; und 1992, S. 354ff.
[178]-Welp, CR 1992, S. 292f.

Erscheinen aber diese Anzeigen, Bilder etc., die von selbst verschwinden, z.B. alle zehn Sekunden wieder, wodurch die Datenverarbeitung des Verfügungsberechtigten belastet wird, so kann man das Unterdrücken von Daten bejahen.

Hat der Täter durch ausschließlich belästigende Viren die Daten des Berechtigten beeinträchtigt und damit zu einem erheblichen Verletzungserfolg herbeigeführt, so ist der Tatbestand des § 303a StGB erfüllt, unabhängig davon, ob die physische Integrität der Daten unverändert geblieben ist oder der Datenentzug nur vorübergehend war.

Zum Eintritt der Strafbarkeit nach § 303a StGB muss also zum einen ein erheblicher Verletzungserfolg herbeigeführt worden sein, zum anderen muss der Täter gegen den Willen des Berechtigten gehandelt haben.

Gegen den Willen des Berechtigten handelt der Täter, wenn weder eine Einwilligung, noch eine mutmaßliche Einwilligung des Berechtigten vorliegt.

cc. Funktionen, die Daten manipulieren, beschädigen oder zerstören

Hat der eingesetzte Virus die Daten eines anderen manipuliert, so kann man von der Tathandlung des Veränderns i.S.d. § 303a StGB ausgehen.

Überschreibt er die Daten, so liegt ein Löschen und Unbrauchbarmachen i.S. dieser Vorschrift vor, unabhängig davon, ob die Daten vollständig oder nur teilweise überschrieben worden ist.

Der Tatbestand des § 303a StGB kann auch dadurch erfüllt werden, dass der Täter Viren einsetzt, die den Datenträger des Berechtigten unerwünscht formatieren.

c. Die Bekämpfung

Die Computerviren verbreiten sich sehr schnell, weswegen es ziemlich schwer ist, diese Verbreitung unter Kontrolle zu bringen. Folglich muss darauf geachtet werden, Computer vor Viren zu schützen. Der Schutz vor Viren kann folgendermaßen herbeigeführt werden:

Hat der Benutzer eines Computers Spielprogramme aus dem Internet herunter geladen oder von Freunden bekommen, so sollte er sich, bevor er sie auf seinem Computer installiert, beispielsweise durch Virensuchprogramme vergewissern, dass diese Programme keinen Virus beinhalten.

Darüber hinaus kann er zur Sicherheit alle auf seiner Festplatte befindlichen Daten auf selbständige Disketten speichern, um sie im Falle eines Virusangriffs nicht für immer zu verlieren. Ebenso sollten vom Betriebsystem und allen wichtigen Programmen aktuelle

Sicherungsdisketten existieren, damit im Falle eines Virenbefalls die Festplatte formatiert werden kann: Dadurch werden sämtliche Daten und auch der Virus vernichtet.

1.5.2. Die logischen Bomben

Unter logischen Bomben versteht man alle Programmarten, die wie Viren eine gute, belästigende oder destruktive Funktion besitzen, die in irgendeiner Weise den Betrieb eines Rechners stören oder auch zerstören können, sobald sie zu wirken beginnen[179]. Die logische Bombe unterscheidet sich von Viren, dadurch dass sie sich nicht vermehrt[180].
Die Behandlung der logischen Bomben entspricht der der Viren. Eine logische Bombe, die eine gute Funktion importiert ist - genauso wie bei Viren - nicht tatbestandsmäßig. Bomben erfüllen durch manipulierende oder zerstörende Funktionen, genauso wie Viren, den Tatbestand des § 303a StGB.

Die logischen Bomben funktionieren wie folgt: der Auslöser wird so programmiert, dass das Programm seine Funktion nicht ausübt, solange ein bestimmtes Stichwort über das System eingegeben wird. Gibt der Programmierer einmal dieses Stichwort nicht ein, so wird die Funktion des Programms ausgelöst[181].

Der Einsatz einer logischen Bombe kommt beispielsweise in Betracht, wenn ein Softwarehersteller einem Benutzer ein Programm oder sonstige Software für eine gewisse Zeit vermietet. Der Softwarehersteller, dem die Daten oder die Software nicht fremd sind, kann sich nicht nach § 303a StGB strafbar machen, wenn sich auch die Software nach Ablauf der bestimmten Zeit zerstört. Der Benutzer ist nämlich zu diesem Zeitpunkt, in dem sich die Software zerstört, nicht mehr verfügungsberechtigt.

Anders ist der Fall zu beurteilen, wenn wegen dieser Zerstörung andere Daten des bis dato Berechtigten beeinträchtigt werden[182]. In diesem Fall hat der Softwarehersteller den Tatbestand des § 303a StGB erfüllt.

Es sind auch Fälle bekannt, in denen unaufgefordert zugesandte Disketten Sabotageprogramme enthielten.
So wurden z.B. Mitte Dezember 1989 von unbekannter Stelle aus unverlangt mehrere tausend Disketten mit einem Informationsprogramm über AIDS an verschiedene medizinische

---

[179]- Mühle, Diss. 1998, S. 29

[180]-Dierstein, NJW, CoR 4/1990, S. 9, logische Bomben werden aber in vielen Veröffentlichung als Form der Computerviren dargestellt, vgl. Rombach, CR 1990, S. 101.

[181]-Dierstein, NJW, CoR 4/1990, S. 9.

[182]-Rombach, CR 1990, S. 101ff.

Institute, Stellen der Wirtschaft, Banken etc. in Europa versandt. Dieses Programm enthielt ein Sabotageprogramm, welches dazu führte, auf der Festplatte gespeicherte Daten des PCs unbrauchbar zu machen. Es wurden Daten hinzugefügt und Daten verändert. Im Moment des Programmladens wurde die Datenzerstörung bereits vorprogrammiert. Sie erfolgte dann zu einem unbekannten Zeitpunkt. Der Benutzer konnte die Datenzerstörung nur dadurch abwenden, dass er ein bestimmtes Programm erwarb. Zu dem Erwerb des Programms wurde er durch ein undurchsichtiges „License Agreement" aufgefordert. Beim Programmstart erfuhr der Benutzer dann, wo und an wen der Preis für das Programm gezahlt werden konnte. Bereits zu diesem Zeitpunkt war der Sabotagebefehl aber schon vorprogrammiert[183].

Werden durch das Auslösen des Sabotageprogramms die Daten des Anwenders gelöscht oder unbrauchbar gemacht, ist der Tatbestand des § 303a StGB verwirklicht. Darüber hinaus kommen noch die Straftatbestände des § 303b StGB und des § 240 StGB in Betracht.

1.5.3. Trojanische Pferde

Unter Trojanischen Pferden versteht man Programme mit versteckter Nebenwirkung, die in ein System eingebracht werden, um eine bestimmte Funktion herbeizuführen[184].

Führen diese Programme, die sich im Unterschied zu den Viren nicht vermehren, ein Löschen, Unterdrücken, Unbrauchbarmachen oder Verändern herbei, so kann man davon ausgehen, dass hier der Tatbestand des § 303a StGB einschlägig ist.

Ein interessanter Fall kommt in Bezug auf die Trojanischen Pferde in Betracht, wenn der Täter das Trojanische Pferd als Spoofing-Programm[185] ausgestaltet, durch das er ein Passwort oder die anderen Daten ausspionieren kann. Bekanntestes Beispiel hierfür ist ein Programm, das nach außen hin aussieht wie eine Login-Prozedur[186].

Der Täter installiert dieses Programm (Login-Prozedur) [187] auf einem Rechner, z.B. im Terminalraum einer Universität, und wartet darauf, dass eine andere Person auf diesen Rechner zukommt, um sich einzuloggen. Wenn diese Person ihre Benutzerkennung und ihr Passwort eingibt, erscheint auf dem Bildschirm dieses Computers die Nachricht, dass das Passwort falsch sei und deswegen wird sie aufgefordert, Benutzerkennung und Passwort

---

[183]-Fall entnommen aus Paul/Schneider, CR 1990, S. 82f.

[184]-Mühle, Diss. 1998, S. 27

[185]-Dieses Programm wird nur zur Ausspionierung von Passwörter etc. benutzt.

[186]-Dierstein, NJW-CoR Nr. 4/1990, S. 9.

[187]-Unter Prozedur versteht man die Zusammenfassung mehrerer Befehle zu einem kleinen, selbständigen Programm.

erneut einzutippen. In diesem Fall wird die Kennung und das Passwort dieser Person durch das Spoofing-Programm für den Täter (Programmierer) gespeichert.

Fraglich ist, ob hier eine der Tathandlungen des § 303a StGB gegeben ist. In diesem Fall hat der Täter nur die Kennung und das Passwort dieser Person ausspioniert. Deren Daten, die nach wie vor ordnungsgemäß verwendet werden können, hat er nicht berührt und deswegen kann man in diesem Fall ein Löschen, Unterdrücken oder Unbrauchbarmachen von Daten ausschließen.

Es ist auch fraglich, ob der Täter durch das Hinzufügen des Spoofing-Programms die Daten dieser Person i.S.d. § 303a StGB verändert. Nach der überwiegenden und zutreffenden Meinung kann hier das bloße Kopieren von Daten nicht als Verändern von Daten i.s.d. § 303a StGB angesehen werden[188].

Hat dieser Täter (Programmierer) durch das Hinzufügen dieses Spoofing-Programms den Informationsgehalt oder die Aussagewert der darauf befindlichen Daten verändert, so kann man in diesem Fall das Verändern i.s.d. § 303a StGB bejahen.

1.5.4. Die Hintertüren

Unter Hintertüren versteht man Systemlöcher, die üblicherweise absichtlich und legal programmiert werden, um eine Wartung des Systems möglich zu machen. Durch diese Hintertüren kann der Hacker in geschützte Systeme eindringen.

Der Einstieg in einen fremden Computer durch eine Hintertür gibt dem Täter die Möglichkeit, alle Daten und Funktionen des Zielcomputers auszuspähen. Darüber hinaus kann er neue Daten erstellen oder die Daten, die sich auf dem Zielcomputer befinden, löschen, unterdrücken etc.

Durch diese Hintertüren kann Täter also Handlungen i.S.d. § 303a StGB begehen.

1.6. Der subjektive Tatbestand

Zur Erfüllung des Tatbestandes des § 303a StGB muss der Täter vorsätzlich gehandelt haben. Er muss also den Vorsatz haben, nicht unmittelbar wahrnehmbare Daten zu löschen, zu unterdrücken, unbrauchbar zu machen oder zu verändern.

Hat der Täter durch seine Handlung das Löschen, Unterdrücken, Unbrauchbarmachen oder Verändern von Daten für möglich gehalten und sich damit abgefunden, so kann man in

---

[188]-Lackner/Kühl, § 303a Rdnr. 3.

diesem Fall den subjektiven Tatbestand des Täters bejahen, weil er mit bedingtem Vorsatz gehandelt hat. Bedingter Vorsatz ist ausreichend, den Vorsatz des Täters und damit den subjektiven Tatbestand zu bejahen[189].

Hat der Täter ohne Vorsatz; aber fahrlässig gehandelt, so kann er wegen § 303a StGB nicht bestraft werden, weil das fahrlässige Handeln, dieser Vorschrift nach, nicht strafbar ist. Das bringt die Gefahr mit sich, dass der Täter immer behaupten kann, dass er nur experimentieren wollte und bei diesem Experiment wurde der Virus von ihm nur versehentlich in Umlauf gebracht. Er wird also immer behaupten, dass er fahrlässig und nicht vorsätzlich gehandelt hat. Es muss in diesen Fällen also besonders zwischen bedingtem Vorsatz und der bewussten Fahrlässigkeit unterschieden werden.

1.6.1. Der Unterschied zwischen bedingtem Vorsatz und bewusster Fahrlässigkeit

Die herrschende Meinung geht davon aus, dass der Täter mit bedingtem Vorsatz handelt, wenn er die Möglichkeit der Verwirklichung des gesetzlichen Tatbestandes erkannt hat und ernst nimmt, sich mit ihr abfindet[190] und auf einen guten Ausgang (nicht: auf das Ausbleiben des tatbestandlichen Erfolgs) hofft[191].

Demgegenüber handelt der Täter mit bewusster Fahrlässigkeit, wenn er die Möglichkeit der Verwirklichung des gesetzlichen Tatbestands nicht erkannt hat und auch nicht ernst nimmt, sich nicht damit abfindet und auf das Ausbleiben des schädlichen Erfolges hofft[192].

Wendet man diesen Befund auf das Handeln des Virenprogrammierers an, stellt man fest, dass der Täter mit bedingtem Vorsatz handelt, wenn er die ihm durch den Virus erkannte Gefährdung ernst genommen und sich dabei mit der möglichen Infektion eines fremden Rechners abgefunden hat.

Behauptet er in diesem Fall, dass ihm der Erfolg unerwünscht war, so kann man trotzdem den bedingten Vorsatz des Täters bejahen, weil die bloße Hoffnung nicht ausreicht, um den Vorsatz des Täters zu verneinen.

Im Gegensatz dazu kann man die bewusste Fahrlässigkeit bejahen, wenn der Täter geeignete und ausreichende Schutzmaßnahmen traf, die nach seinem Kenntnisstand die mögliche

---

[189]-Schönke/Schröder-Stree, § 303a Rdnr. 5.

[190]-Blei, Strafrecht AT, S. 116; Bockelmann/Volk, Strafrecht AT, S. 83; Jescheck/Weigend, Strafrecht AT, § 29 III 3 a; Küpper, ZStW 1988, S. 766; Roxin, Strafrecht AT, § 12 Rdnr. 27; SK-Samson, § 15 Rdnr. 43; Wessels/Beulke, Strafrecht AT, Rdnr. 224.

[191]-Bockelmann/Volk, Strafrecht AT, S. 84.

[192]-Roxin, Strafrecht AT, § 12 Rdnr. 27.

Infektion eines anderen Computers verhindern, aber aus irgendeinem Grund nicht funktioniert haben. Beispielsweise, wenn der Täter die Weiterverbreitung des Virus und damit die Infektion von der Eingabe eines bestimmten Stichworts abhängig macht.

Hat sich der Virus aufgrund des vom Täter fehlerhaft eingebauten Auslösers verbreitet und Daten einer anderen Person gemäß § 303a StGB gelöscht, unterdrückt etc., so kann man die bewusste Fahrlässigkeit des Täters bejahen, weil es anzunehmen ist, dass er aufgrund des von ihm eingegeben Stichwortes die mögliche Infektion nicht ernst genommen, sondern sich mit dem zustande gekommenen Erfolg nicht abgefunden und auf einen guten Ausgang vertraut hat.

Erkennt der Täter, dass die von ihm getroffenen Maßnahmen nicht ausreichend sind, die Infektion zu verhindern, so befindet er sich in einer Garantenstellung. Daher soll er die von seinem Virus ausgehende Gefahr bekämpfen; er kann z.b. die von seinem Virus betroffenen Computernetze rechtzeitig informieren und warnen, darüber hinaus kann er ein Virensuchprogramm und ein Virenvernichtungsprogramm einsetzen, um den von ihm verursachten Virus zu finden und danach zu vernichten. Macht er dagegen nichts, so kann er wegen §§ 303a, 13 StGB (Datenveränderung durch Unterlassen) bestraft werden.

1.6.2. Der Vorsatz des Täters und die Fremdheit des angegriffenen Verfügungsrechts

Da die herrschende Meinung das Merkmal der Rechtswidrigkeit als Tatbestandsmerkmal einstuft, muss der Täter, um den Tatbestand des § 303a StGB zu erfüllen, das fremde Verfügungsrecht des anderen vorsätzlich angegriffen haben.
Geht man mit der herrschenden Meinung davon aus, dass das Merkmal der Rechtswidrigkeit ein Tatbestandsmerkmal ist, so muss sich der Vorsatz des Täters auch auf die Rechtswidrigkeit beziehen. Der Täter muss also in dem Bewusstsein handeln, in ein fremdes Verfügungsrecht einzugreifen.
Nimmt er irrig an, dass er selbst Verfügungsberechtigter über die Daten sei, so liegt ein den Vorsatz ausschließender Tatbestandsirrtum § 16 I StGB vor.
Darüber hinaus kommt ein den Vorsatz ausschließender Tatbestandsirrtum in Betracht, wenn der Täter Umstände nicht kennt, aus denen die Verfügungsbefugnis eines anderen folgt.
Geht der Täter davon aus, dass es ihm erlaubt sei, die auf seinem Datenträger befindlichen Daten, über die eine andere Person ein Verfügungsrecht hat, zu löschen etc., so befindet er

sich in einem Verbotsirrtum gemäß § 17 StGB, weil er irrig angenommen hat, dass nur das Löschen von Daten auf fremden Datenträgern strafbar sei[193].

1.7. Die Versuchsstrafbarkeit

Die versuchte Datenveränderung, die in Betracht kommt, wenn die Tat des Täters nicht vollendet ist, steht gemäß § 303a II StGB unter Strafe. Die Tat ist unvollständig, wenn sie subjektiv vollständig gewollt, aber objektiv unvollständig geblieben ist[194].
Der Täter muss im Rahmen des Versuchs einen Tatentschluss gehabt und unmittelbar zur Verwirklichung der Tat angesetzt haben[195].

1.7.1. Der Tatentschluss und das unmittelbare Ansetzen

Der Tatentschluss ist dann gegeben, wenn der Täter den Vorsatz hat, die Tat zu verwirklichen. Vorsatz heißt, dass der Täter mit Wissen und Wollen handelt. In Bezug auf das Wissenselement muss sich der Täter, um den Tatentschluss zu bejahen, Tatumstände vorstellen, die im Falle ihrer Verwirklichung einen objektiven Straftatbestand erfüllen werden[196].
Hat der Täter den Tatbestand nicht vorausgesehen, so kann man beim Versuch den Wegfall der für den Entschluss erforderlichen Tatvorstellung bejahen[197].
Bezüglich der Willensseite ist, im Bereich des Versuchs, dieselbe Vorsatzform wie beim vollendeten Delikt erforderlich. Daher ist auch der bedingte Vorsatz für den Versuch ausreichend[198].
Der Vorsatz des Täters ist aber nur dann zu bejahen, wenn er den Entschluss zur Tat endgültig gefasst hat. Das ist der Fall, wenn der Täter subjektiv unbedingten Handlungswillen hat. Demzufolge kann man den Tatentschluss des Täters nicht bejahen, wenn es für die Tatausführung noch eines weiteren Willensimpulses bedarf. Darüber hinaus kann der Tatentschluss des Täters auch dann nicht bejaht werden, wenn er unentschlossen ist. Die

---

[193] -Schönke/Schröder-Stree, § 303a Rdnr. 5.
[194] -Lackner/Kühl § 22, Rdnrn. 1f.
[195] -Lackner/Kühl, § 22 Rdnrn. 1ff.
[196] -Schönke/Schröder-Eser, § 22 Rdnrn. 14-15.
[197] -BGH, NStZ 1983, 365.
[198] -BGH 22, 332f; BGH 31, 378; Karlsruhe, MDR 1977, S. 601; Lampe, NJW 1958, S. 333.

Unentschlossenheit des Täters kann in Betracht kommen, wenn er z.B. seinen Entschluss zur Herbeiführung der Tat nicht endgültig gefasst hat[199].

Der Vorsatz des Täters ist außerdem zu verneinen, wenn er über die Möglichkeit der Tat noch im Unklaren ist.

Im Gegensatz dazu kann der Tatentschluss des Täters nicht ausgeschlossen werden, wenn die Ausführung noch von objektiven Bedingungen abhängen könnte. Entscheidend ist nur, dass nach dem Entschluss des Täters die Bedingungen endgültig darüber entscheiden soll, ob die Tat durchgeführt wird oder nicht, d.h., dass der Täter subjektiv endgültig entschlossen ist und lediglich die Tatausführung noch vom Eintritt objektiver Bedingungen abhängt.

Neben dem Tatentschluss im subjektiven Tatbestand muss der Täter im objektiven Tatbestand zur Tatbestandsverwirklichung unmittelbar angesetzt haben.

Das unmittelbare Ansetzen verlangt zwar keine Teilverwirklichung des Tatbestandes, wohl aber die Aufnahme einer auf Verwirklichung des betreffenden Tatbestandes gerichteten Tätigkeit[200].

Hat der Täter bereits einen Teil des Tatbestandes verwirklicht, steht der Erfolg aber noch aus, so kann man den Versuch des Täters ohne weiteres bejahen, z.b., wenn das Opfer bei einem Mordanschlag verletzt, aber noch gerettet wird.

Liegt keine Teilverwirklichung des Tatbestandes vor, so ist fraglich, ab wann der Versuch zu bejahen ist, hierbei kommt es auf die Unmittelbarkeit des Ansetzens an.

Die Unmittelbarkeit des Ansetzens, durch die man die straflose Vorbereitungshandlung[201] vom strafbaren Versuch unterscheidet, ist nach der gemischten subjektiv-objektiven Theorie[202] anzunehmen, wenn das angegriffene Rechtsgut nach der Vorstellung des Täters bereits konkret gefährdet ist und die aktuelle Handlung unmittelbar in die Tatbestandsverwirklichung einmünden soll[203].

---

[199]-Celle, NJW 1986, S. 79; Jakobs, Strafrecht AT, S. 592f; Jescheck, Strafrecht AT, S. 272, (464).
[200]-Schönke/Schröder-Eser, § 22 Rdnr. 37.
[201]-Da die Vorbereitungshandlung nicht einmal das Stadium des Versuchs erreichen und damit von der Vollendung noch zu weit entfernt sind, bleiben sie grundsätzlich straflos. Mehr dazu Schönke/Schröder-Eser § 22, Rdnrn. 13ff.
[202]-Schönke/Schröder-Eser, § 22 Rdnrn. 32ff.; Dreher/Tröndle, § 22 Rdnrn. 8ff; Lackner/Kühl, § 22 Rdnr. 4; Otto, Grundkurs Strafrecht, S. 22ff.
[203]-BGHSt 28, S. 162f.; 30, S. 363f.; 31, S. 10, (12) und (178), (181); 35, S. 6, 8f.; 36, S. 249f.; 37, S. 294, (297); 40, S. 257, (268); BGH, GA 1980, S. 24; BGH, NJW 1980, S. 1759, BGH, MDR 1983, S. 685; Holtz, MDR 1984, S. 981; BGH, JZ 1985, S. 100; BGH, NStZ 1987, S. 20; BGH, NJW 1988, S. 1401

Das unmittelbare Ansetzen kommt also nicht nur in Betracht, wenn der Täter ein Tatbestandsmerkmal verwirklicht, sondern auch, wenn er Handlungen herbeiführt, die unmittelbar zur Tatbestandsverwirklichung führen sollen[204]. Mit anderen Worten ist das unmittelbare Ansetzen anzunehmen, wenn der Täter die zur Rechtsgutverletzung führende Kausalkette in Gang setzt und das weitere Geschehen aus der Hand gibt, so dass nach seiner Vorstellung der Erfolg selbständig eintreten kann[205].

1.7.2. Die Anwendung des § 22 StGB auf § 303a StGB

Die versuchte Datenveränderung kommt in Betracht, wenn die Tat des Täters durch Hindernisse vereitelt wird oder wenn der Täter in der irrigen Ansicht, Fremdinteressen zu schädigen, seine eigenen Daten verändert[206].

Hat der Täter eine virenverseuchte Datei in seiner eigenen Mailbox oder auf seiner Internetseite hinterlegt, so stellt sich die Frage, ob er eine straflose Vorbereitungshandlung oder einen strafbaren Versuch begangen hat, wenn diese Datei von einer anderen Person benutzt wurde.

Um diese Frage beantworten zu können, muss man auf das unmittelbare Ansetzen des mittelbaren Täters abstellen.

Eine früher vertretene Auffassung unterscheidet bezüglich des Versuchsbeginns des mittelbaren Täters dahingehend, ob der Tatmittler gut- oder bösgläubig ist[207].

Ist das Werkzeug, nach dieser Meinung, gutgläubig, so kann man den Versuch des mittelbaren Täters bejahen, wenn er auf den Tatmittler einwirkt. Ist das Werkzeug bösgläubig, so kann man den Versuch des mittelbaren Täters bejahen, wenn das Werkzeug unmittelbar ansetzt.

Dieser Meinung kann nicht zugestimmt werden, weil die Gut- oder die Bösgläubigkeit des Tatmittlers keine richtigen Anhaltspunkte für den Versuchsbeginn des mittelbaren Täters geben kann, auf dessen Willen, ob er mit dem Versuch beginnen will oder nicht, es ankommen soll[208].

---

[204]-BGHSt 28, S. 162f.; 30, 263f.; 31, S. 178, (181f.); BGH, GA 1980, S. 24f.; BGH, NStZ 1987, S. 20; Wessels/Beulke, Strafrecht AT, Rdnr. 607.

[205]-Wessels/Beulke, Strafrecht AT, Rdnr. 601.

[206]-Schönke/Schröder-Stree, § 303a Rdnr.7.

[207]-Baumann/Weber/Mitsch, § 29 Rdnr. 156; SK-Samson, § 22 Rdnr. 20.

[208]-SK-Samson, § 22 Rdnr. 20 a; Kadel, GA 1983, S. 303.

Eine andere Ansicht[209] (Gesamtlösung) geht davon aus, dass die Gut- oder die Bösgläubigkeit des Tatmittlers keine Rolle bezüglich des Versuchsbeginns des mittelbaren Täters spielt. Einzig entscheidend ist, dieser Meinung nach, ob die Gesamttat des mittelbaren Täters und des Tatmittlers unmittelbar in die Tatbestandsverwirklichung einmündet.

Dieser Ansicht kann auch nicht gefolgt werden, weil sie die Strafbarkeit des mittelbaren Täters allein vom Beginn der Tathandlung des Tatmittlers abhängig macht[210].

Nach der herrschenden Meinung in der Literatur[211] und Rechtsprechung[212] kann man den Versuch des mittelbaren Täters bejahen, wenn der Tatmittler zur Vornahme der tatbestandsmäßigen Handlung unmittelbar ansetzt (modifizierte Einzellösung). Mit anderen Worten, der mittelbare Täter beginnt mit dem Versuch, wenn er das von ihm in Gang gesetzte Geschehen so aus der Hand gegeben hat, dass nach seiner Vorstellung der nachfolgende Geschehensablauf ohne weitere Zwischenschritte und ohne längere Unterbrechungen unmittelbar in die Tatbestandsverwirklichung mündet. Zum Beispiel, wenn der Täter eine verseuchte Datei in seiner Mailbox oder auf seiner Webseite im Internet ablegt. In diesem Fall kann man das unmittelbare Ansetzen des mittelbaren Täters bejahen, weil er das in Gang gesetzte Geschehen aus der Hand gegeben hat, das seiner Vorstellung nach in der Lage ist, die Daten oder den Computer des Users unmittelbar und ohne Zwischenschritte zu gefährden, falls der User diese verseuchte Datei herunterlädt und auf seinem Computer installiert.

Mit dem Herunterladen der verseuchten Daten und Installieren auf den eigenen Computer kann man die Unmittelbarkeit des mittelbaren Täters und damit dessen Versuch bejahen, weil der User als Tatmittler die vom mittelbaren Täter beabsichtigte Tat ohne wesentliche Zwischenschritte verwirklicht.

Geht der mittelbare Täter davon aus, dass der Tatmittler noch weitere wesentliche Zwischenschritte braucht, bis er die Tat verwirklichen kann, so kann man in diesem Fall das unmittelbare Ansetzen des mittelbaren Täters und damit den Versuch nicht bejahen[213].

An einem unmittelbaren Ansetzen würde es auch dann fehlen, wenn ungewiss bleibt, ob und wann die hinterlegte Datei von einem anderen Internetuser auf dessen Rechner geladen wird.

---

[209]-Kadel, GA 1983, S. 307; Kühl, JuS 1983, S. 182; Küper, JZ 1983, S. 369; Küpper, GA 1986, S. 447; LK 10-Volger, § 22 Rdnr. 101.

[210]-SK-Samson, § 22 Rdnr. 20a.

[211]-Baumann/Weber/Mitsch, Strafrecht AT, § 29 Rdnr. 155; Dreher/Tröndle, § 22 Rdnr. 18a; Lackner/Kühl, § 22 Rdnr. 9; LK 10-Roxin, § 25 Rdnr. 106; Roxin, JuS 1979, S. 11f.; SK-Samson, § 22 Rdnr. 20a; Schönke/Schröder-Eser, § 22 Rdnrn. 54f; Wessels/Beulke, Strafrecht AT, Rdnr. 613.

[212]-BGHSt 30, S. 363, (365); 40, S. 257, (268f.); BGH, NStZ 1986, S. 547; BGH, NStZ 1987, S. 20.

[213]-Schönke/Schröder-Eser, § 22 Rdnr. 54a; Wessels/Beulke, Strafrecht AT, Rdnr. 616.

In diesem Fall wäre der Versuchsbeginn erst dann gegeben, wenn der Tatmittler seinerseits unmittelbar zum Herunterladen ansetzt[214].

Danach ist die Tat des mittelbaren Täters vollendet, wenn die Daten des Nutzers infolge des Installierens der verseuchten Daten verändert werden.

Schließlich darf nicht außer Acht gelassen werden, dass die Veränderung der Daten im Rahmen der nichtüberschreibenden und speicherresistenten Viren erst durch den Auslöser der Funktion des Virus bewirkt wird. Im Gegensatz dazu werden die Veränderungen bei den überschreibenden Viren bereits bei der Infektion verwirklicht.

Hat der Täter also nichtüberschreibende oder speicherresistente Datenviren auf seiner Mailbox oder auf seiner Webseite abgelegt, so kann hier das unmittelbare Ansetzen des Täters nicht bejaht werden, wenn die Daten des Tatmittlers durch das Installieren der Datenviren auf seinem Computer nur infiziert sind. Der Grund dafür ist, dass bei diesen Varianten allein auf die von den nichtüberschreibenden oder speicherresistenten Viren ausgeübte Funktion und nicht auf die Infektion abzustellen ist. In diesem Fall werden die Daten des Tatmittlers nicht verändert, was die Anwendbarkeit des § 303a StGB verhindert.

1.8. Die Konkurrenzen

Wenn der Täter durch Überwindung von technischen Barrieren in einen fremden Computer eindringt und Daten löscht, unterdrückt etc., so kann in diesem Zusammenhang der § 303a StGB in Tateinheit mit § 202a StGB in Betracht kommen. Darüber hinaus kann sich auch eine Tateinheit mit §§ 263a, 268, 269 und 303 b I Nr. 2 StGB ergeben[215].

Problematisch ist die Beziehung zwischen den §§ 303 und 303a StGB, da § 303 StGB auf die Datenveränderung anwendbar ist. Das ist der Fall, wenn der Täter einen Datenträger, auf dem sich Daten eines anderen befinden, physisch zerstört. In diesem Fall kann man ohne Zweifel Tateinheit zwischen diesen beiden Vorschriften bejahen[216].

Löscht der Täter nur die auf dem Datenträger befindlichen Daten, so kann man, in Anlehnung an die herrschende und zutreffende Meinung[217], die das Löschen von Daten als Sachbeschä-

---

[214]-BGH, NJW 1997, S. 3453.

[215]-Lackner/Kükl, § 303a, Rdnr. 6; Dreher/Tröndle, § 303a Rdnr. 12; Schönke/Schröder-Stree, § 303a Rdnr. 11; Hilgendorf, JuS 1996, S. 894.

[216]-Hilgendorf, JuS 1996, S. 894.

[217]-Schönke/Schröder-Stree, § 303 Rdnr. 8b; Lackner/Kühl, § 303 Rdnr 4; Möhrenschlager, wistra 1986, S. 140f. und 1991, S. 326.

digung anerkennt, davon ausgehen, dass die Sachbeschädigung gemäß § 303 StGB im Wege der Subsidiarität hinter § 303a StGB zurücktritt[218].
Andererseits tritt § 303a StGB bei gleichzeitiger Verwirklichung von § 303b I Nr. 1 StGB oder § 274 I Nr. 2 StGB hinter diese Normen zurück[219].

1.9. Der Strafantrag

Beispiel: A hat seinen Freund F um Hilfe zur Lösung eines Problems an seinem Computer gebeten. Als F sich mit diesem Problem beschäftigt, löscht er versehentlich Daten des A. Wegen dieses Löschens will D, der den F beobachtete, den F wegen § 303a StGB gerichtlich zur Rechenschaft ziehen. Jetzt stellt sich die Frage, ob dem D dies möglich ist.
Gemäß § 303c StGB kann der Täter nach § 303a StGB, im Gegensatz zu den Qualifikationstatbeständen der §§ 304, 305 und 305a StGB und in Übereinstimmung mit § 303 StGB, nur mit Strafantrag verfolgt werden. Der Strafantrag kann nur vom Verletzten gestellt werden.
Besteht ein besonders öffentliches Interesse, so kann die Verfolgung des Täters ausnahmsweise ohne Strafantrag herbeigeführt werden[220], doch diese Straftaten (§§ 303, 303a StGB) berühren die Öffentlichkeit im Gegensatz zu den vorher genannten Tatbeständen in der Regel nur selten[221].
Folglich kann im vorliegenden Beispiel D den F nicht wegen § 303a StGB zu Rechenschaft ziehen, weil es alleine auf eine Anzeige des A als des allein Antragsberechtigten ankommt.

1.9.1. Der Antragsberechtigte

Gemäß § 77 I StGB kann der Strafantrag nur von der verletzten Person gestellt werden. Verletzter im Rahmen des § 303a StGB ist die Person, die über die betroffenen Daten die

---

[218]-Hilgendorf, JuS 1996, S. 894; Lackner/Kühl, § 303a Rdnr. 6; Anders z.B. Lampe, GA 1975, S. 16, Gerstenberg, NJW 1956, S. 540.

[219]-Dreher/Tröndle, § 303a, Rdnr. 12; Schönke/Schröder-Stree, § 303a Rdnr. 11; Hilgendorf, JuS 1996, S. 894; Möhrenschlager, wistra 1986, S. 136; Schlüchter, zweites Gesetz zur Bekämpfung der Wirtschaftskriminalität, S. 75.

[220]-Schönke/Schröder-Stree, § 303a Rdnr. 10.

[221]-Schönke/Schröder-Stree, § 77 Rdnr. 4.

Verfügungsberechtigung hat, dies können auch Inhaber von zeitlich begrenzten Nutzungsrechten (Entleiher, Mieter etc.) sein[222].

Demgegenüber kann die Person, die eigentlich weder verfügungsberechtigt, noch Inhaber eines Nutzungsrechts der Daten ist, aber vom Inhalt der Daten betroffen ist, nicht als Antragsberechtigter angesehen werden[223].

Sind an den Daten mehrere Personen verfügungsberechtigt, so steht jeder Person ein eigenes Antragsrecht zu. Ein Übergang des Antragsrechts auf Angehörige ist in § 303c StGB nicht vorgesehen[224] (vgl. § 77 II StGB).

1.9.2. Das besondere öffentliche Interesse

Vorausgesetzt, es besteht an der Verfolgung des Täters ein besonders öffentliches Interesse, so kann der Täter wegen § 303a StGB auch ohne Strafantrag verfolgt werden[225]. Das ist der Fall, wenn durch die Tat der Rechtsfrieden empfindlich gestört oder das Sicherheitsgefühl der Bevölkerung beeinträchtigt wurde.

Darüber hinaus ist ein besonders öffentliches Interesse anzunehmen, wenn der Verletzte aus Angst vor dem Täter keinen Strafantrag stellt. Daher ist das Einschreiten der Strafverfolgungsorgane, selbst wenn kein Strafantrag auf der Seite des Verletzten gestellt wurde, gerechtfertigt[226].

Zusätzlich kommt ein besonders öffentliches Interesse in Betracht, wenn die Bevölkerung oder der Staat nicht zur Ruhe kommen, weil sie Angst z.B. vor Computerviren haben, die in der Lage sind, ihre Daten zu löschen oder zu unterdrücken etc.

1.10. Die Zusammenfassung

Die Datenveränderung nach § 303a StGB, die im Rahmen des 2. WiKG erarbeitet wurde, kommt in Betracht, wenn der Täter Daten i.S.v. § 202a II StGB löscht, unterdrückt, unbrauchbar macht oder verändert. Daraus kann man schließen, dass das Tatobjekt des § 303a StGB Daten i.S.v. § 202a II StGB sind. Danach sind Daten solche, die elektronisch,

---

[222]-Schönke/Schröder-Stree, § 303c Rdnr. 3; Dreher/Tröndle, § 303c Rdnr. 2; LK-Tolksdorf, § 303c Rdnr. 7; Sondermann, Diss. 1989, S. 134f.
[223]-LK-Tolksdorf, § 303c Rdnr. 7; Schönke/Schröder-Stree, § 303c Rdnr. 3.
[224]-Dreher/Tröndle, § 303c Rdnr. 2.
[225]-Schönke/Schröder-Stree, § 303c Rdnr. 6.
[226]-LK-Tolksdorf, § 303c Rdnr. 11; Dreher/Tröndle, § 303c Rdnr. 3.

magnetisch oder sonst nicht unmittelbar wahrnehmbar gespeichert sind oder übermittelt werden.

Beim § 303a StGB ist, der herrschenden Meinung nach[227], das Interesse des Verfügungsberechtigten an der uneingeschränkten bzw. unversehrten Verwendbarkeit der in Daten i.S.d. § 202a II StGB enthaltenen Informationen geschützt.

In Bezug auf die Frage des Hintergrunds der Einführung des § 303a StGB in das Strafgesetzbuch kann man sagen, dass sie gerechtfertigt ist, weil die vor Einführung dieser Vorschrift auf die Fälle der Datenveränderung angewandte Vorschrift, nämlich § 303 StGB (Sachbeschädigung), nicht in der Lage ist, die Fälle der Datenveränderung richtig zu behandeln. Das hat seine Gründe darin, dass die Sache i.s.v. § 303 StGB, die körperlich ist, den Daten i.s.v. § 303a StGB, die zumeist nicht gegenständlich sind, nicht gleichsteht. Außerdem kann man in Bezug auf die Rechtfertigung der Einführung des § 303a StGB in das Strafgesetzbuch sagen, dass der Gesetzgeber die Daten im Übermittlungsstadium schützen will. Das kann durch § 303 StGB nicht erreicht werden. Aus allen diesen Gründen war es von Bedeutung, den § 303a StGB in das Strafgesetzbuch einzuführen.

Im Gegensatz zur vorher genannten Auslegung kann die Anwendbarkeit des § 303 StGB auf den Fall des Löschen von Tonbändern bejaht werden, weil das Löschen von Tonbändern, der herrschenden Meinung nach[228], in der Lage ist, die elektromagnetische Struktur des betroffenen Datenträger zu verändern und damit körperlich zu beeinträchtigen. Auf das Löschen von Daten kann der § 303 StGB keine Anwendung finden.

Wenn man den Wortlaut des § 303a StGB betrachtet, stellt man fest, dass er nicht etwa durch eine Formulierung der vorausgesetzten Schädigungsabsicht beschränkt ist. Mit anderen Worten kann man sagen, dass der Täter, der Daten löscht etc., unter Strafe des § 303a StGB fallen wird, selbst wenn er zum Zeitpunkt der Begehung der Tat keine Absicht, hat die Daten zu löschen.

Schließlich darf nicht vergessen werden, dass die Daten für den Täter fremd sein sollen, damit er wegen § 303a StGB bestraft werden kann. Das steht im § 303a StGB nicht ausdrücklich, aber es ist aus dem Tatbestandsmerkmal Rechtswidrigkeit abzuleiten.

Die Frage, die sich jetzt stellt: Wann sind die Daten für den Täter fremd? Nach der vermittelnden Position[229], die zu vertreten ist, soll zwischen dem Recht auf den Datenträger und dem Recht auf den Datenbestand unterschieden werden. Ist der Datenträger ohne

---

[227]-Schönke/Schröder-Stree, § 303a Rdnr. 1; Tiedemann, JZ 1986, S. 870; Hilgendorf, JuS 1996, S. 890.

[228]-Schönke/Schröder-Stree, § 303 Rdnr. 8b; Möhrenschlager, wistra 1986, S. 104f. und 1991, S. 326.

[229]-Lenckner/Winkelbauer, CR 1986, S. 829.

Zustimmung des Eigentümers zur Materialisierung der Daten benutzt worden, so kann der Eigentümer wegen § 303a StGB nicht bestraft werden, wenn er die darauf befindlichen Daten löscht, unterdrückt, etc., weil das Recht auf den Datenträger dem Recht auf den Datenbestand vorgeht. Im Gegensatz dazu ist er wegen § 303a StGB zu bestrafen, wenn die Speicherung der Daten, die von ihm gelöscht etc. worden sind, mit seiner Erlaubnis stattgefunden hat.

2. Die Fälschung beweiserheblicher Daten § 269 StGB

§ 269 StGB

(I) Wer zur Täuschung im Rechtsverkehr beweiserhebliche Daten so speichert oder verändert, dass bei ihrer Wahrnehmung eine unechte oder verfälschte Urkunde vorliegen würde, oder derart gespeicherte oder veränderte Daten gebraucht, wird mit Freiheitsstrafe bis zu fünf Jahren bestraft.

(II) Der Versuch ist strafbar.
(III) § 267 Abs. 3 ist anzuwenden.

2.1. Einleitung

Im Gegensatz zu frühen Zeiten sind heutzutage die klassischen Urkundendokumente wie Bestellungen, Anträge auf Abschluss eines Vertrages oftmals etc. durch elektronische Daten ersetzt worden, die auf Datenträger gespeichert sind. Diese Daten sind durch Benutzung eines Computers bereitzustellen. Auch hier kann der Computer zur Vortäuschung falscher Tatsachen durch das Löschen, Unterdrücken, Verändern oder Unterlassen von Daten missbraucht werden. Zur Bekämpfung dieser Straftat wurde gemäß § 269 StGB in das Strafgesetzbuch eingeführt, um die Strafbarkeitslücke im Bereich der Urkundendelikte zu schließen. Wenn man den Tatbestand der Fälschung beweiserheblicher Daten § 269 StGB anschaut, stellt man fest, dass sie unter anderem Straftaten wie z.B. Urkundenfälschung § 267 StGB und die Fälschung technischer Aufzeichnungen § 268 StGB eine Form von Manipulation darstellt[230].

---

[230]-Der Tatbestand des § 267 StGB (Urkundenfälschung) kommt in Betracht, wenn der Täter zur Täuschung im Rechtsverkehr eine unechte Urkunde herstellt, echte Urkunde verfälscht oder eine unechte oder echte Urkunde gebraucht. Unter Urkunde versteht man eine verkörperte Gedankenerklärung, die zum Beweis geeignet und bestimmt ist und ihren Aussteller erkennen lässt. Unter Verfälschung versteht man die nachträgliche Änderung eines Gedankeninhaltes. Die Urkunde ist unecht, wenn der tatsächliche und der erkennbare Aussteller nicht identisch sind.
Der Tatbestand des § 268 StGB (Fälschung technischer Aufzeichnungen) kommt in Betracht, wenn der Täter zur Täuschung im Rechtsverkehr eine unechte technische Aufzeichnung herstellt oder eine technische Aufzeichnung verfälscht oder eine unechte oder verfälschte technische Aufzeichnung gebraucht. Unter technischer Aufzeichnung versteht man gemäß Absatz 2 dieser Vorschrift eine Darstellung, die durch ein technisches Gerät

Bei der Fälschung beweiserheblicher Daten im Sinne des § 269 StGB geht es, wie in §§ 267, 268 StGB, um den Schutz der Sicherheit und Zuverlässigkeit des Rechts- und Beweisverkehrs, soweit er sich im Zusammenhang mit EDV- Vorgängen, beweiserheblicher Daten bedient[231].

Der Beweisverkehr soll vor der Beeinträchtigung geschützt werden, die durch unberechtigt vorgenommene Datenspeicherungen oder Veränderungen an solchen Daten entsteht. Strafbar macht sich, wer zur Täuschung im Rechtsverkehr vorsätzlich beweiserhebliche Daten so speichert oder verändert, dass bei ihrer Wahrnehmung eine unechte oder verfälschte Urkunde vorliegen würde.

Der Schutzgegenstand des § 269 StGB sind beweiserhebliche Daten, das heißt, dass nur Daten geschützt werden, die dazu bestimmt sind, bei ihrer Verarbeitung im Rechtsverkehr als Beweisdaten für rechtlich erhebliche Tatsachen benutzt zu werden und die elektronisch, magnetisch oder sonst nicht unmittelbar wahrnehmbar gespeichert werden bzw. bei Tatbegehung schon entsprechend gespeichert waren[232].

2.1.1. Die Notwendigkeit der Einführung des § 269 StGB

Aufgrund des Umstands, dass Urkunden, die elektronisch hergestellt sind aus Daten bestehen, die auf Datenträgern gespeichert sind, stellt sich die Frage, ob man auf diese Dokumente im Falle ihrer Verfälschung die Vorschrift des § 267 StGB anwenden kann oder nicht.
Die Urkunde muss gemäß § 267 StGB eine Gedankenerklärung beinhalten, welche geeignet ist, Beweise zu erbringen (Beweisfunktion), ihren Aussteller erkennen lassen (Garantiefunktion), stofflich fixieren (Perpetuierungsfunktion) und auch visuell erkennbar sein.
Wenn man den § 267 StGB (Urkundenfälschung) anschaut, stellt man fest, dass er die Fälschung Urkunden behandelt.
Das kann in Bezug darauf, ob dieses Dokument durch Hand oder mit Hilfe eines Computers ausgestellt ist, kein Problem darstellen, weil das Erstellen einer gefälschten Urkunde, die auch mit dem Computer ausgeführt werden kann, keine typische Computerstraftat darstellt.
Daraus kann geschlossen werden, dass der § 267 StGB grundsätzlich in der Lage ist, auf die rechtliche Behandlung der Urkundenfälschung Anwendung zu finden, unabhängig davon, ob

---

selbsttätig bewirkt wird. Die Aufzeichnung muss selbständig verkörpert und vom Gerät abtrennbar sein. Dafür spricht die Parallelität zu § 267 StGB.

[231]-Schönke/Schröder-Cramer, § 269 Rdnr. 4.

[232]-Mürbe, Jura 1992, S. 325; Dornseif/Schumann, JR 2002, S. 52ff.; Bühler, MDR 1987, S. 453f.

dieses Dokument durch Hand oder durch einen Computer erstellt wurde. Dafür eine neue Vorschrift in das Strafgesetzbuch einzuführen war demzufolge nicht nötig, weil das Herstellen einer falschen Urkunde zur Täuschung im Rechtsverkehr, nach wie vor, strafbar nach § 267 I StGB ist.

In Bezug auf die technischen Aufzeichnungen im § 268 I S. 1 und 2 StGB verhält es sich nicht anders.

In der Vorschrift des § 267 StGB wird die visuell und sichtbar wahrnehmbare Urkunden behandelt.

Demnach kann diese Vorschrift nicht in Betracht kommen, wenn die Urkunde nicht visuell wahrnehmbar ist. Daher war es dennoch von Bedeutung, eine neue Vorschrift einzufügen, die in der Lage ist, die nicht visuell wahrnehmbar gefälschte Urkunde zu erfassen[233].

Andernfalls hätten sich viele Strafbarkeitslücken in diesem Bereich ergeben, weil die Anwendbarkeit der klassischen Urkundenfälschung, wie zuvor erwähnt, eine visuell sichtbare Urkunde voraussetzt. Bezüglich der Urkunde, die aus Daten besteht, die auf Datenträger gespeichert sind, ist dies nicht gegeben[234].

§ 269 StGB (Fälschung beweiserheblicher Daten) wurde durch Art. 1 Nr. 12 des 2. WiKG in das Strafgesetzbuch eingefügt.

2.1.2. Die Varianten des § 269 StGB

§ 269 StGB kommt, wie gesagt, in Betracht, wenn der Täter zur Täuschung im Rechtsverkehr beweiserhebliche Daten so speichert oder verändert, dass bei ihrer Wahrnehmung eine unechte oder verfälschte Urkunde vorliegen würde. Zur Bestrafung des Täters aufgrund des § 269 StGB ist es ausreichend, wenn er die Daten falsch speichert oder sie ändert. Diese beiden Varianten des Tatbestands nach § 269 StGB (Datenspeicherung und Datenveränderung) sind genauer zu betrachten.

Während der Täter die Daten im Rahmen der ersten Variante (Datenspeicherung) inhaltlich nicht verändert, sondern falsch speichert, ändert er im Fall der Datenveränderung den Inhalt der Daten.

Es darf aber nicht vergessen werden, dass die zweite Variante (Datenveränderung) auch zu bejahen ist, wenn der Täter einen Bestand von Daten durch Neuadressierung unauffindbar macht. In diesem Fall ändert der Täter den Inhalt der Daten nicht, er macht sie nur

---

[233]-Schönke/Schröder-Cramer, § 269 Rdnr. 2.
[234]-Achenbach, NJW 1986, S. 1837.

unauffindbar. Dieses Handeln erfüllt auch den Zweck des § 269 StGB, daher ist es auch nach dieser Vorschrift zu bestrafen. Im Folgenden werden diese Varianten ausgehend erörtert.

2.1.3. Der Tatbestand des § 269 StGB im einzelnen

a. Die Tathandlung

Die Tathandlung des § 269 StGB unterteilt sich in drei verschiedene Tatmodalitäten. Diese Tathandlungen sind Datenspeicherung, Datenveränderung und der Gebrauch von solchen Daten. Mit anderen Worten kann die Fälschung beweiserheblicher Daten nur durch Datenspeicherung, Datenveränderung oder durch Gebrauch von solchen Daten herbeigeführt werden. Speicherung bedeutet die Fixierung der Daten auf einem Datenträger. Während die Veränderung die inhaltliche Umgestaltung der Daten bedeutet, kann der Gebrauch als zugänglich machen von Daten definiert werden

Die Tathandlungen „ Speichern und Verändern" gemäß § 269 StGB können dann zur Bestrafung des Täters führen, falls die Daten, auf die er eingewirkt hat, wahrnehmbar sind, und er durch seine Tat eine unechte oder verfälschte Urkunde produziert hat. Voraussetzung ist also das Erfordernis einer hypothetisch unechten Urkunde[235], z.B., wenn der Täter durch seine Handlung eine unechte oder verfälschte Urkunde produziert hätte, falls die Daten, auf die er eingewirkt hat, wahrnehmbar wären[236]. Die Wahrnehmung kann als Sichtbarmachen der durch die Daten verschlüsselten Information verstanden werden. Im Folgenden werden diese Tatmodalitäten erläutert.

aa. Die Datenspeicherung

Bei der Datenspeicherung müssen die gespeicherten Daten im Falle ihrer Wahrnehmung zu einer unechten Urkunde führen, um den Tatbestand des § 269 StGB zu erfüllen. Daten sind gespeichert, wenn sie z.B. durch Übertragung von einem anderen Computer in eine EDV-Anlage, eingegeben werden. Die Daten sind also gespeichert, wenn sie in einer Weise auf einem Datenträger zum Zwecke ihrer weiteren Verwendung erfasst, aufgenommen oder aufbewahrt werden[237]. Die gespeicherten Daten können in der Lage sein, bei ihrer

---

[235]-Joecks, § 269, Rdnr. 16; Lackner/Kühl, § 269 Rdnr. 2.

[236]-Dreher/Tröndle, § 269 Rdnr. 4.

[237]-§ 3 V Nr. 1 BDSG (Bundesdatenschutzgesetz); Bühler, MDR 1987, S. 454.

Wahrnehmung zu einer unechten Urkunde zu führen, wenn der Speichernde den Eindruck erweckt, die Speicherung stamme nicht von ihm, sondern von einem anderen, welcher sich in der Urkunde als Aussteller ergibt[238].

Wenn man diese Straftat (die Fälschung beweiserheblicher Daten durch Speicherung) betrachtet, stellt man fest, dass sie der ersten Alternative des § 267 I StGB entspricht, die gegeben ist, wenn der Täter zur Täuschung im Rechtsverkehr eine unechte Urkunde herstellt. Der Tatbestand des § 269 StGB unterscheidet sich also kaum von der ersten Alternative des § 267 I StGB.

Die Fälschung beweiserheblicher Daten durch Datenspeicherung kommt also in Betracht, wenn eine dritte Person davon ausgeht, dass diese Daten von der Person gespeichert sind, die dafür zuständig war.

bb. Die Datenveränderung

Die Fälschung beweiserheblicher Daten kann durch Datenveränderung herbeigeführt werden. Die Daten können i.S.d. § 269 StGB verändert werden, wenn deren Bestand so geändert wird, dass bei ihrer visuellen Darstellung ein anders Ergebnis erreicht wird, als das vom Betreiber der Anlage durch das Erstellen des Programms gewollte[239].
Bei Betrachtung der Tathandlung, stellt man fest, dass sie der zweiten Alternative des § 267 I StGB (Verfälschung) entspricht, die in Betracht kommt, wenn der Täter zur Täuschung im Rechtsverkehr eine echte Urkunde verfälscht.
Der Täter kann die Datenveränderung im Rahmen des § 269 StGB durch Speicherung herbeiführen. Das ist der Fall, wenn er andere Daten speichert als die gewollten Daten. Darüber hinaus kann der Täter die Datenveränderung i.S.d. § 269 StGB herbeiführen, wenn er die schon gespeicherten Daten durch Änderung des Programms manipuliert.
Zur Erfüllung dieses Tatbestandes muss der Täter durch seine Tathandlung den Eindruck erwecken, dass die veränderten Daten von dem Aussteller der ursprünglichen gespeicherten Daten stammten[240].

---

[238]-Lenckner/Winkelbauer, CR 1986, S. 825.
[239]-Schönke/Schröder-Cramer, § 269 Rdnr. 17; § 3 V Nr. 2 BDSG (Bundesdatenschutzgesetz).
[240]-Dreher/Tröndle, § 269 Rdnr. 5.

cc. Der Gebrauch der Daten

Die dritte Tatmodalität „Gebrauch der Daten" kommt in Betracht, wenn der Täter die vorher dargestellten Daten einem anderen zugänglich macht[241]. Der Begriff des Gebrauches ist mit dem des § 267 StGB identisch.

b. Der objektive Tatbestand

Der objektive Tatbestand erfordert, dass beweiserhebliche Daten so gespeichert oder verändert werden, dass im Falle ihrer Wahrnehmung eine unechte oder verfälschte Urkunde vorliegt, oder dass von solchen unechten Daten Gebrauch gemacht wird.
Es soll nun genauer auf den Begriff der Daten eingegangen werden.

aa. Der Datenbegriff

In Bezug auf den Datenbegriff stellt sich die Frage, ob auf den in § 202a II StGB genannten Datenbegriff zurückgegriffen werden kann oder nicht. Gemäß § 202a II StGB sind Daten nur solche, die elektronisch, magnetisch oder sonst nicht unmittelbar wahrnehmbar gespeichert sind oder übermittelt werden.
Bei der Untersuchung des § 303a StGB stellt man fest, dass er in Bezug auf die Frage des Datenbegriffs einen Verweis auf den Datenbegriff des § 202a II StGB hat. Beim § 269 StGB befindet sich hingegen keine Verweisung auf § 202a II StGB; es muss hier deshalb der Datenbegriff und die Grundlage des Fehlens der Verweisung erörtert werden.

aaa. Die extensive Auslegung

In § 269 StGB geht es - im Gegensatz zu § 267 StGB - um die nicht visuell sichtbare Gedankenerklärung, daher kann man sagen, dass er den § 267 StGB ergänzt.
Da die Erfüllung des § 269 StGB, der andere Fälle als § 202a II StGB erfasst von der Speicherung oder Veränderung beweiserheblicher Daten abhängt, die im Falle ihre Wahrnehmbarkeit als tauglicher Urkundeinhalt in Betracht kommen, ist folglich zu schließen, dass der Begriff der Daten weit ausgelegt werden soll. Man kann also sagen, dass es ist nicht ausreicht, dass die Daten nur gespeichert oder übermittelt werden, gemäß § 202a II StGB,

---

[241]-Dreher/Tröndle, § 267 Rdnr. 23.

sondern sie müssen beweiserheblich sein. Der Begriff der Daten i.S.d. § 269 StGB ist somit weiter auszulegen, als die Legaldefinition der Daten i.S.d. § 202a II StGB. Es ergibt sich daraus, dass die Manipulation auch an Daten erfolgen kann, die noch nicht gespeichert sind, sondern erst gespeichert werden sollen.

Werden z.b. Namen oder Rechnungsbeträge in einer Liste geändert, die dann in die EDV-Anlage eingegeben werden, so liegt, falls die Veränderung als solche den § 267 StGB noch nicht erfüllt, § 269 StGB vor, wenn erst durch die Speicherung ein beweiserhebliches Datenverarbeitungsergebnis erstellt wird[242]. Der fehlende Hinweis auf § 202a II StGB erklärt sich also aus der Notwendigkeit, die Daten bereits in der Eingabephase zu schützen. Bei auf Datenträger gespeicherten Daten, die den Zugang zu bestimmten Leistungen eröffnen (ec- und Kreditkarten etc.), sind jedenfalls solche Daten erfasst, die eine Zugangsberechtigung enthalten[243].

Schließlich stellt sich wieder die Frage, ob der Datenbegriff des § 269 StGB weiter oder enger als der des § 263a StGB auszulegen ist.

Im Bereich des § 269 StGB soll nicht vergessen werden, dass das Erfordernis der visuellen Darstellbarkeit besteht[244]. Daher können Daten, bei denen eine visuelle Darstellbarkeit unmöglich ist, wie z.b. Computerprogramme, nicht unter dem Anwendungsbereich des § 269 StGB fallen[245]. Daraus kann man schließen, dass ein Computerprogramm nicht von der Vorschrift des § 269 StGB geschützt ist und deswegen kann der Datenbegriff hier enger als der Datenbegriff des § 263a StGB, der die Computerprogramme ausdrücklich als schutzfähige Daten aufführt, ausgelegt werden[246].

Schließlich sind Daten i.S.d. § 269 StGB alle nicht unmittelbar visuell wahrnehmbaren Informationsdarstellungen. Hierzu gehören z.B. Daten im Bundeszentralregister, auf dem Magnetstreifen einer EC-Karte gespeicherte Angaben[247], Angaben auf elektronischen Kantinenkarten, Informationen in Fahndungsdateien, Kontostand, Stammdaten über Kunden und die in Telefonwertkarten gespeicherten Wert- und Identifikationsdaten[248].

---

[242]-Schönke/Schröder-Cramer, § 269 Rdne. 7.

[243]-Hilgendorf, JuS 1997, S. 134; Schönke/Schröder-Cramer, § 269 Rdnr. 17.

[244]-Dreher/Tröndle, § 269 Rdnr. 4.

[245]-Schönke/Schröder-Cramer, § 269 Rdnr. 8.

[246]-Schönke/Schröder-Cramer, § 269 Rdnr. 8.

[247]-Freund, JuS 1994, S. 207, 210; Kitz, JA 2001, S. 303.

[248]-Dreher/Tröndle, § 269 Rdnr. 3; LG Würtzburg, NStZ 2000, S. 374; Hefendehl, NStZ 2000, S. 348.

bbb. Die Beschränkungen des Datenbegriffs des § 269 StGB

Obwohl der Datenbegriff i.S.d. § 269 StGB weiter als der Datenbegriff i.S.d. § 202a II StGB ausgelegt werden soll, ist er durch die folgenden Voraussetzungen eingeschränkt.

aaaa. Die Beweiserheblichkeit

Die Daten, die gemäß § 269 StGB geschützt werden sollen, müssen beweiserheblich sein. Das ist der Fall, wenn die verkörperte Erklärung bestimmt und geeignet ist, den Beweis für ein Rechtsverhältnis zu erbringen[249].

Diese Definition bedingt, dass eine Erklärung in ihrer Gesamtheit von zusammengesetzten Worten beweiserheblich sein muss; nicht das einzelne Wort ist hier von Bedeutung, sondern der sich aus der Zusammensetzung der einzelnen Worte ergebende Sinngehalt. Der Name des Schuldners in einem Anerkenntnis kann also als solcher noch nicht beweiskräftig sein, sondern erst in seiner Beziehung zum Schuldbetrag und der Erklärung, diese Schuld zu wollen.

Wenn man diese Erörterung auf den Begriff des Datums anwenden möchte, so stellt man fest, dass das einzelne Datum nicht in der Lage ist, beweiserheblich zu sein. Nur die Kombination von vielen Daten kann also beweiserheblich i.S.d. § 269 StGB sein.

bbbb. Die Garantiefunktion

Wegen der engen Anlehnung des § 269 StGB an § 267 StGB kann man feststellen, dass die betroffenen (gespeicherten oder veränderten) Daten die Garantiefunktion des Urkundenbegriffs erfüllen müssen, d.h., dass sie bei ihrer Wahrnehmung den Aussteller erkennen lassen müssen[250]. Es muss also klar sein, wer hinter dem Datenbestand steht und auf wen er beweisrechtlich zurückgeführt werden kann.

Die Geistigkeitstheorie geht davon aus, dass der Aussteller einer Urkunde derjenige ist, welchem ihr geistiger Inhalt zugerechnet wird[251], daher kann der Programmierer, der nur die Daten in einen Computer eingespeichert hat, nicht als Aussteller anzusehen sein, weil ihm der

---

[249]-Schönke/Schröder-Cramer, § 269 Rdnr. 9.

[250]-Lenckner/Winkelbauer, CR 1986, S. 825.

[251]-Dreher/Tröndle, § 267 Rdnr. 2.

geistiger Inhalt nicht zuzurechnen ist. Im Rechtsverkehr muss also erkennbar sein, wer als der geistige Verfasser hinter der Erklärung steht.

Wenn man diese Erörterung auf den Datenbegriff überträgt, so stellt man fest, dass nach außen hin erkennbar sein muss, wer hinter diesem Datenbestand steht.

c. Der subjektive Tatbestand

Der subjektive Tatbestand ist gegeben, wenn der Täter mit Wissen und Wollen handelt. Darüber hinaus kann der subjektive Tatbestand des Täters bejaht werden, wenn der Täter mit bedingtem Vorsatz handelt. Erforderlich ist, dass der Täter alle tatsächlichen Umstände kennt, aus denen sich ergibt, dass bei Wahrnehmung der Daten eine unechte oder verfälschte Urkunde vorläge[252].

Wegen der engen Anlehnung dieser Vorschrift an § 267 StGB, darf nicht vergessen werden, dass der Täter zur Täuschung im Rechtsverkehr handeln muss. Die Täuschung des Täters im Rechtsverkehr kann abgleitet werden, wenn er durch die betroffene Urkunde einen Irrtum im Rechtsverkehr erregen und dadurch ein rechtlich erhebliches Verhalten erreichen will[253].

Werden die manipulierten Daten keiner Person zugeleitet, sondern direkt in eine EDV-Anlage eingespeist, fehlt die von § 269 StGB erforderte Täuschungsabsicht. Darüber hinaus kann das Fehlen der Täuschungsabsicht in Betracht kommen, wenn der Täter im Rechtsverkehr durch die betroffene Urkunde weder einen Irrtum erregen, noch ein rechtliches Verhalten erreichen will. Jetzt stellt sich die Frage, wie diese Rechtslage zu beurteilen ist. Zur Beantwortung dieser Frage darf der § 270 StGB, wonach die Einspeisung gefälschter Daten der täuschenden Beeinflussung eines Menschen entspricht[254], nicht außer Acht gelassen werden. Diese Vorschrift wurde eingeführt, um solche Fälle zu behandeln, bei denen die Täuschung im Rechtsverkehr fehlt.

Durch Erfassen des § 270 StGB für diese Art von Straftaten, sollen die möglichen Strafbarkeitslücken im subjektiven Tatbestand geschlossen werden[255].

Schließlich darf auch nicht vergessen werden, dass man den § 270 StGB auf alle Tatbestände anwenden kann, die das Merkmal zur Täuschung im Rechtsverkehr erfassen. Als Beispiel dafür kommen die §§ 152a III (Fälschung von Zahlungskarten und Vordrucken für

---

[252]-Schönke/Schröder-Cramer, § 269 Rdnr. 22.
[253]-Dreher/Tröndle, § 267 Rdnr. 30.
[254]-Kitz, JA 2001, S. 303f.
[255]-Tiedemann, JZ 1986, S. 870; Bühler, MDR 1987, S. 454.

Euroschecks), 267 (Urkundenfälschung, 268 (Fälschung technischer Aufzeichnungen), 269 (Fälschung beweiserheblicher Daten), 273 (Verändern von amtlichen Ausweisen) und 281 (Missbrauch von Ausweispapier) StGB in Betracht[256].

2.2. Die Konkurrenzen

Wie vorher erwähnt, schützt § 269 StGB dasselbe Rechtsgut wie § 267 StGB. Folglich stellt diese Vorschrift eine Ergänzung zu § 267 StGB dar, so dass sie nicht in Betracht kommt, wenn schon der Tatbestand des § 267 StGB durch die Handlung des Täters erfüllt ist[257]. Idealkonkurrenz nach § 52 StGB kommt außerdem mit den Vorschriften der §§ 263a, 263, 266, 303, 303a und 303b StGB in Betracht[258].

2.3. Die Zusammenfassung

Damit der Beweisverkehr vor der Beeinträchtigung geschützt werden kann, wurde § 269 StGB (Fälschung beweiserheblicher Daten) gemäß Art. 1 Nr. 12 des Zweiten Wirtschaftskriminalitätsgesetzes in das Strafgesetzbuch eingeführt.

Der § 269 StGB stellt unter anderem Straftaten, wie z.b. Urkundenfälschung § 267 StGB und die Fälschung technischer Aufzeichnungen § 268 StGB, als Form der Manipulation dar.

Bei der Fälschung beweiserheblicher Daten im Sinne des § 269 StGB geht es, wie in §§ 267, 268 StGB, um den Schutz der Sicherheit und Zuverlässigkeit des Rechtsverkehrs und Beweisverkehrs, soweit er sich im Zusammenhang mit EDV-Vorgängen beweiserheblicher Daten befindet.

Die Fälschung beweiserheblicher Daten nach § 269 StGB kommt also in Betracht, wenn der Täter zur Täuschung im Rechtsverkehr beweiserhebliche Daten so speichert oder verändert, dass bei ihrer Wahrnehmung eine unechte oder verfälschte Urkunde vorliegen würde. Daraus kann man schließen, dass der Schutzgegenstand des § 269 StGB beweiserhebliche Daten sind.

Die Frage, die sich jetzt stellt: Was kann man unter Daten i.S.d. § 269 StGB verstehen? Daten sind gemäß § 269 StGB solche, die elektronisch, magnetisch oder sonst nicht unmittelbar wahrnehmbar gespeichert sind bzw. bei Tatbegehung schon entsprechend gespeichert waren. Wie es scheint, ist der Datenbegriff des § 269 StGB weiter als die Legaldefinition des

---

[256]-Möhrenschlager, wistra 1986, S. 135.

[257]-Lenckner/Winkelbauer, CR 1986, S. 826.

[258]-Dreher/Tröndle, § 269 Rdnr. 9.

Datenbegriffs des § 202a II StGB auszulegen. Das hat seine Gründe darin, dass es zur Erfüllung des Datenbegriff des § 269 nicht genügt, wie es im § 202a II StGB steht, dass die Daten gespeichert oder übermittelt sind, sondern sie müssen beweiserhebliche Daten sein. Der Begriff der Daten i.S.d. § 269 StGB ist somit weiter auszulegen als die Legaldefinition der Daten i.S.d. § 202a II StGB. In Anlehnung an die vorher erwähnte Auslegung ergibt sich, dass die Manipulation auch an Daten erfolgen kann, die noch nicht gespeichert sind, sondern gespeichert werden sollen.

Im Rahmen der beweiserheblichen Daten § 269 StGB wird der Computer zur Vortäuschung falscher Tatsachen durch das Löschen, Unterdrücken, Verändern oder durch das Unterlassen von Daten missbraucht. In Bezug auf andere Straftaten der Urkundenfälschung, wie z.B. § 267 StGB kann man sagen, dass sie keine typischen Computerstraftaten darstellen, obwohl die Fälschung einer Urkunde mit Hilfe eines Computers durchgeführt werden kann. Bezüglich des § 268 I S. 1 und 2 verhält es sich nicht anders.

Obwohl die §§ 267 und 268 StGB, unter anderem, viele mögliche Urkundenfälschungen unter Strafe stellen, war es von Bedeutung die Vorschrift des § 269 StGB in das Strafgesetzbuch einzuführen, weil der Urkundenbegriff ausschließlich auf wahrnehmbare Daten anwendbar ist. Anders ausgedrückt kann man sagen, dass § 267 StGB im Gegensatz zum § 269 StGB eine visuell erkennbaren Urkunde bedingt. In Bezug auf den § 268 I Satz. 1 verhält es sich nicht anders.

3. Die Urkundenunterdrückung; Veränderung einer Grenzbezeichnung § 274 StGB

Eine große Rolle in Bezug auf die Erscheinungsformen der Computerkriminalität spielt § 274 I Nr. 2 StGB.

(1) Mit Freiheitsstrafe bis zu fünf Jahren oder mit Geldstrafe wird bestraft, wer

1. eine Urkunde oder eine technische Aufzeichnung, welche ihm entweder überhaupt nicht oder nicht ausschließlich gehört, in der Absicht, einem anderen Nachteil zuzufügen, vernichtet, beschädigt oder unterdrückt,

2. beweiserhebliche Daten (§ 202a Abs. 2 StGB), über die er nicht oder nicht ausschließlich verfügen darf, in der Absicht, einem anderen Nachteil zuzufügen, löscht, unterdrückt, unbrauchbar macht oder verändert oder

3. einen Grenzstein bestimmtes Merkmal in der Absicht, einem anderen Nachteil zuzufügen, wegnimmt, vernichtet, unkenntlich macht, verrückt oder fälschlich setzt.

(2) Der Versuch ist strafbar.

3.1. Einleitung

Der Täter kann sich gemäß § 274 I Nr. 2 StGB strafbar machen, wenn er beweiserhebliche Daten i.S.d. § 202a II StGB, über die er nicht oder nicht ausschließlich verfügen darf, in der Absicht, einem anderen einen Nachteil zuzufügen, löscht, unterdrückt, unbrauchbar macht oder verändert[259]. § 274 I Nr. 2 StGB schützt Daten unter dem Aspekt ihrer Richtigkeit.

Der Gegenstand der Tat sind beweiserhebliche Daten, über die der Täter nicht oder nicht ausschließlich verfügen darf.

Als Voraussetzung zur Erfüllung dieser Vorschrift muss der Täter, wie gesagt, über die Daten überhaupt nicht oder nicht ausschließlich verfügen dürfen. Das kann der Fall sein, wenn der Täter nicht alleiniges Verfügungsrecht hat[260]. Demnach kann auch der Eigentümer Täter sein[261].

Der Datenbegriff erfasst nicht nur die Daten, die im Falle ihrer Wahrnehmung eine Urkunde darstellen, sondern alle Daten, die in der Lage sind, beweiserheblich zu sein, solange sie unter die Legaldefinition des § 202a II StGB zu subsumieren sind.

---

[259]-Otto, Strafrecht BT § 72 Rdnr. 9; Freund, JuS 1994, S. 207.

[260]-BGH 6, S. 251, (253f); BayObLG, NJW 1968, S. 1896f.

[261]-BGH 29, S. 129, (194).

3.1.1. Die Begründung der Einführung des § 274 I Nr. 2 StGB

Fraglich ist, ob der Tatbestand des § 274 StGB vom Tatbestand des § 269 StGB erfasst werden kann oder nicht? Wäre diese Frage zu bejahen, so wäre diese Vorschrift, nämlich § 274 I Nr. 2 StGB, überflüssig.

Zur Beantwortung dieser Frage, muss auf den § 269 StGB zurückgegriffen werden, dessen Tatbestand in Betracht kommt, wenn der Täter beweiserhebliche Daten so speichert oder verändert, dass bei ihrer Wahrnehmung eine unechte oder verfälschte Urkunde vorliegen würde. Die beweiserheblichen Daten setzen eine menschliche Gedankenerklärung voraus. Darüber hinaus sollen sie den Aussteller klarstellen. Daher kann der Täter sich gemäß § 269 StGB nicht strafbar machen, wenn er bei der Herstellung oder Veränderung eines Schriftstückes nur eine schriftliche Lüge macht. Der Schutzbereich des § 269 StGB soll nicht weiter reichen als der des § 267 StGB[262].

Im Gegensatz dazu kann dieser Täter wegen § 274 I Nr. 2 StGB, der auch die Tathandlung der Veränderung von beweiserheblichen Daten erfasst und keinen Urkundenvergleich verlangt, bestraft werden[263].

Außerdem kann der Angestellte einer Firma nicht wegen § 269 StGB, sondern wegen § 274 I Nr. 2 StGB bestraft werden, wenn er Daten seiner Firma, denen Beweiseignung zukommt, ändert[264].

Schließlich kann man sagen, dass der § 269 StGB das Interesse der Allgemeinheit an der Echtheit und Unverfälschtheit von Beweismitteln schützt, während § 274 I Nr. 2 StGB das Interesse einer bestimmten Person an ihrem Beweisführungsrecht gewährleisten will. Daher kann auf den § 274 I Nr. 2 nicht verzichtet werden.

3.1.2. Das Schutzobjekt des § 274 I Nr. 2 StGB

Wenn man den Tatbestand des § 274 I Nr. 2 StGB anschaut, stellt man fest, dass sein Schutzobjekt beweiserhebliche Daten sind. Bezüglich des Datenbegriffs kann man feststellen, dass der § 274 I Nr. 2 - im Gegensatz zu § 269 StGB - einen Verweis auf die Legaldefinition des § 202a II StGB beinhaltet. Danach können nur solche Daten erfasst werden, die elektronisch, magnetisch oder sonst nicht unmittelbar wahrnehmbar sind.

---

[262]-Tiedemann, JZ 1986, S. 870.

[263]-Lenckner/Winkelbauer, CR 1986, S. 827; Meyer, iur 1988, S. 426ff.

[264]-Lenckner/Winkelbauer, CR 1986, S. 827.

Durch diese Verweisung kann man feststellen, dass der Datenbegriff i.S.d. § 274 I Nr. 2 StGB enger als der i.S.d. § 269 StGB auszulegen ist.

3.1.3. Die Begriffsbestimmung der Beweiserheblichkeit von Daten

Beweiserhebliche Daten sind anzunehmen, wenn sie bestimmt sind, bei ihrer Verarbeitung im Rechtsverkehr als Beweisdaten für rechtlich erhebliche Tatsachen benutzt zu werden. Demnach kann man sagen, dass beweiserhebliche Daten nur solche sein können, die einen Aussagegehalt besitzen, der im Rechtsverkehr einen Beweis zu erbringen geeignet ist[265].
Damit Daten beweiserheblich sein können, brauchen sie, im Gegensatz zu Urkunden, keine Ausstellerkennbarkeit[266].
In Bezug auf das Erfordernis, dass die Erklärung mit einer körperlichen Sache fest verbunden ist, stellt sich bei Daten i.s.d. § 202a II StGB kein Problem, wenn sie auf Speichermedien (Diskette etc.) verkörpert sind. Darüber hinaus kann dieses Erfordernis bei Daten im Arbeitsspeicher bejaht werden, wenn die Daten bei Aufrechterhaltung der Stromzufuhr ebenfalls längere Zeit fixiert sind. Im Gegensatz dazu kann dieses Erfordernis bei Daten im Rechenwerk, die fortlaufend überschrieben werden, nicht bejaht werden, weil sie nur eine kurzfristige Bestandsdauer haben.

3.2. Der Tatbestand des § 274 I Nr. 2 StGB

3.2.1. Der objektive Tatbestand

Der objektive Tatbestand des § 274 I Nr. 2 StGB kann entsprechend dem § 303a StGB durch die Tathandlungen Löschen, Unterdrücken, Unbrauchbarmachen oder Verändern herbeigeführt werden.
Durch die folgende Erläuterung dieser Tathandlungen, auf die nicht ausführlich eingegangen wird, da sie bei § 303a StGB schon umfassend erklärt sind, kann man feststellen, dass sie sich manchmal überschneiden.

---

[265]-Lenckner/Winkelbauer, CR 1986, S. 825.
[266]-SK-Samson, § 274 Rdnr. 14.

a. Das Löschen von Daten

Das Löschen i.S.d. § 274 I Nr. 2 StGB kann in Betracht kommen, wenn die Daten in ihrer physischen Integrität unwiederbringlich aufgehoben werden. Das ist der Fall, wenn die gespeicherten Daten endgültig[267] gelöscht oder unkenntlich gemacht werden[268]. Folglich kann man sagen, dass das Löschen dem Vernichten einer Urkunde i.S.d. § 274 I Nr. 1 StGB entspricht[269].

Darüber hinaus kann das Löschen i.S.d. § 274 I Nr. 2 StGB bejaht werden, wenn der Inhalt eines Datenfelds oder Datensatzes so überschrieb wird, dass ihr ursprünglicher Inhalt nicht mehr vorhanden ist und damit nicht mehr geeignet ist als Beweismittel benutzt zu werden. Hat der Täter nicht den ganzen Inhalt der Daten gelöscht, sondern nur einige Zeichnungen, so kann man in diesem Fall den Tatbestand des § 274 I Nr. 2 StGB bejahen, weil diese Handlung unter das Verändern, auf das später eingegangen wird, zu subsumieren ist, falls die noch vorhandenen Zeichen ausreichend sind, einen positiven Aussagewert zu treffen[270]. Dieser Fall bestätigt die Aussage, dass sich die Tathandlungen des § 274 I Nr. 2 StGB manchmal überschneiden.

b. Das Unterdrücken von Daten

Das Unterdrücken i.S.d. § 274 I Nr. 2 StGB kann in Betracht kommen, wenn die Urkunde der Benutzung des Berechtigten zu Beweiszwecken entzogen wird[271]. Daraus kann man schließen, dass diese Tathandlung auch durch das Löschen zu erfüllen ist, weil das Löschen der Daten in der Lage ist, die Urkunde der Benutzung des Berechtigten zu entziehen. Darüber hinaus kann es ausreichend ist, das Unterdrücken zu bejahen, wenn der Täter die Daten logisch versteckt oder den Datenträger, auf dem sich die Daten befinden, wegnimmt. Ein dauerndes Vorenthalten oder eine besondere Heimlichkeit, wie durch Verstecken, wird nicht verlangt[272]. Würde man mit einer Mindermeinung[273] in jedem Löschen gleichzeitig auch

---

[267]-Gravenreuth, NStZ 1989, S. 206.
[268]-§ 3 V Nr. 5 BDSG (Bundesdatenschutzgesetz).
[269]-Dreher/Tröndle, § 274 Rdnr. 5c.
[270]-Möhrenschlager, wistra 1986, S. 141.
[271]-Düsseldorf, NJW 1989, S. 115f.
[272]-Hamburg, NJW 1964, S. 737.
[273]-Sondermann, Diss. 1989, S. 52.

einen Unterdrücken sehen, dann müsste die Tathandlung Löschen als überflüssig angesehen werden[274].

c. Das Unbrauchbarmachen von Daten

Die Tathandlung „Unbrauchbarmachen" ist gegeben, wenn der Täter Daten in ihrer Gebrauchfähigkeit so beeinträchtigt, dass sie nicht ordnungsgemäß verwendet werden und damit ihren Zweck als beweiserheblicher Daten nicht mehr erfüllen können[275].

d. Das Verändern von Daten

Diese Tathandlung kommt in Betracht, wenn der Täter die gespeicherten Daten inhaltlich umgestaltet, so dass ihr Informationsgehalt geändert wird. Diese Tathandlung überschneidet sich mit der Tathandlung „Verfälschung".

3.2.2. Der subjektive Tatbestand

Der Täter muss auch, um den subjektiven Tatbestand des § 274 I Nr. 2 StGB zu erfüllen, vorsätzlich gehandelt haben, also mit Wissen und Wollen. Das kann der Fall sein, wenn der Täter weiß, dass er seine Handlung auf Daten richtet, die ein Beweismittel darstellen. Der Täter muss demnach, zur Bejahung dessen Vorsatzes, die betreffende Handlung an den Daten in ihrer Eigenschaft als Beweismittel, willentlich vornehmen[276]. Daher kann der Vorsatz des Täters bejaht werden, selbst wenn er keinen Vermögensvorteil herbeigeführt hat[277].
Der Täter muss außerdem mit der Absicht gehandelt haben, einem anderen einen Nachteil zuzufügen[278].
Die früher herrschende Meinung ging in Bezug auf die Absicht des Täters davon aus, dass darunter ein Beweggrund zu verstehen ist. Richtiger kann man sagen, dass die Absicht hier i.S.v. direktem Vorsatz zu verstehen ist[279]. Das hat seine Gründe und zwar, dass die vom Täter durchgeführte Schädigung nicht das einzige echte Motiv sein kann, sie kann aber

---

[274]-Meyer, iur 1988, S. 425.
[275]-Dreher/Tröndle, § 303a Rdnr. 7; Schönke/Schröder-Stree, § 303a Rdnr. 21.
[276]-Dreher/Tröndle, § 274 Rdnr. 6; Wessels, Strafrecht BT Teil I, S. 180.
[277]-Wessels, Strafrecht BT Teil I, S. 181; BGHSt. 29, S. 192.
[278]-Schönke/Schröder-Cramer, § 274 Rdnr. 31.
[279]-Hamburg, JR 1964, S. 228; Baumann, NJW 1964, S. 708.

notwendige Konsequenz für seine Handlung sein. Unter Absicht ist also, der herrschenden Meinung nach[280], dolus directus zu verstehen. Es genügt dabei die Vorstellung des Täters, dass die Tat notwendigerweise einen fremden Nachteil zur Folge haben wird. Bezüglich des Nachteils kann man sagen, dass er zu bejahen ist, wenn der Täter fremde Rechte beeinträchtigt. Die Beeinträchtigung fremder Rechte kann nicht bejaht werden, wenn die Handlung nur das Vermögen des Opfers betrifft; es kann aber das seelische Empfinden durch das Vorenthalten von Briefen beeinträchtigt werden.

3.3. Die Konkurrenzen

Zunächst soll festgestellt werden, dass der Täter nur wegen einer Tat bestraft wird, wenn er durch seine Handlung mehrere Modalitäten herbeiführt.
Der § 274 I Nr. 2 StGB ist gegenüber § 303a StGB lex specialis[281]. Zwischen dieser Vorschrift § 274 I Nr. 2 und § 269 StGB ist eine Tateinheit möglich[282].
In Bezug auf die Konkurrenzfrage im Rahmen dieser Vorschrift § 274 I Nr. 2 kann aber problematisch sein, wenn man mit der folgenden Auffassung davon ausgeht, dass beweiserhebliche Daten i.S.d. § 202a II StGB auch technische Aufzeichnungen i.S.d. § 268 II StGB sein können. Danach stellt sich die Frage des Konkurrenzverhältnisses zwischen Nrn. 1 und 2 von § 274 StGB. Zur Beantwortung dieser Frage, muss man zunächst auf das Konkurrenzproblem zwischen § 268 StGB und § 267 StGB eingehen. Dieses Problem tritt eigentlich nur dann auf, wenn der Meinung gefolgt wird, die die Urkunde technischen Aufzeichnungen gleichstellt. In diesem Zusammenhang geht eine Meinung[283] davon aus, dass § 268 StGB hinter § 267 StGB zurücktritt, da § 268 StGB aufgrund seiner Ergänzungsfunktion subsidiär sei. Im Gegensatz zu dieser Meinung geht eine andere Auffassung[284] bei dieser Konstellation davon aus, dass zwischen den beiden Vorschriften Idealkonkurrenz anzunehmen sei, da beide Normen verschiedene Rechtsgüter schützen.
Wenn man auf das Problem der Konkurrenzfrage zwischen Nrn. 1 und 2 des § 274 StGB zurückkommt, kann man entsprechend der vorherigen Erörterung sowie des Umstands, dass § 274 I Nr. 1 StGB und Nr. 2 dasselbe Rechtsgut schützen (das Beweisführungsrecht einer

---

[280]-Wessels, Strafrecht BT Teil I, S. 181; Dreher/Tröndle, § 274 Rdnr. 21; Schönke/Schröder-Cramer, § 274 Rdnr. 15.

[281]-Dreher/Tröndle, § 274 , Rdnr. 8.

[282]-Dreher/Tröndle, § 274, Rdnr. 8.

[283]-Blei, JA 1971-, S. 653ff.

[284]-Puppe, Fälschung technischer Aufzeichnungen, S. 264ff.

bestimmten Person), sagen, dass § 274 I Nr. 2 StGB im Vergleich zu § 274 I Nr. 1 lex specialis ist. Überträgt man den Gedanken der Ergänzungsfunktion, so kommt man zum gleichen Ergebnis. Liegt § 274 I Nr. 2 vor, tritt § 274 I Nr. 1 StGB zurück.

3.4. Die Zusammenfassung

Der Tatbestand des § 274 I Nr. 2 StGB kommt in Betracht, wenn der Täter beweiserhebliche Daten i.S.d. § 202a II StGB, über die er nicht oder nicht ausschließlich verfügen darf, in der Absicht, einem anderen einen Nachteil zuzufügen, löscht, unterdrückt, unbrauchbar macht oder verändert. Daraus kann man schließen, dass der Gegenstand und das Schutzobjekt des Tatbestands des § 274 I Nr. 2 StGB beweiserhebliche Daten sind, über die der Täter nicht oder nicht ausschließlich verfügen darf. Unter beweiserheblichen Daten kann man Daten verstehen, die einen Aussagegehalt besitzen, der im Rechtsverkehr einen Beweis zu erbringen geeignet ist. Im Gegensatz zur Urkunde brauchen die Daten, damit sie als beweiserheblich anerkannt werden, keine Ausstellerkennbarkeit.

In Bezug auf die Frage der Verfügbarkeit kann man sagen, dass der Täter über die Daten keine oder keine ausschließlich Verfügungsgewalt hat, wenn er über diese Daten nicht ein alleiniges Verfügungsrecht hat. Demnach kann der Eigentümer Täter sein.

Da der Tatbestand des § 274 I Nr. 2 StGB in Bezug auf seinen Datenbegriff einen Verweis auf die Legaldefinition der Daten i.S.d. § 202a II StGB hat, kann man sagen, dass der Datenbegriff des § 274 I Nr. 2 nicht nur die Daten, die im Falle ihrer Wahrnehmung eine Urkunde darstellen, sondern dass alle Daten beweiserheblich sind, solange sie unter der Legaldefinition des § 202a II StGB zu subsumieren sind.

Der § 274 I Nr. 2 StGB kann vom § 269 StGB, dessen Tatbestand in Betracht kommt, wenn der Täter beweiserhebliche Daten so speichert oder verändert, dass bei ihrer Wahrnehmung eine unechte oder verfälschte Urkunde vorliegen würde, nicht ersetzt werden. Das hat seine Gründe darin, dass die letzte Vorschrift nicht in der Lage ist, den Täter unter Strafe zu stellen, wenn er bei der Herstellung oder Veränderung eines Schriftstückes nur eine schriftliche Lüge begeht. Außerdem kann § 269 StGB im Gegensatz zum § 274 I Nr. 2 StGB den Angestellten einer Firma nicht unter Strafe stellen, wenn er Daten seiner Firma, denen Beweisführungsrecht zukommt, ändert.

Der § 274 I Nr. 2 StGB gewährleistet das Interesse einer bestimmten Person an ihrem Beweisführungsrecht. Im Gegensatz dazu schützt § 269 StGB das Interesse der Allgemeinheit an der Echtheit und Unverfälschtheit von Beweismitteln. Daher war es von Bedeutung den § 274 I Nr. 2 StGB in das Strafgesetzbuch einzuführen.

B. Der Computerbetrug § 263a StGB

(1) Wer in der Absicht, sich oder einem Dritten einen rechtswidrigen Vermögensvorteil zu verschaffen, das Vermögen eines anderen dadurch beschädigt, dass er das Ergebnis eines Datenverarbeitungsvorgangs durch unrichtige Gestaltung des Programms, durch Verwendung unrichtiger oder unvollständiger Daten, durch unbefugte Verwendung von Daten oder sonst durch unbefugte Einwirkung auf den Ablauf beeinflusst, wird mit Freiheitsstrafe bis zu fünf Jahren oder mit Geldstrafe bestraft.

(2) § 263 Abs. 2 bis 7 gilt entsprechend.

I. Einleitung

Mit der fortschreitenden Verbreitung und Vernetzung von Computern wird die Zahl der Straftaten, die mit EDV-Anlagen zusammenhängen nicht geringer, sondern nimmt zu.

§ 263a StGB, der den größten Teil der Computerkriminalität ausmacht, kommt in Betracht, wenn der Täter das Ergebnis eines vermögenserheblichen Datenverarbeitungsvorgangs mit Absicht beeinflusst, um dadurch sich oder einen anderen einen rechtswidrigen Vermögensvorteil zu verschaffen[285]. Darüber hinaus muss er durch seine Handlung einen Vermögensschaden herbeiführen[286].

Der Täter muss also eine falsche Tatsache vorspiegeln, um eine Bereicherung von Vermögensvorteilen herbeizuführen.

Diese Vorschrift, die vier Handlungsmodalitäten aufweist, nämlich die unrichtige Gestaltung des Programms, Verwendung unrichtiger oder unvollständiger Daten, unbefugte Verwendung von Daten oder sonstige Einwirkungen auf den Ablauf, wurde 1986 durch das Zweite Gesetz zur Bekämpfung der Wirtschaftskriminalität (2. WiKG) eingeführt.

Wenn man sich die Formulierung des § 263a StGB anschaut, stellt man fest, dass sie sehr weit gefasst ist. Die Gründe dafür liegen darin, dass sich die Computerkriminalität schnell weiterentwickelt.

---

[285]-Lenckner/Winkelbauer, CR 1986, S. 654; SK-Samson, § 263a Rdnr. 1 f; Schönke/Schröder- Cramer, § 263a Rdnr. 1.

[286]-Die Schadensermittlung erfolgt durch Vergleich zwischen dem Vermögensstand vor und nach der Vermögensverfügung im Wege der objektiv-individuellen Betrachtung.

Durch diese Formulierung ist es dem Gesetzgeber gelungen, sowohl die bekannten, als auch möglicherweise bisher nicht aufgetretenen Formen der Computermanipulation, unter Strafe zu stellen.

Unter den Begriff des Computerbetrugs werden auch die Missbrauchsfälle von Kredit- und EC-Karten, wie z.b. die Fälschung von Kodekarten für Geldausgabe- bzw. Kassenautomaten subsumiert.

Im Rahmen des Computerbetrugs braucht der Täter keine besondere Kenntnis zur Herbeiführung dieser Art von Straftaten und deswegen können sie von jedermann begangen werden, es sei denn, es betrifft die Programm- und Ablaufmanipulation in Betriebesinternen Computeranlagen. Hier kann der Computerbetrug nur von Personen begangen werden, die über ein spezielles Fachwissen und dementsprechende Informationen verfügen.

1. Die Notwendigkeit der Einführung des § 263a StGB

In Bezug auf die Frage, ob ein eigener Tatbestand für den Computerbetrug geschafft werden musste, soll zuerst festgestellt werden, ob § 263 StGB auf den Computerbetrug angewandt werden kann oder nicht. Darüber hinaus soll auch geklärt werden, ob §§ 242, 246, 266, 265a StGB auf den Computerbetrug anzuwenden sind oder nicht. Hätte eine von diesen Vorschriften den Computerbetrug erfasst, so wäre der Gesetzgeber nicht gezwungen gewesen, den Tatbestand des § 263a StGB in das Strafgesetzbuch einzuführen. Folglicherweise soll also die Frage des Erfassens des Computerbetruges durch § 263 StGB oder durch andere Straftatbestände, nämlich §§ 242, 246, 266, 265a StGB, aufgeklärt werden.

1.1. Die Erfassung des Computerbetruges durch § 263 StGB

Beim § 263 StGB geht es um Täuschung eines Menschen über eine Tatsache[287], wodurch ein Irrtum[288] hervorgerufen wird, der zu einer Vermögensverfügung[289] führt[290], während Computerbetrug die missbräuchliche Verwendung einer Datenverarbeitungsanlage darstellt, die Vermögensvorteile für den Täter zur Folge hat.

---

[287]-Unter Tatsachen i.S.d. § 263 StGB versteht man Zustände in der Vergangenheit oder in der Gegenwart, die dem Beweis zugänglich sind.
[288]-Unter Irrtum i.S.d. § 263 StGB versteht man das unbewusste Auseinanderfallen von Vorstellung und Wirklichkeit.

Wenn man diese Erörterung betrachtet, stellt man fest, dass der normale Betrug, bezogen auf das Motiv, dem Computerbetrug gleicht. Der Täter, der einen normalen Betrug begehen will, strebt danach, sich zu bereichern (oder Vermögensvorteile zu verschaffen). Beim Computerbetrug verhält es sich nicht anders, da der Täter auch hier nach einer Bereicherung (oder einem Vermögensvorteil) strebt.

In Bezug auf den Vermögensschaden und den subjektiven Tatbestand (Vorsatz und eigen- oder fremdnützige Bereicherungsabsicht, Stoffgleichheit und Rechtswidrigkeit des erstrebten Vermögensvorteils) entspricht § 263a StGB ganz dem Betrug[291].

Die Stoffgleichheit kommt in Betracht, wenn der erlangte Vorteil die Kehrseite des Schadens ist[292]. Daher liegt in Bezug auf den § 263a StGB keine Stoffgleichheit vor, wenn die entstandenen Schäden sich nur auf die Soft- oder Hardware beschränken[293].

Aufgrund dieser Ähnlichkeiten stellt sich jetzt die Frage, ob § 263 StGB auf die Computermanipulation angewendet werden kann. Um diese Frage beantworten zu können, soll das Rechtsgut und die Tathandlung der beiden Tatbestände überprüft werden. Stimmen sie miteinander überein, so findet § 263 StGB auf die Computermanipulation Anwendung.

1.1.1. Das Rechtsgut und Tatobjekt der beiden Vorschriften

Der Täter bezweckt durch den normalen Betrug das Vermögen anderer zu beeinträchtigen, um sich oder einem Dritten einen Vermögensvorteil zu verschaffen. Bezüglich des Computerbetrugs verhält es sich nicht anders, d.h., der Täter bezweckt auch hier durch Computermanipulation einen Betrug, der das Vermögen als Ganzes berührt[294], um sich oder einem Dritten einen Vermögensvorteil zu verschaffen.

---

[289]-Unter Vermögensverfügung i.S.d. § 263 StGB versteht man jedes Handeln, Dulden oder Unterlassen, das unmittelbar zu einer Minderung des Vermögens des Getäuschten oder eines Dritten führt. Vermögen i.S.d. § 263 ist die Summe aller geldwerten Güter einer Person nach Abzug der Verbindlichkeiten.

[290]-Schönke/Schröder-Cramer, § 263 Rdnr. 5; Dreher/Tröndle, § 263 Rdnr. 1a; Wessels, BT-2 Rdnr. 472; SK-Samson, § 263 Rdnr. 6; Samson, JA 1978, S. 469 (470); Selmann, JuS 1982, S. 268.

[291]-Lenckner/Winkelbauer, CR 1986, S. 654ff. (660).

[292]-Schönke/Schröder-Cramer, § 263 Rdnrn. 168ff.

[293]-Lackner/Kühl, § 263a Rdnr. 25.

[294]-Schönke/Schröder-Cramer, § 263 Rdnrn. 1ff.; Lackner/Kühl, § 263 Rdnr. 2; SK-Samson, § 263 Rdnr. 1; Wessels, BT-2 Rdnr. 472; Ellmer, Betrug und Opfermitverantwortung, S. 271f.

Beim Computerbetrug handelt es trotz seiner Zugehörigkeit zur Computerkriminalität, wie beim Betrug, um ein reines Vermögensdelikt[295] und daher verletzt er das Vermögen des anderen als Rechtsgut[296].

Der Begriff des Vermögens ist umstritten[297], Einigkeit besteht aber darüber, dass auch Buchgeld, Forderungen und Rechte, auf die man auch eine Manipulation ausüben kann, zum strafrechtlich geschützten Vermögen gehören.

Folglich wird festgestellt, dass das Rechtsgut und Tatobjekt des Betruges und der Manipulation relativ ähnlich sind und deswegen würde die Anwendung von § 263 StGB auf die Computermanipulationen in diesem Bereich keine Schwierigkeiten bereiten.

1.1.2. Die Tathandlungen des § 263 StGB hinsichtlich des Computerbetrugs

Der Tatbestand des § 263 StGB kommt in Betracht, wenn der Täter eine andere Person über eine Tatsache täuscht, wodurch einen Irrtum hervorgerufen wird, der zu einer Vermögensverfügung führt. Aus diesem Wortlaut kann man die Tathandlungen des § 263 StGB herleiten. Diese Tathandlungen sind Folgende:

a. Die Täuschung

Eine Täuschung im Sinne des § 263 StGB muss zwei Voraussetzungen beinhalten. Zum einen muss die vom Täter verwendete Täuschung sich auf eine relevante Tatsache beziehen. Zum anderen muss diese Täuschung tauglich sein, einen Irrtum beim Opfer herbeiführen zu können, der zu einer Vermögensverfügung führen soll.
Daher soll jetzt auf den Täuschungsgegenstand und die Täuschungshandlung eingegangen werden.

aa. Der Täuschungsgegenstand

In der Vorschrift des § 263 StGB steht, dass der Täter das Opfer über eine Tatsache täuschen muss. Unter einer Tatsache kann man gegenwärtige oder vergangene Zustände, Verhältnisse oder Geschehnisse verstehen, die dem Beweis zugänglich sind.

---

[295]-Schönke/Schröder-Cramer, § 263a Rdnr. 21.
[296]-Lackner/Kükl, § 263 Rdnr. 1.
[297]-Schönke/Schröder-Cramer, § 263 Rdnrn. 78 bff.; SK-Samson, § 263 Rdnrn. 99ff.

Zukünftige Tatsachen sind aus dem Tatsachenbegriff des § 263 StGB ausgeschlossen. Demgegenüber werden die wissenschaftlichen Erkenntnisse oder Konventionen, die auf künftige Ereignisse (Sonnenfinsternis, Frühlingsanfang, Ostern etc.) sichere Schlüsse zulassen, als gegenwärtige Tatsachen angesehen.

Bloße Urteile oder Meinungsäußerungen sind keine Tatsachen. Demgegenüber können Urteile, die einen Tatsachenkern enthalten, als Tatsache i.S.d. § 263 StGB angesehen werden. Darüber hinaus können auch die von einer fachkompetenten Person gefällten Urteile, z.B. eines Arztes über die Entwicklung einer Krankheit, als Tatsache angesehen werden, weil der Getäuschte die Richtigkeit dieser Urteile nicht nachprüfen kann[298].

In Bezug auf die Frage des Täuschungsgegenstandes würde auch die Anwendung des § 263 StGB auf die Fälle des Computerbetruges kein großes Problem darstellen, weil Computerdaten und Programme, die dem Beweis zugänglich sind und deren Richtigkeit überprüft werden kann, einen Gegenstand der Manipulation bilden können. Der Computerbetrug hat also auch einen Gegenstand, auf den man Täuschung beziehen kann.

bb. Die Täuschungshandlung

Eine Täuschungshandlung[299] liegt vor, wenn der Täter durch sein Verhalten auf das intellektuelle Vorstellungsbild eines anderen über Tatsachen einzuwirken versucht oder bei bestehender Garantenstellung einen schon vorhandenen oder sich bildenden Irrtum nicht beseitigt[300]. Daher kann die Behauptung die Täuschungshandlung i.S.d. § 263 StGB nicht erfüllen, es sei denn, es geht um eine innere Tatsache. Unter inneren Tatsachen sind die gegenwärtigen Überzeugungen und Hoffnungen zu verstehen. Als Beispiel dafür kommt in Betracht, wenn eine Person wegen wissenschaftlicher Erkenntnisse davon überzeugt ist, dass z.B. ein Erdbeben in Zukunft passieren wird, und diese Überzeugung von einer anderen

---

[298]-Schönke/Schröder,Cramer, § 263 Rdnrn. 9f.

[299]-Die Täuschungshandlung kann auf verschiedene Art zustande kommen und zwar durch Vorspielung, Entstellung oder Unterdrückung wahrer Tatsachen. Vorspielung einer Tatsache bedeutet, dass der Täter einem anderen Mensch eine nicht bestehende Tatsache als bestehende zur Kenntnis bringt. Das Entstellen einer wahren Tatsache tritt ein, wenn der Täter ein tatsächliches Gesamtbild durch Hinzufügen oder Fortlassen einzelner Elemente verfälscht. Die Unterdrückung einer wahren Tatsache kommt in Betracht, wenn der Täter auf ein Handeln zurückgreift, durch das eine Tatsache der Kenntnis einer anderen Person entzogen wird.

[300]-Schönke/Schröder,Cramer, § 263 Rdnr. 11.

Person durch eine Behauptung bestätigt wird. In diesem Fall kann diese Behauptung eine Täuschungshandlung i.S.d. § 263 StGB darstellen[301].

Die Manipulation von Computerdaten oder Programmen kann geeignet sein auf die Vorstellungsbildung des Opfers einzuwirken. Was aber in diesem Fall zu sagen bleibt, ist, dass die Datenverarbeitungsvorgänge im Gegensatz zum Betrug ohne menschliche Beteiligung ablaufen können. Daher ist die Täuschung eines Menschen im Rahmen des Computerbetruges nicht erforderlich.

Wenn man diese Erörterung betrachtet und mit der Tathandlung des § 263 StGB vergleicht, der die Täuschung eines Menschen voraussetzt, stellt man fest, dass die Subsumierung der Computermanipulation unter den Tatbestand des § 263 StGB nicht unproblematisch ist.

b. Der Irrtum

Durch die vom Täter verursachte Täuschung muss ein Irrtum hervorgerufen oder aufrecht erhalten werden. Der Irrtum kann aufrecht erhalten werden, wenn das Opfer sich bereits in einem Irrtum befindet und der Täter diese Gelegenheit ausnutzt, um Vermögensvorteile zu erlangen. Nun soll aufgeklärt werden, was unter einem Irrtum zu verstehen ist.

aa. Die Begriffbestimmung des Irrtums

Unter einem Irrtum ist ein Widerspruch zwischen Vorstellung und Wirklichkeit zu verstehen[302].
Dieser Irrtum muss sich auf die Tatsache beziehen, d.h. die Täuschung muss für den hervorgerufenen Irrtum kausal sein. Dies ist der Fall, wenn die Vorstellung des Getäuschten wegen des ausdrücklichen oder konkludenten Verhaltens des Täters beeinträchtigt wurde, was eine falsche Vorstellung zur Folge hat[303]. Folglich muss also der Irrtum relevant sein. Problematisch ist, wann man von einem relevanten Irrtum i.S.d. § 263 StGB ausgehen kann.

---

[301]-Dreher/Tröndle, § 263 Rdnrn. 2ff.; Lackner/Kühl, § 263 Rdnr. 4; Schönke/Schröder-Cramer, § 263 Rdnrn. 8ff.; Wessels, BT-2 Rdnr. 476; Maurach/Schroeder/Maiwald, § 41 Rdnr. 27; Samson, JA 1978, S. 469; Seelmann, JuS 1982, S. 268.

[302]-Schönke/Schröder-Cramer, § 263 Rdnr. 33; Dreher/Tröndle, § 263 Rdnr. 18; LK 10-Lackner, § 263 Rdnr. 73; Lackner/Kühl, § 263 Rdnr. 18; SK-Samson, § 263 Rdnr. 49; Wessels, BT-2 Rdnr. 492; Maurach/Schroeder/Maiwald, § 41 Rdnr. 57; Otto, BT, 214ff.; Samson, JA 1978, S. 469 (473).

[303]-Schönke/Schröder-Cramer, § 263 Rdnr. 43; Dreher/Tröndle, § 263 Rdnr. 18; Lackner/Kühl, § 263 Rdnr. 20; SK-Samson, § 263 Rdnrn. 21ff., Wessels, BT-2 Rdnr. 495; Maurach/Schroeder/Maiwald, § 41 Rdnr. 67.

Fehlen dem Opfer die erforderlichen und verlangten normalen Kenntnisse über die vom Täter getäuschte Tatsache, so kann der Irrtum i.S.d. § 263 StGB nicht bejaht werden, weil die bloße Veränderung einer Tatsache ohne auf die Vorstellung des Opfers einzuwirken, nicht in der Lage ist, den Irrtum i.S.d. § 263 StGB und die Beeinflussung des Vorstellungsbildes des Opfers zu bejahen.

Die Bejahung eines Irrtums i.S.d. § 263 StGB stellt auf das intellektuelle Vorstellungsbild des Opfers ab[304].

bb. Irrtum und Computermanipulation

Um den Tatbestand des § 263 StGB auf die Computermanipulation anwenden zu können, muss im Bereich der Computermanipulation ein Irrtum hervorgerufen werden. Fraglich kann aber sein, ob der vorher erwähnte Irrtum bei der Computermanipulation vorliegen kann oder nicht.

Die herrschende Meinung geht davon aus, dass die Tatbestandsmerkmale der Täuschung, des Irrtums und der Vermögensverfügung auf den Menschen zugeschnitten sind[305]. Insbesondere beim Merkmal des Irrtums handelt es sich um einen psychologischen Vorgang, der von einer Maschine nicht geleistet werden kann[306]. Der Computer kann also der herrschenden Meinung nach nicht getäuscht werden. Daher kann der Tatbestand des § 263 StGB keine Anwendung auf die Fälle des Computerbetruges trotz bestehender Ähnlichkeiten zwischen den beiden Tatbeständen finden.

Der Computer selbst kann also keinem Irrtum unterliegen; somit bleibt aber zu erörtern, ob dies beim Sachbearbeiter der Fall sein kann.

Die Sachbearbeiter, die nur den technischen Ablauf der Datenverarbeitung oder die formale Eingabe der Daten überwachen, können auch keinem Irrtum i.S.d. § 263 StGB unterliegen, weil sie vom Inhalt der Daten keine konkrete Kenntnis haben.

---

[304]-Schönke/Schröder-Cramer, § 263 Rdnr. 37; LK 10-Lackner, § 263 StGB, Rdnrn. 18, 75; Dreher/Tröndle, § 263 StGB, Rdnr. 6; Wessels, BT-2 Rdnr. 492; Maurach/Schroeder/Maiwald, § 41 Rdnrn. 57 f; Seelmann, JuS 1982, S. 268 (270).

[305]-Schönke/Schröder-Cramer, § 263a Rdnr. 1.

[306]-Lenckner/Winkelbauer, CR 1986, S. 654; Achenbach, NJW 1986, S. 1837; Weber, JZ 1987, S. 216; Huff, NJW 1987, S. 816.

Dieses Ergebnis hat seine Gründe, die darin liegen, dass, wenn der Sachbearbeiter keine Kenntnisse über den Inhalt der Daten hat, er nicht bestimmen kann, ob die eingegebenen Daten manipuliert wurden oder nicht[307].

Demgegenüber kann man im Rahmen der Computermanipulation von einem Irrtum i.S.d. § 263 StGB ausgehen, wenn die eingegebenen Daten in Bezug auf ihre Richtigkeit von einer verfügungsberechtigten Person kontrolliert werden[308]. Ausnahmsweise bejaht also die herrschende Meinung die Anwendbarkeit des § 263 StGB auf den Computerbetrug, wenn in den maschinellen Ablauf zumindest eine natürliche Kontrollperson eingeschaltet ist, um die Richtigkeit der eingegebenen Daten zu überwachen[309].

Sind die Kontrollorgane aber lediglich zur technischen Steuerung eines Datenverarbeitungsvorganges eingesetzt, so verneint die herrschende Meinung die Anwendbarkeit des § 263 StGB, weil sie nicht zur Überwachung der Richtigkeit der eingegebenen Daten, sondern nur zur technischen Steuerung des Datenverarbeitungsvorganges eingesetzt sind[310]. Es kommt also auf die inhaltliche Kontrolle der Daten an.

Da die regelmäßige Überprüfung der eingegebenen Daten oder Programme von einer bestimmten Person nicht mehr möglich ist, da diese Daten oder Programme elektronisch verarbeitet werden[311], kann die Kontrollperson nicht die gesamten eingegebenen Daten, sondern nur einen Teil von ihnen überprüfen und sich konkrete Gedanken über die gesamten Daten machen. Diese Kontrolle, auf die im Folgenden eingegangen wird, nennt sich Stichprobenkontrolle.

cc. Die Stichprobenkontrolle

Die Stichprobenkontrolle kommt - wie gesagt - in Betracht, wenn die Kontrollperson nicht die ganzen Daten überwacht, sondern nur einen Teil davon und sich konkrete Gedanken über die ganzen Daten macht. Fraglich ist in diesem Bereich, ob jene Person einem Irrtum unterliegen kann oder nicht.

Eine Meinung[312] geht davon aus, dass die Kontrollperson hier keinem Irrtum unterliegen kann. Diese Ansicht unterscheidet zwei Varianten. Die erste Variante kommt in Betracht,

---

[307]-Schönke/Schröder-Cramer § 263 Rdnrn. 39 f; Möhrenschlager, wistra 1986, S. 128 (131).

[308]-Otto, BT, S. 217 f.

[309]-LK, 10-Lackner, § 263 Rdnr. 86.

[310]-LK, 10-Lackner, § 263 a.a.O.

[311]-Lampe, GA 1975, S. 1 (3); Steinke, NJW 1975, S. 1867 f.

[312]-Lampe, GA 1975, S. 1 (3); Möhrenschlager, wistra 1986, S. 128 (131).

wenn die Kontrollperson zufälligerweise den manipulierten Teil von Daten überprüft und die durchgeführte Manipulation entdeckt. In diesem Fall kann sie keinem Irrtum unterliegen, weil ihr Vorstellungsbild wegen der Entdeckung der vorgenommenen Manipulation nicht beeinflusst worden ist.

Die zweite Variante meint den Fall, wenn die Kontrollperson den nicht manipulierten Teil überprüft. In diesem Fall kann nach dieser Meinung auch die Irrtumshervorrufung bei der Kontrollperson verneint werden, weil ihr Vorstellungsbild ebenso nicht beeinflusst worden ist. Wer den Inhalt der manipulierten Daten nicht kennt, kann keine Vorstellung über sie haben.

Gegen diese Meinung spricht, dass der Täter wegen der von ihm durchgeführten Manipulation doch auf das Vorstellungsbild der Kontrollperson einwirkt, selbst wenn die Kontrollperson den nicht manipulierten Teil überprüft und aufgrund dieser Überprüfung von der Richtigkeit der gesamten Daten ausgeht. Das findet seine Begründung darin, dass die Stichprobenkotrolle den Sinn hat, einen Gesamtvorgang rationeller zu gestalten, d.h., dass es ausreichend ist, wenn die Kontrollperson statt alle Daten zu kontrollieren, wenige Daten überprüft und aufgrund dieser überprüften Daten sich konkrete Gedanke über die gesamten Daten macht. Sollte der überprüfte Teil der gesamten Daten ordnungsgemäß sein, so kann die Kontrollperson von der Ordnungsmäßigkeit der gesamten Daten ausgehen oder dies zumindest für möglich halten. Daher ist die Beeinträchtigung des Vorstellungsbildes und damit die Irrtumserregung der Kontrollperson zu bejahen.

Darüber hinaus geht diese Meinung, da der Vorsatz des Täters sich auf die gesamten Merkmale des Tatbestandes beziehen soll, davon aus, dass der Tatbestand des § 263 StGB nicht zu bejahen ist, weil der Täter keinen Vorsatz hat, einen Irrtum beim Opfer hervorzurufen. Diese Meinung beruft sich darauf, dass der Täter bei Durchführung einer Überwachung nicht davon ausgehen kann, dass die von ihm herbeigeführte Manipulation nicht unentdeckt bleibt und er deswegen, dieser Meinung entsprechend, keine Absicht hat, einen Irrtum beim Opfer hervorzurufen.

Gegen diese Meinung kann angeführt werden, dass die Kontrolle nicht genau die manipulierten Tatsachen erfassen muss, sonst würde man den Betrugstatbestand auf die Fälle des Versuchs eingrenzen, in denen der Täter entdeckt wird. Das führt dazu, dass der Wille des Täters bezüglich der Irrtumsherbeiführung bei der Stichprobenkontrolle zu bejahen ist, weil er trotz Durchführung einer Stichprobenkontrolle nicht entdeckt werden will.

Darüber hinaus darf nicht vergessen werden, dass der Eventualvorsatz im Rahmen dieser Straftat ausreichend ist, den Vorsatz des Täters zu bejahen.

Der Täter handelt mit Eventualvorsatz, wenn er den Erfolgseintritt ernsthaft für möglich hält und beabsichtigt, dass sein Verhalten zur Verwirklichung des Tatbestands führt. Bei der Stichprobenkontrolle hat der Täter das Nichtbemerken der Manipulation mit anschließender Verfügung für möglich gehalten und bewusst beabsichtigt, dass sein Verhalten zur Verwirklichung des Betrugstatbestandes führt.

Darüber hinaus ist der Eventualvorsatz des Täters zu bejahen, selbst wenn die Nichtentdeckung der durchgeführten Manipulation auf die Nachlässigkeit und Unaufmerksamkeit der Kontrollperson zurückzuführen ist.

Aufgrund dieses Gegenarguments ist der Täter bei der Stichprobenkontrolle wegen § 263 StGB zu bestrafen.

1.2. Die strafrechtliche Erfassung einer betrugsähnlichen Computermanipulation durch andere Straftatbestände

Hier soll dargestellt werden, ob die Computermanipulation durch andere Straftatbestände, nämlich §§ 242, 246, 266, 265 a StGB, erfasst werden kann.

1.2.1. Der Diebstahl § 242 StGB

Wenn der Täter eine Kodekarte stiehlt und mit ihrer Hilfe Geld am Bankautomaten abhebt, geht eine Meinung davon aus, dass hier § 242 StGB einschlägig ist[313].

Damit die Anwendbarkeit des § 242 StGB auf diese Fälle bejaht werden kann, muss eine fremde bewegliche Sache weggenommen werden. Zunächst soll die entscheidende Tathandlung, die Wegnahme, geprüft werden.

Die oben erwähnte Ansicht, die die Anwendbarkeit des § 242 StGB auf diese Fälle bejaht, geht davon aus, dass die Wegnahme hier anzunehmen ist. Diese Meinung beruft sich darauf, dass die Bank nur mit der Bedienung des Geldautomaten durch den Berechtigten einverstanden ist und nur an diesen übereignen will. Nach dieser Meinung ist also die Gewahrsamsverschiebung nicht vom Willen der Bank gedeckt und folglich ist die Wegnahme hier zu bejahen[314].

---

[313]-BayObLG, NJW 1987, S. 663ff.; LG Köln, NJW 1987, S. 667; Gropp, JZ 1987, S. 667ff.; Jungwirth, MDR 1987, S. 537ff.; Mitsch, JuS 1986, S. 767; Schönke/Schröder-Eser, § 242 Rdnr. 36.

[314]-Schroth, NJW 1981, S. 729.

Gegen diese Auffassung kann man sagen, dass § 242 StGB einige Fälle nicht erfassen kann, in denen durch Computermanipulation Giralgeld falsch verbucht wird. Das hat seine Gründe darin, dass Giralgeld der herrschenden Meinung nach keine Sache i.S.v. § 242 StGB darstellt. Darüber hinaus spricht auch die überwiegende Meinung, die die Anwendbarkeit des § 242 StGB in diesen Fällen verneint, gegen diese Auffassung, weil die Geldscheine unter äußerlich funktionsgerechter Benutzung des Geldautomaten erlangt und damit nicht weggenommen werde[315].

Daher scheidet in diesen Fällen § 242 StGB aus, was bedeutet, dass das Ersetzen von § 263a StGB durch § 242 StGB verneint werden muss.

1.2.2. Die Unterschlagung § 246 StGB

In Bezug auf die Straftaten, in denen der Täter Geldautomatensysteme durch unberechtigte Verwendung von Kodekarten missbraucht, hat der Bundesgerichtshof die Bestrafung des Täters wegen § 246 StGB bejaht[316].

Das hat nach der Meinung des Bundesgerichtshofs seine Gründe darin, dass der Täter sich hier eine fremde bewegliche Sache rechtswidrig zugeeignet hat.

Gegen diese Meinung spricht , dass es sich hier nicht um eine fremde bewegliche Sache handelt, weil die Bank die Geldscheine gemäß § 929 BGB mit Hilfe des Automaten an den formal durch die Kodekarte ausgewiesenen Kartenbesitzer übereignet. Damit fehle es an dem Tatbestandsmerkmal „fremd" in § 246 StGB.

Ferner spricht auch dagegen, dass die Anwendbarkeit des § 246 StGB die Strafbarkeit des Täters vom Willen der Bank abhängig macht. Das kann der Fall sein, wenn der Kontoinhaber seine Kodekarte vertragswidrig an einen Dritten verleiht, der diese Kodekarte benutzt. Trotz dieser beachtlichen Gegenargumente hat der BGH in einer Leitentscheidung eine Unterschlagung bejaht, wenn mit gestohlener Kodekarte Geld an einem Bankenautomaten abgehoben wird[317].

---

[315]-BGH, JZ 1988, S. 361ff.; BGHSt 28, S. 320ff.

[316]-BGHSt. 35, S. 152ff.

[317]-Huff, NJW 1988, S. 979ff.

1.2.3. Die Untreue § 266 StGB

Wenn man die Vorschrift des § 266 StGB anschaut, stellt man fest, dass sie zwei Tatbestände umfasst, zum einen den Missbrauchstatbestand zum anderen den Treuebruchstatbestand. Die herrschende Meinung[318] geht davon aus, dass die beiden Tatvarianten eine Vermögensbetreuungspflicht voraussehen. Der Tatbestand des § 266 StGB kommt in Betracht, wenn der Täter fremden Vermögensinteressen, die von einiger Bedeutung sind und die er zu betreuen hat, einen Nachteil zufügt.

Dort, wo diese Voraussetzung erfüllt ist (z.b. beim Sachbearbeiter einer Bank), kann § 266 StGB auch bei Vermögensschädigungen mittels Computermanipulation eingreifen.

Der BGH hat klargestellt, dass den Scheckkarteninhaber seiner Bank gegenüber eine derartige Vermögensfürsorgepflicht nicht trifft[319]. Noch weniger kommt eine solche Pflicht bei einem Täter in Betracht, der mit gefälschter Kodekarte vorgeht.

Paragraph 266 StGB kann hier nicht angewandt werden, da dem Täter keine Vermögensbetreuungs- bzw. Vermögensfürsorgepflicht im Verhältnis zur Bank obliegt[320].

1.2.4. Das Erschleichen von Leistungen § 265a StGB

§ 265a StGB, der wie § 263 StGB das Vermögen schützt, kann als Auffangtatbestand für die Betrugsfälle angesehen werden, in denen Betrug im Sinne des § 263 StGB mangels Irrtumserregung nicht greift[321].

Der Leistungsgegenstand des § 265a StGB ist kein körperlicher Produktionsvorgang. Fraglich ist weiterhin, ob der Täter durch den Missbrauch der Kodekarte das Tatbestandsmerkmal des Erschleichens einer Leistung erfüllt.

Ein Automat i.S.d. § 265a StGB ist grundsätzlich jedes technisches Gerät, das beim Entrichten des vorgeschriebenen Entgelts in Funktion gesetzt wird und selbsttätig eine Leistung erbringt[322].

Insbesondere für Bankautomatenfälle erscheint auf den ersten Blick § 265a I, 1. Alt. StGB (Das Erschleichen der Beförderung durch ein Verkehrsmittel) einschlägig zu sein.

---

[318]-Schönke/Schröder-Lenckner, § 266 Rdnrn. 11, 23, BGHSt 24, S. 386ff. (387); 33, S. 224ff. (250); SK-Samson, § 266 Rdnrn. 13, 18/19.

[319]-BGHSt. 24, S. 386ff. (387); LK 10-Hübner, § 266 Rdnr. 21.

[320]-Sieg, Jura 1986, S. 358; BayObLG, NJW 1987, S. 663.

[321]-SK-Samson, § 265a Rdnr. 1.

[322]-Schönke/Schröder-Lenckner, § 265a Rdnr. 4.

Die herrschende Meinung[323] geht davon aus, dass der in § 265a StGB genannte Automat sich nur auf Leistungsautomaten bezieht. Daher sind Warenautomaten keine Automaten i.S.d. § 265a StGB, weil der Leistungsgegenstand, für den das Entgelt entrichtet wird, hier allein die Sache ist, nicht aber eine um ihrer selbst Willen produzierte Leistung des Automaten [324]. Zum anderen verlangt der subjektive Tatbestand i.S.d. § 265a die Absicht, das Entgelt nicht zu entrichten. Eine derartige Absicht ist im Fall des Bankautomatenmissbrauchs nicht vorhanden. Folglich ist § 265a StGB in diesen Fällen nicht einschlägig.

Darüber hinaus kann man die Anwendbarkeit des § 265a StGB in diesen Fällen verneinen, weil das Leistungserschleichen in Bezug auf den Automatenmissbrauch in Betracht kommt, wenn technische Vorrichtungen ordnungswidrig oder missbräuchlich genutzt werden[325]. Mit anderen Worten muss also der Mechanismus des Automaten in einer ordnungswidrigen Art und Weise betätigt werden[326].

Da der Täter eine echte Kodekarte nebst richtiger PIN benutzt hat, handelt es sich, unabhängig davon, ob die Kodekarte ihm gehört oder nicht, nicht um eine ordnungswidrige Bedienung des Automaten.

Der Mechanismus des Automaten wurde also in diesem Fall ordnungsgemäß und nicht ordnungswidrig genutzt.

Das POS-Kassen-Gerät[327] ist aber nicht in der Lage, die Berechtigung des Kodekarteninhabers bzw. des POS-Kassen-Gerät-Benutzers zu kontrollieren. Damit fehlt es am Tatbestandsmerkmal des Erschleichens einer Leistung[328] im Sinne des § 265a StGB. Schließlich konnten sämtliche vorher genannten Vorschriften viele Strafbarkeitslücken im Bereich der Computermanipulation nicht erfassen und deswegen war es von Bedeutung, diese Strafbarkeitslücke durch Schaffen eines neuen Tatbestands zu schließen. Mit dem Inkrafttreten des 2. WiKG wurde § 263a StGB durch Art. 1 Nr. 9 des 2. WiKG in das

---

[323]-OLG Stuttgart, MDR 1982, S. 772; LK 10-Lackner, § 265a Rdnr. 2; Schönke/Schröder-Lenckner, § 265a Rdnr. 4.

[324]-Schönke/Schröder-Lenckner, § 265a Rdnr. 4; Bühler, Die strafrechtliche Erfassung des Missbrauchs von Geldspielautomaten, 1995, S. 65.

[325]-Schönke/Schröder-Lenckner, § 265a StGB, Rdnr. 9; Schlüchter, NStZ 1988, S. 58.

[326]-Dreher/Tröndle, § 265a Rdnr. 3.

[327]-Darunter versteht man ein Gerät, das in der Lage ist, beim Verkauf von Waren alle wichtigen Daten unmittelbar zu erfassen.

[328]-Wiechers, JuS 1979, S. 850; Gropp, JZ 1983, S. 487; Ranft, JA 1984, S. 7; Steinhilper, Jura 1983, S. 409; Mitisch, JuS 1986, S. 772.

Strafgesetzbuch eingefügt[329]. Durch diese Neuerung wurden alle Manipulationen, die einen Verarbeitungsvorgang aus einer Gewinnerzielungsabsicht beeinflussen, unter Strafe gestellt. Obwohl diese Vorschrift viele Strafbarkeitslücken geschlossen hat, ist sie aber von Kritik nicht verschont geblieben.

2. Die Kritik des Schrifttums und Einzelprobleme bei der Anwendung des § 263a StGB

Hier sollen die vorgebrachten Vorwürfe, die gegen § 263a StGB bestehen, dargestellt werden. Diese Vorwürfe betreffen die Verfassungswidrigkeit des § 263a StGB und das Nichterfassen der Fälle des Bankautomatenmissbrauchs von § 263a StGB.

2.1. Der Vorwurf der Verfassungswidrigkeit des § 263a StGB

In diesem Bereich stellt sich die Frage, ob § 263a StGB verfassungswidrig ist oder nicht. Eine Meinung beruft sich auf den Begriff „unbefugt", der sich in der dritten und besonders in der vierten Tatbestandsvariante dieser Vorschrift findet[330] und geht davon aus, dass § 263a StGB verfassungswidrig ist, weil er mit Art. 103 II GG kollidiert[331]. Gemäß diesem Artikel ist die Tat zu bestrafen, wenn ihre Strafbarkeit gesetzlich bestimmt ist.
Darüber hinaus ist nach diesem Artikel und dem wortgleichen § 1 StGB die Strafbegründung und Strafverschärfung kraft Natur der Sache, durch Gewohnheitsrecht und vor allem im Wege der Analogie ausgeschlossen[332]. Daher müssen die Straftatbestände so formuliert sein, dass sie eine feste und zuverlässige Grundlage für die Rechtsprechung bilden[333]. Außerdem soll gemäß diesem Artikel die Voraussetzungen einer Strafbarkeit so konkret ausgestaltet, dass Tragweite und Anwendungsbereich der Strafnorm genau erkennbar sind, „nulla poena sine lege certa".
Nach dieser Meinung, die von der Verfassungswidrigkeit des § 263a StGB ausgeht, stimmt diese Vorschrift mit Art. 103 II GG nicht überein, weil er aufgrund des Begriffes „unbefugt" unklar ist. Diese Unklarheit erlaubt den Gerichten über die Strafbarkeit eines Verhaltens zu

---

[329]-Dreher/Tröndle, § 263a Rdnr.1.
[330]-Thaeter, JA 1988, S. 547ff. (551); Kleb-Braun, JA 1986, S. 249ff. (259).
[331]-Spahn, Jura 1989, S. 513ff. (520); Ranft, NJW 1994, S. 2577; LK 11-Tiedemann, § 263a StGB, Rdnrn. 4ff.
[332]-BverfGE 25, S. 285ff.; 26, S. 42.
[333]-Maunz/Dürig, Art. 103 GG Rdnr. 107; LK 10-Dreher/Tröndle, § 1 Rdnr. 12; Schönke/Schröder-Eser, § 1 Rdnrn. 17ff.

entscheiden, obwohl nicht sie, sondern allein der Gesetzgeber dafür zuständig ist[334]. Der Gesetzgeber muss also nach dem Bestimmtheitsgrundsatz allein entscheiden, welche Rechtsgüter er durch das Strafrecht schützen will. Dies darf er nicht der Interpretation durch die Rechtsprechung überlassen[335].

Durch die Kombination des Tatbestandsmerkmals „unbefugt" mit sonstigen Einwirkungen ist § 263a StGB dieser Ansicht zufolge unbestimmt und damit gegen den Grundsatz „nullum crimen, nulla poena sine lege certa" verstößt[336]. Weiterhin weisen die Vertreter dieser Auffassung darauf hin, dass die unbefugte Verwendung von Daten dem Wortlaut nach auch den Gebrauch richtiger Daten erfasst, deren Gebrauch nur deshalb unbefugt ist, weil er im Widerspruch zu vertraglichen Abmachungen steht[337].

Eine andere Ansicht[338] nimmt jedoch an, dass § 263a StGB gegen Art. 103 II GG nicht verstößt. Sie beruft sich darauf, dass der Begriff der Unbefugtheit anders ausgelegt werden kann[339].

Unbestritten ist in Rechtsprechung und Schrifttum, dass der Begriff „unbefugt" einer einschränkenden Interpretation bedarf[340].

Der Computerbetrug ist in seiner Struktur eng an § 263 StGB angelehnt. Entsprechend muss eine Auslegung des Begriffs „unbefugt" auch von § 263 StGB ausgehen[341].

Die unbefugte Datenverwendung muss Täuschungswert i.S.d. § 263 StGB haben[342]. Somit ist eine hinreichende Norminterpretation möglich; § 263a StGB verstößt damit nicht gegen Art. 103 II GG.

---

[334]-BverfGE 41, S. 319.
[335]-BverfG NJW 1987, S. 44.
[336]-Spahn, Jura 1989, S. 513ff. (520).
[337]-Schönke/Schröder-Cramer, § 263a Rdnr. 10.
[338]-BGHSt 38, S. 123; Köln, NJW 1992, S. 125; Berghaus, JuS 1990, S. 981; Meier, JuS 1992, S. 1019; Dreher/Tröndle, § 263a Rdnr. 8; Schönke/Schröder-Cramer, § 263a Rdnr. 2.
[339]-Schönke/Schröder-Eser, § 1 Rdnr. 17.
[340]-Schönke/Schröder-Cramer, § 263a Rdnr. 11.
[341]-BGH, NJW 1992, S. 445f.
[342]-Dreher/Tröndle § 263a Rdnr. 8.

2.2. Der Vorwurf, dass § 263a StGB einige Fälle nicht erfasse

Zusätzlich ist an § 263a StGB zu kritisieren ist, dass diese Vorschrift nicht in der Lage ist, die Fälle der Kontoüberziehung mit eigener Kodekarte und den Fall des Leerspielens von Glücksspielautomaten zu erfassen.

Darüber hinaus ist es umstritten, ob § 263a StGB in der Lage ist, die Bankautomatenfälle zu erfassen. Es wird so begründet, dass der Täter, der eine fremde Kodekarte und Geheimnummer benutzt, keine Beeinflussung des Ergebnisses eines Datenverarbeitungsvorganges verursacht, sondern lediglich die Ingangsetzung eines Datenverarbeitungsvorganges und die Herstellung eines Ergebnisses[343]. Im Nachfolgenden soll die umstrittene Frage der Kontoüberziehung durch den berechtigten Karteninhaber dargestellt werden. Die anderen umstrittenen Fragen betrifft, nämlich der Fall des Leerspielens von Glücksspielautomaten und der Fall des Bankautomatenmissbrauchs, sollen in der dritten und vierten Tathandlung des § 263a StGB erörtert werden, auf die später eingegangen wird.

2.2.1. Die Strafbarkeit der kontoüberziehenden Geldabhebung mit eigener Kodekarte

Bei der Kontoüberziehung mit eigener Kodekarte stellt sich die Frage, ob diese Handlung unter § 263a 3 Var. StGB, nämlich der „unbefugten Verwendung von Daten" subsumiert werden kann. Damit es möglich ist, die Strafbarkeitsfrage zu klären, soll auf die Auslegung des Unbefugtheitsbegriffs eingegangen werden, die in diesem Fall unter anderem die entscheidende Rolle spielt[344].

Da § 263a StGB von der Struktur her § 263 StGB nahe ist, darf man hier den Unbefugtheitsbegriff von § 263 StGB zu Grunde legen.

Die Meinung, die auf die Auslegung des Unbefugtheitsbegriffs des § 263 StGB abstellt, geht davon aus, dass der Täter in diesem Fall wegen § 263a StGB zu bestrafen ist.

Nach § 263 StGB ist die Verwendung durch den Berechtigten unbefugt, wenn sie mit einer Täuschungshandlung verbunden ist. Entscheidend sei es also für die unbefugte Verwendung von Daten durch den Berechtigten, eine Parallele für eine Täuschungshandlung i.S.v. § 263 StGB zu suchen[345].

---

[343]-Kleb-Braun, JA 1986, S. 249 ff. (259); Schönke/Schröder-Cramer, § 263a Rdnr. 10.
[344]-Bernsau, Der Scheck- oder Kreditkartenmißbrauch durch den berechtigten Karteninhaber, 1990, S. 158ff.
[345]-Bernsau, Der Scheck- oder Kreditkartenmißbrauch durch den berechtigten Karteninhaber, 1990, S. 167f.

Im Gegensatz zu dieser Meinung beruft sich die Gegenauffassung ebenfalls auf die betrugsnahe Auslegung des § 263a StGB[346], verweist aber darauf, dass § 263 StGB nicht eingreift, wenn der Getäuschte sich keinerlei Gedanken macht. In Anlehnung an diese Meinung kommt hier kein Computerbetrug in Betracht, weil der Bankautomat hinsichtlich einer Kontoüberziehung keine Prüfung vornimmt[347]. Hierbei wird der Bankautomat nicht getäuscht, er ist lediglich Mittel zum Zweck.

Der Unrechtstatbestand besteht nicht in der Überwindung von Sicherungsvorrichtungen, sondern in der Enttäuschung des mit der Kartenüberlassung entgegengebrachten Vertrauens der Bank[348]. Folglich bewegt sich die Kontoüberziehung durch den berechtigten Karteninhaber im Untreuebereich und passt nicht in die Systematik der Betrugstatbestände.

Für diese Lösung spricht die Einführung des § 266b StGB, der den berechtigten Kontoinhaber betrifft. Entsprechend ist der Kontoinhaber, dem nur die materielle Berechtigung fehlt, gemäß § 266b StGB strafbar[349]. In der Rechtspraxis hat sich dieser Streit weitgehend entschärft, da fast alle Geldautomaten heute Sicherungsabfragen über den Kontostand des Benutzers durchführen. Wird diese Abfrage durch Manipulation am Bankautomaten oder Kodekarte umgangen, greift § 263a StGB unstreitig ein.

2.2.2. Das Leerspielen von Glücksspielautomaten

Beispiel: Die Angeklagten A, B und C hatten sich Kenntnis vom Spielprogramm eines in einer Spielothek aufgestellten Spielautomaten des Typs „Merkur" verschafft. Geräte dieses Typs arbeiten mit einer vorprogrammierten Zahlenfolge; bei welchen Spielen sich eine Gewinnkonstellation ergibt, ist damit festgelegt. Der Spieler kann Gewinnchancen und Verlustrisiken durch Drücken einer sog. Risikotaste beeinflussen. Die Angeklagten notierten die Zahlenfolge einiger Spiele, verglichen sie mit Hilfe eines im Pkw des A befindlichen Computers mit dem auf Diskette gespeicherten Programm des Spielautomaten und ermittelten auf diese Weise, an welcher Stelle des Programms der Automat sich gerade befand. Dadurch war es ihnen möglich, durch gezielte Betätigung der Risikotaste sichere Gewinne zu erzielen[350].

---

[346]-Schönke/Schröder-Cramer, § 263a Rdnr. 11.
[347]-SK-Samson, § 263a StGB, Rdnr. 8.
[348]-Berghaus, JuS 1990, S. 981ff. (982).
[349]-Schönke/Schröder-Lenckner, § 266b Rdnr. 8.
[350]-Neumann, JuS 1990, S. 535ff.

Auf die Behandlung dieses Falls wird später im Rahmen der dritten und vierten Tatbestandsalternativen des § 263a StGB eingegangen.

2.2.3. Der Fall des Bankautomatenmissbrauchs

Beispiel 1: T hat zufällig die Geheimnummer der Euroscheckkarte seines Arbeitskollegen O erfahren. Er bringt die Karte an sich und hebt abends an einem Geldautomaten 200 Euro ab. Am nächsten Tag steckt er die Karte, wie geplant, wieder in A`s Tasche.
Dieser Fall soll auch in der dritten und vierten Tathandlung des § 263a StGB erörtert werden.

II. Der Tatbestand der Straftat des Computerbetrugs gemäß § 263a StGB

1. Die Tathandlung

Der Tatbestand des § 263a StGB kommt in Betracht, wenn der Täter das Ergebnis eines Datenverarbeitungsvorganges durch unrichtige Gestaltung des Programms, durch Verwendung unrichtiger oder unvollständiger Daten, durch unbefugte Verwendung von Daten oder sonst durch unbefugte Einwirkung auf den Ablauf beeinflusst. Zuerst und bevor auf die Tathandlungen des § 263a StGB eingegangen wird, soll der Begriff der Daten erklärt werden, dessen Definition sich in zwei Vorschriften befindet. Diese Vorschriften sind wie folgt:

1.1. Der Begriff der Daten

1.1.1. Der Datenbegriff des § 202a II StGB

Daten sind gemäß § 202a II StGB nur solche, die elektronisch, magnetisch oder sonst nicht unmittelbar wahrnehmbar gespeichert sind oder übermittelt werden.
Unter diese Definition fallen nicht Daten, die manuell erstellt worden sind; diese Daten sind gemäß §§ 201, 202 StGB geschützt.
Der Begriff der Daten, der in § 202a II StGB genannt wird, bezieht sich ausdrücklich auf Absatz 1 und nicht auf alle Daten, die sich im Strafgesetzbuch befinden. Sollen sich aber andere Vorschriften auf den Datenbegriff des § 202a II StGB beziehen, so brauchten sie eigentlich einen Verweis, wie er sich z.B. in den §§ 274 I, Nr.2, 303a, 303b I, Nr. 1 i.V.m. 303a StGB befindet.

§ 263a StGB beinhaltet keinen Verweis auf den Datenbegriff des § 202a II StGB und deswegen findet dieser Begriff auf die in § 263a StGB genannten Daten, die auf andere Weise bestimmt werden müssen, keine Anwendung[351]. Der § 202a II StGB kann daher für die Auslegung des Datenbegriffs des § 263a StGB nicht herangezogen werden.

1.1.2. Der Datenbegriff des § 3 I BDSG (Bundesdatenschutzgesetz)

Auch das Bundesdatenschutzgesetz (BDSG)[352] hilft nicht weiter. Gemäß dessen § 3 I BDSG sind unter personenbezogenen Daten Einzelangaben über persönliche Verhältnisse einer bestimmten oder bestimmbaren natürlichen Person zu verstehen.

Das Bundesdatenschutzgesetz bezweckt den Schutz des Persönlichkeitsrechts vor Beeinträchtigungen, die durch Verarbeitung von personenbezogenen Daten verursacht werden können gemäß § 1 I BDSG.

Die Verletzung des Persönlichkeitsrechts kann Computerkriminalität darstellen, wenn diese Verletzung mit Hilfe der EDV-Anlage begangen wurde.

---

[351]-Lenckner/Winkelbauer, CR 1986, S. 483 (484); LK 11-Tiedemann, § 263a StGB, Rdnr. 19; Schönke/Schröder-Lenckner, § 202a StGB, Rdnr. 2; Maurach/Schroeder/Maiwald, § 41, Rdnr. 229; SK-Samson, § 263a Rdnr. 7.

[352]-Zur Verstärkung des Persönlichkeitsschutzes und um den Gefahren der modernen Datenverarbeitung zu begegnen, begannen die Arbeiten zum Erlass verschiedener Datenschutzgesetze, z.B. des Landesdatenschutzgesetzes von 07.10.1970. Dieses Gesetz enthielt nur Regelungen über die Datenverarbeitung selbst, jedoch noch keine Strafbestimmung.
Auf Bundesebene begann die eigentliche Entwicklung im Jahr 1971, also auch noch unter der Geltung des § 300 StGB. Abgeordnete einer interparlamentarischen Arbeitsgemeinschaft haben dem Bundestag am 02.12. 1971 den Entwurf eines Gesetzes zum Schutz vor unbefugter Verwendung personenbezogener Daten (Datenschutzgesetz) vorgelegt. Dieser Entwurf wurde jedoch angesichts des angekündigten Regierungsentwurfs für ein Bundesdatenschutzgesetz nicht weiter behandelt und nicht mehr eingebracht.
Erst am 23.02.1973 wurde ein Entwurf vom Bundeskabinett beschlossen, welcher zusammen mit der Stellungnahme des Bundesrates am 20.09.1973 dem Bundestag vorgelegt wurde. Am 10.06. 1976, über drei Jahre nach Einbringung des Gesetzes, wurde der Entwurf vom Bundestag angenommen. Nachdem der Bundesrat zunächst die Zustimmung versagte, wurde der Vermittlungsausschuss angerufen.
Am 12.11.1976 wurde dem Gesetz zugestimmt. Die Zeichnung durch den Bundespräsidenten erfolgt am 27.01. 1977 und die Verkündung am 01.02.1977. Die wesentlichen Teile des Gesetzes traten am 01.01.1978 in Kraft.
Ziel des Bundesdatenschutzgesetzes war es, den vom Grundgesetz gewährten Freiraum des Bürgers, die unantastbare Sphäre privater Lebensgestaltung, vor Eingreifen durch die moderne Datenverarbeitung zu schützen. Hauptanliegen dieser Neuordnung war in erster Linie also der Schutz der Privatsphäre vor Missbrauch bei der Datenverarbeitung. Dem Bürger werden weitere Abwehrrechte eingeräumt.

Das Bundesdatenschutzgesetz und der § 263a StGB behandeln verschiedene Schutzrichtungen und Schutzgüter. Während sich das Bundesdatenschutzgesetz, wie oben erwähnt, um den Schutz eines Persönlichkeitsrechts kümmert, geht es bei § 263a StGB um den Schutz des Vermögens des Opfers. Daher ist das Heranziehen des Datenbegriffs des Bundesdatenschutzgesetzes auf den des § 263a StGB schwer nachvollziehbar[353].

1.1.3. Der eigene Datenbegriff des § 263a StGB

Weil die Datenbegriffe des § 202a II und des § 3 I BDSG auf die Daten des § 263a StGB nicht herangezogen werden können, geht diese Vorschrift von einem eigenen Datenbegriff aus.

Daten lassen sich hiernach als Darstellungen von Informationen kennzeichnen, wobei die Darstellung durch Zeichen oder kontinuierliche Funktionen erfolgt[354].

Diese Definition ist ziemlich weit, daher stellt sich die Frage, ob sie konkretisiert werden sollte, um ihrer Anwendung im Rahmen des Computerbetrugs keine Schwierigkeit zu bereiten. Eine Meinung geht in Bezug auf die Konkretisierungsfrage davon aus, dass nur bereits kodierte Informationen unter den Datenbegriff des § 263a StGB fallen. Diese Meinung beruft sich darauf, dass die obige Definition der Daten als Darstellung von computerspezifische Informationen auszulegen ist[355]. Diese Meinung hat den Datenbegriff beschränkt, aber es ist von Bedeutung eine Auslegung zu haben, die in der Lage ist, die Input- und Outputmanipulation zu erfassen.

Im Gegensatz zu dieser Auffassung geht die herrschende Meinung davon aus, dass die Kodierbarkeit der Daten auch ausreichend ist, den Datenbegriff des § 263a StGB zu bejahen[356].

---

[353]-Lenckner/Winkelbauer, CR 1986, S. 483 (485); LK 11-Tiedemann, § 263a Rdnr. 19.

[354]-LK 11-Tiedemann, § 263a Rdnr. 20; Lenckner/Schönke-Schröder, § 202a Rdnr. 3; Lackner/Kühl, § 263a Rdnr. 3; Maurach/Schroeder/Maiwald, § 41, Rdnr. 229; Möhrenschlager, wistra 1986, S. 128 (132).

[355]-LK 11-Tiedemann, § 263a Rdnr. 21; Wessels, BT-2 Rdnr. 575, Haft, NStZ 1987, S. 6 (8).

[356]-Schönke/Schröder-Lenckner, § 202a Rdnr. 3; Schönke/Schröder-Cramer, § 263a Rdnr. 7; Lackner/Kühl, § 263a Rdnr. 3; Maurach/Schroeder/Maiwald, § 41, Rdnr. 229; Otto, BT, S. 245; Lenckner/Winkelbauer, CR 1986, S. 483 (484f); Dreher/Tröndle, § 263a Rdnr. 7; SK-Samson, § 263a Rdnr. 7.

Nach der herrschenden Meinung kann man unter dem Datenbegriff i.S.d. § 263a StGB alle Informationen fassen, die kodiert und in die Datenverarbeitungsanlage zur Verarbeitung eingegeben werden und auch die Informationen, die bereits das Ergebnis einer Datenverarbeitungsanlage geworden sind.

Entscheidend ist lediglich deren Bestimmung elektronisch verarbeitet zu werden, nicht aber das Erfordernis, ob sie hierfür noch einer weiteren Bearbeitung bedürfen.

Nach der Feststellung der Definition des Datenbegriffs des § 263a StGB, soll jetzt auf die Tathandlungen dieser Vorschrift eingegangen werden. Diese Tathandlungen sind Folgende:

1.2. Die einzelne Tathandlungen des § 263a StGB

1.2.1. Die unrichtige Gestaltung des Programms

Beispiel: Der Bankangestellte B ändert das Zinsberechnungsprogramm, so dass alle Beträge auf volle Cents abgerundet und die Überschüsse auf ein von ihm eingerichtetes Konto überwiesen werden.

Die Frage, die sich im Rahmen dieser Tathandlung stellt, ist, ob B in diesem Fall das Programm unrichtig gestaltet hat. Zuerst und bevor auf diese Frage eingegangen wird, soll der Begriff des Programms und die Stellung der Gestaltung, ob sie weit aufzufassen ist oder nicht, geklärt werden.

Unter dem Programmbegriff versteht man jede in Form von Daten fixierte Rechenanweisung an den Computer[357]. Als Folge davon besteht Einigkeit darüber, dass die Computerprogramme grundsätzlich auch unter den allgemeinen Datenbegriff fallen. Daher macht sich der Täter strafbar, wenn er ein Programm neu schreibt, hinzufügt, verändert oder wenn er einzelne Programmablaufschritte löscht.

Der Begriff der Gestaltung ist, entsprechend der vielfältigen Möglichkeiten, weit aufzufassen und deswegen können viele Tathandlungen unter den Begriff der unrichtigen Programmgestaltung subsumiert werden. Beispielsweise erfüllt der Täter diese Tathandlungsmodalität, wenn er das Programm modifiziert hat, sich eines selbsttätig wirkenden Programms bedient oder die Passwörter ausspäht[358].

Jetzt soll die Frage beantwortet werden, ob B in dem vorherigen Beispiel das Programm unrichtig gestaltet hat. Einige Meinungen gehen davon aus, dass die Gestaltung des

---

[357]-Wessels/Hillenkamp, BT-2, Rdnr. 606.
[358]-LK 11-Tiedemann, § 263a Rdnr. 28.

Programms unrichtig ist, wenn ein Programm in der Weise gestaltet wird, dass es dem Willen und der Gestaltungsvorstellung des hierüber Verfügungsberechtigten nicht entspricht[359] oder wenn es andere Rechenergebnisse hervorbringt, als der Anwender sie errechnet haben will[360]. In diesem Fall ist nicht zu beachten, ob dieses Programm ursprünglich (bei der Herstellung) manipuliert oder nachträglich verändert wurde[361]. Die Zeit des Eingriffs ist somit nicht von Bedeutung[362].

Die herrschende Meinung[363], die sich auf den objektiven Sinn des Programms beruft, geht davon aus, dass das Programm unrichtig ist, wenn es seine Aufgabe nicht bewältigen und korrekt ausfüllen kann. Daher ist es nicht von Bedeutung, ob dieses Programm dem Willen des Verfügungsberechtigten entspricht oder nicht. Maßgeblich ist also, ob mit diesem Programm ein objektiv zutreffendes Ergebnis erzielt wird oder nicht. Diese Auslegung hat zur Folge, dass auch der Systembetreiber selbst Täter sein kann.

Jetzt stellt sich die Frage, wie die Rechtslage in Bezug auf die Erfüllung der unrichtigen Programmgestaltung ist, wenn der Auftraggeber einen Programmierer (Auftragnehmer) beauftragt, ein Programm zugunsten eines Dritten zu erstellen.

Wenn der Programmierer ein Programm nach dem Willen und Wunsch des Auftraggebers erstellt, kommt die Tatbestandsmodalität (unrichtige Programmgestaltung) nicht in Betracht, selbst wenn dieses Programm unrichtig gestaltet ist und eine andere Person übervorteilt. Das hat seine Gründe darin, dass die unrichtige Programmgestaltung, ob sie zustande gekommen ist oder nicht, von der Intention des Auftraggebers oder von der Intention des Verwenders des Programms ohne Rücksicht auf die materielle Wahrheit abhängt. In diesem Fall hat der Programmierer sich an die Anweisungen des Auftraggebers gehalten und deswegen kommt die unrichtige Programmgestaltung ihm gegenüber nicht in Betracht.

Hat der Auftraggeber sich aber mit einem Dritten geeinigt, ein besonderes Programm mit einem besonderen Ergebnis zu liefern, so zeichnet sich eine unrichtige Programmgestaltung

---

[359]-Schönke/Schröder-Cramer § 263a Rdnr. 6.
[360]-Lackner/Kühl § 263a Rdnr. 7; Dreher/Tröndle § 263a Rdnr. 6; Joecks § 263a Rdnr. 8; Lenckner/Winkelbauer, CR 1986, S. 655.
[361]-SK-Samson, § 263a Rdnr. 5.
[362]-Lenckner/Winkelbauer, CR 1986, S. 656.
[363]-LK 11-Tiedemann, § 263a Rdnrn. 29ff.; SK-Samson, § 263 Rdnr. 14; Otto, BT, S. 245; Lackner/Kühl, § 263a Rdnr. 7; Maurach/Schroeder/Maiwald, § 41, Rdnr. 231; Hilgendorf, JuS 1997, S. 130 (131); Wessels, BT-2, Rdnr. 576; a.A. Schönke/Schröder-Cramer, § 263a Rdnr. 6; Lenckner/Winkelbauer, CR 1986, S. 654f; Möhrenschlager, wistra 1986, S. 128 (132).

ab, wenn der Ersteller (der Programmierer) entgegen den Anweisungen und den Wunsch des Auftraggebers ein Programm mit anderen Ergebnissen erstellt[364].

Es darf nicht außer Betracht gelassen werden, dass eine unrichtige Programmgestaltung i.S.d. § 263a StGB nicht anzunehmen ist, wenn das unrichtige gestaltete Programm bei der Verwendung die richtigen Ergebnissen liefert. Darüber hinaus kann diese Tatmodalität im Rahmen der Einsatzes einer fremden Kodekarte, auf die später eingegangen wird, nicht bejaht werden, weil bei dieser Tat kein Programm manipuliert wird.

1.2.2. Die Verwendung unrichtiger oder unvollständiger Daten

Beispiel: Der Lohnbuchhalter L, der einen Gehaltsvorschuss von 2000 Euro erhalten hat, gibt den Vorschuss nur in halber Höhe in die Buchhaltung ein. Einen Monat später gibt er fälschlich ein, er habe 5000 Euro zurückgezahlt.

Wenn man diese Tatbestandsalternative anschaut, stellt man fest, dass sie in erster Linie die Inputmanipulation oder Eingabemanipulation erfasst, weil sie die Eingabe unrichtiger oder unvollständiger Daten in die EDV-Anlage voraussetzt[365].

Fraglich ist, wann die Daten unrichtig oder unvollständig sind. Darüber hinaus ist zu klären, was man unter Verwendung selbst zu verstehen hat.

Die Daten sind unrichtig, wenn sie mit der Wirklichkeit nicht übereinstimmen, weil sie falsche Informationen darstellen[366], den Lebenssachverhalt, der darzustellen ist, unzutreffend wiedergeben oder wenn dieser Sachverhalt, der durch die Daten zu bezeichnen ist, in Wahrheit gar nicht oder anders gegeben ist. Die ausgegebenen Informationen müssen in diesem Bereich falsch sein[367].

---

[364]-Dreher/Tröndle, § 263a Rdnr. 6; Lenckner/Winkelbauer, CR 1986, S. 656.

[365]-Dreher/Tröndle, § 263a Rdnr. 7; vgl. auch Sckönke/Schröder-Cramer, § 263a Rdnr. 7; SK-Samson, § 263a Rdnr. 3.

[366]-Schönke/Schröder-Cramer, § 263a Rdnr.7; Dreher/Tröndle, § 263a Rdnr. 7.

[367]-LK 11-Tiedemann, § 263a Rdnr. 33, Dreher/Tröndle, § 263a Rdnr. 7; Lackner/Kühl, § 263a Rdnr. 10; Schönke/Schröder-Cramer, § 263a Rdnr. 7; SK-Samson, § 263a Rdnr. 15; Lenckner/ Winkelbauer, CR 1986, S. 654 (656); Maurach/Schroeder/Maiwald, § 41, Rdnrn. 231f; Otto, BT, S. 246; Hilgendorf, JuS 1997, S. 130 (131).

Unvollständig sind die verwendeten Daten, wenn sie den darzustellenden Lebenssachverhalt nicht ausreichend erkennen lassen[368], was ein falsches Gesamtbild wiedergibt, weil der mit ihnen bezeichnete Sachverhalt den Anschein der Vollständigkeit erweckt[369].

Hieraus folgt, dass es sich bei den Begriffen unrichtig und unvollständig auch in dieser Variante um objektive Begriffe handelt, die sich auf Tatsachen beziehen.

Unter Verwenden selbst kann man die Eingabe der Daten in den Computer verstehen.

Der Tatbestand der Verwendung unrichtiger oder unvollständiger Daten ist dann erfüllt, wenn diese Daten, die im Sinne dieser Tatmodalität nicht eingeschränkt sind[370] in den Computer durch den Täter eingebracht werden.

Fraglich kann sein, ob die Tatbestände des § 263a StGB und §§ 263a, 25 I Alt. 2 StGB zu bejahen sind, wenn der Täter (mittelbarer Täter) die Verwendung der unrichtigen oder unvollständigen Daten nicht persönlich, sondern durch eine andere unbeteiligte Person (Tatmittler) erfüllt, die er als Werkzeug benutzt hat, und durch seine Handlung einen rechtswidrigen Vermögensvorteil verursacht. Bevor auf dieses Problem eingegangen wird, soll aufgrund der möglichen Bejahung der Täuschungshandlung und Irrtumserregung festgestellt werden, ob § 263 StGB zu bejahen ist oder nicht. Zur Beantwortung dieser Frage soll geklärt werden, ob der täuschende Tatmittler, der letztlich nach dem Wunsch des mittelbaren Täters eine Vermögensverfügung vornehmen soll, die vom mittelbaren Täter abgegebenen Informationen gedanklich reflektiert und überprüft.

Diese Fälle kommen oft im Bereich der Bankgeschäfte vor, bei denen eine enorm hohe Anzahl von Überweisungsaufträgen ausgeführt wird. In diesen Fällen soll der Bankangestellte die Richtigkeit der im Formular enthaltenen Angaben nicht überprüfen; er soll nur überprüfen, ob die Angaben in diesem Formular vollständig sind. Deswegen kann er in diesen Fällen einem Irrtum nicht unterliegen, weil derjenige, der diesem Irrtum unterliegt, jener ist, der sich über die Richtigkeit der im Formular enthaltenen Angaben Gedanken machen muss. Da dieses in der Regel bei einem Bankangestellten nicht der Fall ist, scheidet hier bei falschen Angaben mangels Irrtumserregung ein Betrug nach § 263 StGB aus.

Die Frage, die sich jetzt stellt, ist, ob die §§ 263a und 263a, 25 I Alt. 2 StGB zu bejahen sind. In Bezug auf die Strafbarkeit des Tatmittlers, z.B. des Bankangestellten, muss unterschieden werden, ob er bewusst handelt oder nicht. Hat er die unrichtigen oder unvollständigen Daten

---

[368]-Dreher/Tröndle § 263a Rdnr. 7.

[369]-Lenckner/Winkelbauer, CR 1986, S. 656.

[370]-Schönke/Schröder-Cramer, § 202a Rdnr. 1; Schmitz, JA 1995, S. 479; Gravenreuch, NStZ 1989, S. 201, 203f.

bewusst eingegeben, so kann er wegen § 263a StGB bestraft werden. Darüber hinaus kann der mittelbare Täter in diesem Fall, der die unrichtige oder unvollständige Daten dem Tatmittler zur Eingabe bewusst weitergegeben hat, als Anstifter zum Computerbetrug nach §§ 263a, 26 StGB bestraft werden[371].

Gibt er, nämlich der Tatmittler, diese Daten unbewusst (arglos) ein, so kann er wegen § 263a StGB nicht bestraft werden, weil er in diesem Fall nicht vorsätzlich handelt.

Bezüglich aber der Strafbarkeit des mittelbaren Täters kommt es sich auf die Kontrollmöglichkeiten oder Überprüfungspflichten des Tatmittlers an. Ist er nicht verpflichtet die von ihm unrichtigen oder unvollständigen eingegebenen Daten zu überprüfen, so kann der mittelbare Täter wegen §§ 263a, 25 I Alt. 2 StGB bestraft werden[372]. Ist er hingegen verpflichtet, die Daten zu überprüfen, so kann der mittelbare Täter nicht wegen §§ 263a, 25 I Alt. 2 StGB bestraft werden[373].

Der Einsatz einer fremden Kodekarte nebst PIN am Gerät für den Warenkauf stellt keine unrichtige oder unvollständige Verwendung von Daten dar, weil der Täter hier, nämlich im Bereich des Kodekartenmissbrauches, richtige oder vollständige Daten verwendet. Daher ist diese Tatmodalität im Rahmen des Einsatzes einer fremden Kodekarte nicht zu bejahen.

1.2.3. Die unbefugte Verwendung von Daten

Bei dieser Tatmodalität, die den problematischen Teil des § 263a StGB darstellt, weil die verwendeten Daten hier im Gegensatz zur zweiten Variante richtig sind[374], geht es nicht um eine programmwidrige oder unrichtige Beeinflussung eines Datenverarbeitungsvorganges, sondern um die unerlaubte Einflussnahme auf einen autorisierten Computerablauf durch Menschen, die hierzu keine entsprechende Befugnis oder keine Zugangsberechtigung für den Computer besitzen[375]. Das ist der Fall, wenn der unbefugte Täter fremde Kodekarte sowie PIN oder Passwörter benutzt und so Bankautomaten oder Zugangsberechtigungen missbraucht[376].

---

[371]-Lenckner/Winkelbauer, CR 1986, S. 656.

[372]-Lenckner § 263a Rdnr.4, b, aa; Schönke/Schröder-Cramer § 26 a Rdnr.7.

[373]-Lenckner/Winkelbauer, CR 1986, S. 656.

[374]-LK 11-Tiedemann, § 263a StGB, Rdnr. 40.

[375]-Schönke/Schröder-Cramer § 263a Rdnr. 8.

[376]-Hilgendorf, JuS 1997, S. 130 (131); Möhrenschlager, wistra 1986, S. 133, Frommel, JuS 1987, S. 667; Kritisch dazu Haft, NStZ 1987, S. 8.

Unter dem Begriff des Datenverarbeitungsvorgangs ist jeder technischer Vorgang zu verstehen, bei dem durch Aufnahme von Daten und deren Verknüpfung in Programmen Arbeitsergebnisse erzielt werden[377]. Daher sind alle in einem Geldautomaten, einem POS-Kassengerät oder im Bildschirmtext ablaufenden elektronischen Rechenprozesse Datenverarbeitungsvorgänge im Sinne des § 263a StGB.

Der Grund, der den Gesetzgeber bewog, diese Tatmodalität unter Strafe zu stellen, ist die missbräuchliche Verwendung von Kodekarten an Bankautomaten, die seit geraumer Zeit stark angestiegen ist[378]. Der Täter, der durch den unberechtigten EC-Kartenbesitz und mit der Verwendung von fremden Geheimnummern Geld abhebt, fällt unter diese Tatmodalität[379].

Jetzt stellt sich die Frage, wann die Verwendung von Daten unbefugt ist. In Bezug auf diese Frage besteht keine Einigkeit. Eine Meinung geht davon aus, dass das Merkmal „unbefugte Verwendung von Daten" weit ausgelegt werden soll.

Diese weite Interpretation wertet jede Nutzung von Daten als unbefugte Verwendung, wozu auch die Auswertung fremder Programme gehört, um die daraus gewonnene Kenntnis bei der Bedingung zu nutzen[380]. Diese Interpretation versteht unter Verwenden das gleiche wie Gebrauchen/Benutzen.

Nach dieser Meinung können einige Aktionen die unbefugte Verwendung von Daten erfüllen, obwohl der Handelnde wegen § 263a StGB nicht zu bestrafen ist. Ein plastisches Beispiel dafür zeichnet sich ab, wenn ein Kunde einer Bank, dem unter bestimmten Umständen und gemäß der vertraglichen Abmachungen nicht erlaubt ist, die Geldautomaten zu benutzen, die Geldautomaten doch benutzt. In diesem Fall kann dieser Meinung nach als gegeben angesehen werden, dass er sodann die unbefugte Verwendung von Daten erfüllt, obwohl ihm der Tatbestand des § 263a 3.Var.StGB mangels Beeinflussung das Ergebnis eines Datenverarbeitungsvorganges nicht anzulasten ist. Wegen der Erweiterung der Norm auf die bloße unbefugte Verwendung von Daten hat sie ihre Symmetrie zu § 263 StGB verloren[381].

---

[377]-Lenckner/Winkelbauer, CR 1986, S. 659.

[378]-Engelhard, DVR 1985, S. 165.

[379]-Formel, JuS 1987, S. 667; Huff, NJW 1987, S. 817; Schneider, NStZ 1987, S. 126; anders Schmitt/Ehrlicher, JZ 1988, S. 365.

[380]-BayObLG, JR 1994, S. 290f; Otto, BT, § 52 Rdnr. 35; Hillgendorf, JuS 1997, S. 131; offengelassen in BGHSt 40, S. 334.

[381]-Schönke/Schröder-Cramer, § 263 Rdnr. 2; Dreher/Tröndle, § 263a Rdnr. 1; SK-Samson, § 263a Rdnr. 17; Lackner/Kühl, § 263a Rdnrn. 11f; a.A. Lenckner/Winkelbauer, CR 1986, S. 654 (655).

Ist er durch verbotene Eigenmacht in den Besitz der Daten (Geheimnummer) gelangt, erfüllt er diesen Tatbestand[382].

Wenn aber der Täter die Karte und die Geheimnummer über eine Täuschung erlangt, so liegt in diesem Fall ein normaler Betrug und nicht Computerbetrug vor, wenn er mit Hilfe dieser Karte und Geheimnummer Geld von dem Konto des nicht einwilligenden Opfers (Getäuschten) abhebt.

Eine andere Auffassung geht in Bezug auf die umstrittene Frage hinsichtlich des Begriffs der Unbefugtheit[383] davon aus, dass die Verwendung von Daten unbefugt ist, wenn sie dem Willen des Verfügungsberechtigten widerspricht[384]. Gegen diese Meinung spricht, dass die Bejahung oder Verneinung der unbefugten Verwendung von Daten nur vom Willen des Verfügungsberechtigten abhängt. Darüber hinaus kann man gegen diese Meinung einwenden, dass sie im Rahmen der bloßen Vertragswidrigkeit die unbefugte Verwendung von Daten bejaht, obwohl der Täter wegen § 263a StGB, wie angeführt, mangels Beeinflussung das Ergebnis eines Datenverarbeitungsvorganges nicht zu bestrafen ist.

Die herrschende Meinung, die sich auf die betrugsnahe Auslegung des § 263a StGB beruft, geht davon aus, dass das Merkmal „unbefugte Verwendung von Daten" eng mit dem § 263 StGB ausgelegt werden muss und soll die Eingabe der Daten gerade in den Verarbeitungsvorgang voraussetzen[385]. Danach ist die Verwendung von Daten unbefugt, wenn sie Täuschungswert hat[386].

Jetzt stellt sich die Frage, ob die Unbefugtheit nur durch unberechtigte oder auch durch berechtigte Person, z.B. den Kodekarteninhaber zu begehen ist. Eine Ansicht nimmt an, dass die berechtigte Person (der Kontoinhaber) unbefugt handeln kann, wenn er sich gegen die im Vertrag zwischen ihm und der Bank befindlichen Regelungen verhält[387].

Diese Ansicht beruft sich darauf, dass § 263a StGB dem Vermögensschutz dient. Daher kann die Handlung der berechtigten Person unbefugt sein, wenn keine Befugnis zur Nutzung der

---

[382]-Schönke/Schröder-Cramer § 263a Rdnr.11.

[383]-LK 11-Tiedemann, § 263a Rdnrn. 42ff.

[384]-BGHSt 40, S. 334 f; Otto, BT, § 52 Rdnr. 40; Hilgendorf, JuS 1997, S. 131f; Scheffler-Dressel, NJW 2000, S. 2645f.

[385]-Lackner/Kühl § 263a Rdnr. 9; Rengier, BT, I § 14 Rdnr. 7; Neumann, JuS 1990, S. 536.

[386]-BGHSt 38, S. 121f; LG-Bonn, NJW 1999, S. 3726; Dreher/Tröndle § 263a Rdnr. 8; SK-Samson, § 263a Rdnr. 18.

[387]-Kleb-Braun, JA 1986, S. 259; Tiedemann, JZ 1986, S. 869; Möhrenschlager, wistra 1986, S. 133; Ranft, wistra 1987, S. 79; Frommel, JuS 1987, S. 667; Otto, JR 1987, S. 221; Wessels, BT-2, § 14 I.2, vgl. Dreher/Tröndle § 263a Rdnr. 8; Maurach/Schroeder/Maiwald, BT, § 41 Rdnr. 229; Bühler, MDR 1987, S. 451; Tiedemann, JZ 1986, S. 869; Frommel, JuS 1987, S. 667.

Daten vom Inhaber des geschützten Vermögens (Bank) erteilt wird. Da er gegen die im Vertrag zwischen ihm und der Bank befindlichen Regelungen handelt, kann es dieser Meinung nach als unbefugtes Handeln angesehen werden.

Fraglich kann außerdem sein, ob die berechtigte Person (Kontoinhaber), die keine ausreichende Kontodeckung hat und trotzdem durch Missbrauch des Geldautomaten Geld abhebt, unbefugt handelt oder nicht. Da § 263a StGB das Vermögen des kontoführenden Kreditinstituts schützt, das wegen der missbräuchlichen Handlungen des Kontoinhabers beeinträchtigt wird, ist davon auszugehen, dass der Kontoinhaber, dessen Konto keine Deckung hat und einen Befugnismissbrauch begeht, unbefugt handelt[388].

Gebraucht der Nichtberechtigte eine fremde Kodekarte ohne Einwilligung des Inhabers, so handelt er unbefugt[389].

a. Das Problem der Geldspielautomaten

Der Streit in Bezug auf die Unbefugtheit hat sich beim Leerspielen von Glücksspielautomaten zugespitzt. In diesem Fall geht es um einen Täter, der mit Hilfe seines Computers die Programmabläufe eines Geldspielautomaten kennt und insbesondere weiß, wann er die Risikotaste, mit der er das Spiel von außen beeinflussen kann, drücken soll, um einen Gewinn zu erzielen.

Beispiel: A hat illegal das Programm über den Spielverlauf eines bestimmten Geldspielautomaten erworben. Mit dem auf einer Diskette gespeicherten Programm und einem tragbaren Personalcomputer begibt er sich in eine Gaststätte, in der ein Geldspielgerät des bestimmten Typs aufgestellt ist. Dort spielt er mit dem üblichen Einsatz von Münzgeld und gibt die Daten der Spielergebnisse in seinen Computer ein. Daraus errechnet er die Wahrscheinlichkeit des künftigen Spielverlaufs. Das Spielgerät hat ein so genannte Risikotaste, mit der es folgende Bewandtnis hat: Das Spielgerät zeigt bei Beendigung eines Spiels eine bestimmte Bilderkombination, nach der der Spieler einen bestimmten Betrag gewonnen hat. Betätigt er die Risikotaste, wird das Spiel fortgesetzt, und der Gewinn kann

---

[388]-Dreher/Tröndle, § 263a Rdnr. 8 a; Maurach/Schroeder/Maiwald, BT, § 41 Rdnr. 229; Möhrenschlager, wistra 1986, S. 133; Otto, JR 1987, S. 221; Schlüchter, JR 1993, S. 512; Tiedemann, JZ 1986, S. 869, Wessels, BT-2, Rdnr. 579; kritisch Schönke/Schröder-Cramer, § 263a Rdnr. 10.

[389]-Schönke/Schröder-Cramer § 263a Rdnr. 11; Weber, NStZ 1986, S. 484ff.; Weber, JZ 1987, S. 217; Huff, NJW 1987, S. 817; Huff, NJW 1988, S. 981; Labasch, Jura 1987, S. 351; OLG Stuttgart, NJW 1988, S. 982; Berghau, JuS 1990, S. 982.

entfallen oder sich vermehren. Bei bestimmten Bilderkombination betätigt A die Risikotaste, bei anderen Bilderkombinationen betätigt er sie nicht. Infolge seiner Vorausberechnung über den wahrscheinlichsten Spielverlauf für Gewinne gelingt es A, durch gezieltes Drücken der Risikotaste einen beträchtlichen Spielgewinn zu machen[390]. Fraglich kann in diesem Beispiel sein, ob das Verhalten des A einen Straftatbestand erfüllt oder nicht.

Fraglos ist der Tatbestand des § 17 II UWG erfüllt, weil es sich bei dem Spielprogramm um ein Betriebesgeheimnis des Automatenaufstellers handelt[391].

Fraglich ist, ob hier in Bezug auf die vom Spielgerät ausgeworfene Geldmünze ein Diebstahl ersichtlich ist.

Der Meinung[392], die von der Anwendbarkeit des § 242 StGB ausgeht, kann nicht zugestimmt werden. Der Diebstahl kommt in Betracht, wenn der Täter eine fremde bewegliche Sache wegnimmt. Der Gerätebetreiber, der Gewahrsam an den Geldmünzen hat, ist mit dem Wechsel des Gewahrsams einverstanden, wenn das Gerät ordnungsgemäß bedient wird. Hier hat der Täter das Gerät ordnungsgemäß bedient. Daher kann man sagen, dass das Tatbestandsmerkmal „Wegnahme" und damit der Tatbestand des § 242 StGB wegen des Einverständnisses des Gerätebetreibers nicht anzunehmen ist. Das Einverständnis des Gerätebetreibers schließt die Annahme des Bruchs fremden Gewahrsam aus.

Außerdem kann man in diesem Fall die Anwendbarkeit des § 246 StGB verneinen, der in Betracht kommt, wenn der Täter eine fremde bewegliche Sache sich oder einem Dritten rechtswidrig zueignet. Das hat seinen Grund darin, dass die Bank die Geldscheine gemäß § 929 BGB mittels des Automaten an den formal durch die Kodekarte ausgewiesenen Kartenbesitzer übereignen will. Damit fehlt der Anwendbarkeit des § 246 StGB das Tatbestandsmerkmal „fremd".

Darüber hinaus kann es aber auch fraglich sein, ob § 265a I StGB in diesem Fall eine Anwendung finden kann oder nicht. Diese Vorschrift kommt in Betracht, wenn sich der Täter

---

[390]-BGHSt 40, S. 331ff.

[391]-Nach § 17 II UWG wird bestraft, "wer zu Zwecken des Wettbewerbs, aus Eigennutz, zugunsten eines Dritten oder in der Absicht, dem Inhaber des Geschäftsbetriebes Schaden zuzufügen,

1. sich ein Geschäfts- oder Betriebesgeheimnis durch

a. Anwendung technischer Mittel,

b. Herstellung einer verkörperten Wiedergabe des Geheimnisses oder

c. Wegnahme einer Sache, in der das Geheimnisses verkörpert ist, unbefugt verschafft oder sichert oder

2. ein Geschäfts- oder Betriebesgeheimnis, das er durch eine eigene oder fremde Handlung nach Nummer 1 erlangt oder sich sonst unbefugt verschafft oder gesichert hat, unbefugt verwertet oder jemandem mitteilt".

[392]-Neumann, CR 1989, S. 719; Westphal, CR 1987, S. 519.

eine Leistung erschleicht. Die Erschleichung einer Leistung kann in Bezug auf den Geldspielautomaten erreicht werden, wenn der Täter das Gerät ordnungswidrig bedient oder den Betriebesvorgang missbräuchlich verändert. Hier hat A den Betriebsvorgang des Gerätes weder ordnungswidrig bedient noch missbräuchlich verändert[393], daher kann das Erschleichen einer Leistung und damit den Tatbestand des § 265a I StGB auch verneint werden.

Was noch zu überprüfen bleibt, ist, ob der A das Ergebnis eines Datenverarbeitungsvorganges durch unbefugte Verwendung von Daten § 263a 3 Var. beeinflusst.

In Bezug auf den Geldspielautomaten kann der Täter ein programmiertes Rechenwerk durch Einwerfen von Geldmünzen und das Betätigen von Tasten in Lauf setzen.

Das Ergebnis des Rechenvorganges kann A durch Betätigen oder Nichtbetätigen der Risikotaste beeinflussen.

Die Frage, die sich jetzt stellt, ist, ob A das Rechenergebnis des Gerätes durch unbefugte Verwendung von Daten beeinflusst.

Zur Beantwortung dieser Frage soll festgestellt werden, wann die Verwendung von Daten unbefugt ist. Weil dieses Problem unter der dritten Tatbestandshandlung (unbefugte Verwendung von Daten) erörtert wird, soll hier nur auf die herrschende Meinung eingegangen werden, die davon ausgeht, dass die unbefugte Verwendung von Daten eng mit dem § 263 StGB auszulegen ist, was eine manipulierte Verwendung voraussetzt. Die Verwendung von Daten ist also, dieser Meinung nach, unbefugt, wenn sie Täuschungswert hat. Darüber hinaus soll, der herrschenden Meinung nach, die Einführung der Daten in den Verarbeitungsvorganges vorausgesetzt werden[394], damit man die unbefugte Verwendung von Daten bejahen kann.

Gemäß der herrschenden Meinung werden Daten verwendet, wenn sie in den Computer eingegeben werden. Durch Betätigung der Risikotaste kann der Täter lediglich die Anweisungen hinsichtlich des Gewinn- und Verlustrisikos des Spielers an bestimmten Punkten beeinflussen.

A hat die Rechendaten des Gerätes nicht beeinflusst, weil er durch Betätigen oder Nichtbetätigen der Risikotaste keinen Computer getäuscht hat. Das gezielte Betätigen oder Nichtbetätigen der Risikotaste kann also nicht als unbefugte Verwendung von Daten qualifiziert werden.

---

[393]-Rengier, BT I, § 16 Rdnr. 3.

[394]-Schönke/Schröder-Cramer, § 263a Rdnr. 7; Dreher/Tröndle, § 263a Rdnr. 7; Lackner/Kühl § 263a Rdnr. 9; Rengier, BT I, § 14 Rdnr. 7; Neumann, JuS 1990, S. 536.

Der BGH hat dieses Problem offen gelassen. Nach der überwiegenden und zutreffenden Meinung ist der Tatbestand des § 263a 3.Var. StGB zu verneinen.

b. Die Verwendung der Daten in mittelbarer Täterschaft

Die Verwendung der Daten durch Eingabe in einen Computer kann nicht nur immer vom Täter selbst gemäß § 25 I, 1.Alt. StGB ausgeübt, sondern auch durch eine andere Person, die vom Täter zur Erfüllung seiner Tat ausgenutzt wird, begangen werden. Mit anderen Worten, diese Straftat kann auch in Form der mittelbaren Täterschaft verübt werden[395]. Hier soll Täuschung eines Menschen herbeigeführt werden. Zuerst und bevor die Täuschung eines Menschen behandelt wird, soll die Definition der mittelbaren Täterschaft dargestellt werden.

aa. Die Definition der mittelbaren Täterschaft

Die mittelbare Täterschaft liegt vor, wenn der Täter (Hintermann, -täter), dem das Gesamtgeschehen als sein Werk anzulasten ist, eine andere Person (Tatmittler) als Werkzeug nutzt, um seine Tat auszuführen[396].
Dem Hintermann kommt in diesen Fällen die ausschlaggebende Rolle zu, obwohl er die Tat selbst nicht begangen und nicht beteiligt war. Demgegenüber kommt dem Tatmittler (dem Werkzeug) eine untergeordnete Rolle zu, obwohl er die Tat selbst ausübt.

bb. Die gleichzeitige Täuschung eines Menschen

Die Eingabe von falschen Daten in einen Computer kann, wie ausgeführt, nicht nur vom Täter selbst, sondern auch durch eine andere Person getätigt werden. Diese Person, die vom Täter als Werkzeug zur Durchführung der Tat benutzt wird, kann weder als Täter noch als Mittäter bestraft werden, wenn sie objektiv tatbestandslos oder in ihrer Person rechtmäßig handelt. Das

---

[395]-Wessels/Beulke, Rdnr. 505, S. 523ff.; Lackner/Kühl, § 263a Rdnr. 9; Schönke/Schröder-Cramer, § 263a Rdnr. 7; Dreher/Tröndle, § 263a Rdnr. 7; SK-Samson, § 263a StGB, Rdnr. 12; Otto, BT, S. 246; Lackner/Winkelbauer, CR 1986, S. 654 (656); Möhrenschlager, wistra 1986, S. 128.
[396]-Wessels/Beulke, Rdnrn. 535ff.; Schönke/Schröder-Cramer, § 25 Rdnr. 6; Dreher/Tröndle, § 25 Rdnr. 3; Lackner/Kühl, § 25 Rdnr. 2; Otto, AT, § 21 Rdne. 68.

kann der Fall sein, wenn ihr der Vorsatz fehlt, sie schuldunfähig ist oder wenn sie aus anderen Gründen schuldlos handelt[397].

Als Beispiel für das Fehlen des Vorsatzes dieser Person kommt in Betracht, wenn er als Datentypist angestellt oder beauftragt wird. Diese Person ist in diesem Fall nicht gezwungen die Richtigkeit oder Nichtrichtigkeit der eingegebenen Daten zu überprüfen[398], sondern nur für die fehlerfreie Eingabe der Daten verantwortlich.

Ist die benutzte Person für die Richtigkeit der eingegebenen Daten verantwortlich, so kann ihr der Vorsatz fehlen, wenn sie über die Richtigkeit der eingegebenen Daten getäuscht wird. Das ist der Fall, wenn sie falsche Daten in dem Glauben eingibt, sie seien richtig.

In Bezug auf die Strafbarkeit des Hintertäters stellt sich die Frage, ob er wegen §§ 263, 25 1 2 Alt. StGB oder wegen §§ 263a, 25 I 2 Alt. StGB zu bestrafen ist. Um diese Frage behandeln zu können, soll auf das Verhältnis des normalen Betruges zum Computerbetrug eingegangen werden.

Die in der Literatur vertretene Ansicht geht davon aus, dass § 263a StGB hier keine Anwendung findet, weil es sich um die Täuschung eines Menschen i.S.d. § 263 StGB handelt, die sich mit der Tathandlung des Computerbetruges gegenseitig ausschließt. Nach dieser Meinung kann der Anwendungsbereich des § 263 StGB und nicht des § 263a StGB in Betracht kommen, weil der Hintertäter in diesem Fall eine Person täuscht, wodurch sie sich in einem Irrtum befindet, was eine Vermögensverfügung und einen Vermögensschaden zur Folge hat. Darüber hinaus spricht auch für die Anwendbarkeit des § 263 StGB, dass die Schäden, die aufgrund der Vermögensverfügung verursacht werden, nicht durch Verwendung der falschen Daten, sondern bereits durch die Täuschung eines Menschen verursacht werden. Zusätzlich kommt auch noch hinzu, dass diese beiden Tatbestände in einem Exklusivitätsverhältnis zueinander stehen und deswegen kann, dieser Meinung entsprechend, nur einer von den beiden Tatbeständen zur Anwendung kommen[399]. Hier kommt also der § 263a StGB aufgrund der vorher genannten Gründe nicht zur Anwendung[400].

---

[397] -Wessels/Beulk, Rdnr. 537; Dreher/Tröndle, § 25 Rdnr. 3; Schönke/Schröder-Cramer, § 25 Rdnrn. 8 ff.; Lackner/Kühl, § 25 Rdnrn. 4 ff.; Otto, AT, § 21 Rdnrn. 69ff.

[398] -LK 11-Tiedemann, § 263a StGB, Rdnr. 36; Lackner/Kühl, § 263a Rdnr. 9; SK-Samson, § 26 a Rdnr. 15; Schönke/Schröder-Cramer, § 263a Rdnr. 7.

[399] -SK-Samson, § 263a StGB, Rdnr. 5; Lenckner/Winkelbauer, CR 1986, S. 654 (656, 660).

[400] -SK-Samson, § 263a StGB, Rdnr. 12.

Eine Meinung geht davon aus, dass diese Auffassung den allgemeinen Regeln der mittelbaren Täterschaft widerspricht[401], weil die Kausalität zwischen der Verwendung unrichtiger Daten und dem zustande gekommenen Vermögensschaden nicht wegen des gleichzeitigen Vorliegens einer Täuschung beseitigt wird. Diese Meinung bejaht also das Vorliegen der beiden Tatbeständen und löst dieses Problem auf der Konkurrenzebene,[402] auf die unten eingegangen wird.

1.2.4. Die unbefugte Einwirkung auf den Ablauf

Diese Tatbestandsalternative des § 263a StGB erfasst jede sonstige unbefugte Einwirkung auf den Ablauf eines Datenverarbeitungsvorganges, die nicht von den bisherigen genannten Tatmodalitäten erfasst wird. Daraus folgt, dass sie einen Auffangtatbestand darstellt[403]. Wie bereits kritisiert, können die Tatmodalitäten der Vorschrift des § 263a StGB „unbefugte Verwendung von Daten" und „sonstige unbefugte Einwirkung auf den Ablauf beeinflusst" keine Klarheit geben, da sie nicht genau formuliert worden sind[404].

In Bezug auf die Frage des Kodekartenmissbrauchs nimmt eine Ansicht an, dass diese Alternative nicht in der Lage ist, diese Fallgestaltung zu erfassen. Diese Meinung beruft sich auf den Wortlaut des § 263a 4.Var. StGB „auf den Ablauf beeinflusst." Demnach muss das Ergebnis eines Datenverarbeitungsvorgangs, das der Täter beeinflussen will, sich bereits in seinem Entwicklungsprozess befinden. Diese Meinung geht davon aus, dass das Ergebnis eines Datenverarbeitungsvorganges im Rahmen des Kodekartenmissbrauchs sich nicht bereits in Gang befindet, weil der Täter zuerst die Karte einschieben und dann die Geheimnummer eingeben soll; erst danach kann man davon ausgehen, dass der Geldautomat und damit das Ergebnis sich ‚in Gang' befindet[405].

Diese Auffassung ist abzulehnen,[406] da der Betriebsbereite Bankautomat durch die Bank schon in Gang gesetzt wurde, bevor er durch das Einführen der EC-Karte zu einem einzelnen Datenverarbeitungsvorgang veranlasst wird[407]. Daher ist die Beeinflussung des Ergebnisses

---

[401]-Lackner/Kühl, § 263a Rdnr. 9; Dreher/Tröndle, § 263a Rdnr. 7; Otto, BT, S. 246; Otto, Jura 1993, S. 612 (613).

[402]-Lackner/Kühl, § 263a Rdnr. 9; LK 11-Tiedemann, § 263a Rdnr. 38.

[403]-Lenckner/Winkelbauer, CR 1986, S. 658.

[404]-Schönke/Schröder-Cramer, § 1 Rdnr. 45, vgl. auch BGHSt 11, S. 47; 14, S. 116; Wessels, AT, § 2 II 2.

[405]-Kleb-Braun, JA 1986, S. 259; Ranft, wistra 1987, S. 83.

[406]-Dreher/Tröndle, § 263a 8a.

[407]-Schönke/Schröder-Cramer, § 263a Rdnr. 10; Otto, JR 1987, S. 224; Bühler, MDR 1987, S. 452.

eines Datenverarbeitungsvorganges im Rahmen des Kodekartenmissbrauchs gegeben, wenn der Täter die auf dem Computer gespeicherten Daten verarbeitet[408].

Fraglich ist, wann der Anwendungsbereich dieser Tatmodalität in Betracht kommt. Damit diese Frage beantwortet werden kann, soll festgestellt werden, was man unter der Verwendung von Daten im Rahmen der zweiten und dritten Tatbestandsvariante versteht.

Würde die Verwendung von Daten jede Nutzung erfassen, wie eine oben genannte Auffassung angenommen hat, so würde die vierte Tatbestandsvariante nicht in Betracht kommen, weil sie dann von den zweiten und dritten Varianten verdrängt wird.

Die herrschende Meinung geht, wie vorher gesagt wurde, davon aus, dass eine Verwendung i.S.d. § 263a StGB in Betracht kommt, wenn die Nutzung von Daten durch Manipulation eines Rechenvorganges stattgefunden hat. Sie hat also, weil § 263a StGB betrugsnah auszulegen ist, die Verwendung eng i.S.d. Täuschung des Computers interpretiert. Daher könnte vielleicht der Spielautomatenfall unter diese Vatiante gefasst werden, wie es der BGH getan hat[409].

Das Verhalten von A im vorher dargestellten Beispiel verwirklicht, der überwiegenden Meinung nach, die dritte Variante „unbefugte Verwendung von Daten" nicht.

Was aber zu prüfen bleibt, ist, ob dieses Verhalten die vierte Variante „unbefugte Einwirkung auf den Ablauf des Spielvorgangs" erfüllt.

Im Folgenden soll geklärt werden, ob das Verhalten des A eine Verwendung und Unbefugtheit i.S.d. § 263a StGB darstellt.

Der BGH nimmt jedoch an, dass das Drücken von Risikotasten das normale Spiel in ein besonders programmiertes Spiel übergehen lässt. A hat durch sein Verhalten, dieser Meinung nach, den Programmablauf geändert, so dass erhöhte Gewinnchancen aber auch ein erhöhtes Verlustrisiko sich ergeben. Durch Einwirkung des A auf den Ablauf, der das Verlustrisiko ausschaltet, hat er die Gewinnausschüttung und damit das Ergebnis eines Datenverarbeitungsvorganges beeinflusst. Dieser Beurteilung steht nicht entgegen, dass der Spieler bei diesem Vorgehen das Spielgerät an und für sich ordnungsgemäß bedient.

In Bezug auf die Frage der Unbefugtheit, geht der BGH davon aus, dass der A auch hier unbefugt gehandelt hat. Der BGH hat die Unbefugtheit unter Anlehnung an den Schutzzweck des § 263a StGB ausgelegt. Der § 263a StGB schützt das Individualvermögen der anderen. Dies führt dazu, dass die Unbefugtheit in Betracht kommt, wenn das Vorgehen des Täters mit dem Willen des Opfers nicht übereinstimmt. Überträgt man dies auf den vorliegenden Fall,

---

[408]-Möhrenschlager, wistra 1986, S. 133.
[409]-BGHSt 40, S. 334ff.

kann man deswegen davon ausgehen, dass die Unbefugtheit hier ersichtlich ist, weil der Automatenbetreiber mit dem Ausnutzen der Programmkenntnis nicht einverstanden ist. Da das Vorgehen des Täters dem Willen des Automatenbetreibers entgegensteht, ist die Unbefugtheit dieser Meinung nach gegeben.

A hat also nach Ansicht des BGH die vierte Tatbestandsvariante erfüllt. Ein daraus resultierender Vermögensschaden des Automatenaufstellers ist evident. Der objektive Tatbestand des § 263a I StGB ist damit erfüllt.

Fraglos ist der Vorsatz des Täters. A hat in diesem Fall die Absicht, sich aus dem Schaden des Aufstellers rechtswidrig zu bereichern.

Angesichts dieses ausgeprägten Charakters eines Auffangtatbestandes fragt es sich jedoch, ob diese Tatbestandsvariante nicht gegen den allgemeinen Bestimmtheitsgrundsatz gemäß Art. 103 GG verstößt[410].

Die Lösung des BGH wurde wegen Art. 103 II GG kritisiert[411]. Um Art. 103 II GG zu genügen, muss eine einschränkende Auslegung bezüglich der Unbefugtheit gesucht werden.

Die Strafbarkeit des Täters nach § 263a StGB wurde vom Amtsgericht Ansbach und Augsburg bejaht[412], jedoch wurde sie vom Landsgericht Aachen und Stuttgart verneint[413].

Gegen die Verneinung der Anwendbarkeit des § 263a StGB in diesem Fall spricht, dass § 263a StGB in das Strafgesetzbuch eingeführt wurde, um die Strafbarkeitslücken zu schließen, die im Bereich des Betruges zustande kommen, wenn beim Überlisten von Maschinen kein Mensch getäuscht und in einen Irrtum versetzt wird, der ihn zu einer Vermögensverfügung veranlasst.

2. Die Beeinflussung des Ergebnisses eines Datenverarbeitungsvorgangs

Damit man den Tatbestand des § 263a StGB bejahen kann, müssen die vorher aufgeführten Tatbestandshandlungen zur Beeinflussung eines Ergebnisses einer Datenverarbeitung führen. Jetzt stellt sich die Frage, was man unter dem Begriff der Beeinflussung und Datenverarbeitung versteht. Darüber hinaus soll nicht vergessen werden, auf das Mahnverfahren als Datenverarbeitung einzugehen.

---

[410]-Ranft, wistra 1987, S. 1983; Dreher/Tröndle § 263a Rdnr. 9; Kleb-Brauen, JA 1986, S. 249 (259); Jungwirth, MDR 1987, S. 537 (542); Schönke/Schröder-Cramer § 263a Rdnr. 12.

[411]-Neumann, JuS 1990, S. 536f; Achenbach, Jura 1991, S. 227f; Arloth, Jura 1996, S. 357f.

[412]-AG Ansbach, CR 1989, S. 415; AG Augsburg, CR 1989, S. 1004; Vergleich dazu NJW 1991, S. 438; mehr zu diesem Problem, Schlüchter, NStZ 1988, S. 53; Achenbach, Jura 1991, S. 225; Bühler, MDR 1991, S. 14.

[413]-LG Aachen, JR 1988, S. 436; LG Stuttgart, NJW 1991, S. 441; Celle, NStZ 1989, S. 367.

2.1. Der Begriff der Beeinflussung

Der Begriff der Beeinflussung i.S.d. § 263a StGB ist umstritten, daher kommen unterschiedliche Meinungen in Betracht. Während eine Meinung sich auf die Programmwidrigkeit beruft, stützt sich eine andere Meinung auf die Modifizierung des Ergebnisses einer Datenverarbeitung. Im Folgenden werden diese Meinungen ausführlich behandelt.

2.1.1. Die Programmwidrigkeit

Die Auffassung, die sich auf die Programmwidrigkeit beruft, geht davon aus, dass die Beeinflussung i.S.d. § 263a StGB zu bejahen ist, wenn der Täter auf das Ergebnis eines Datenverarbeitungsvorganges durch programmwidrige Einwirkung Einfluss nimmt, so dass das zustande gekommene Ergebnis anders ist, als wenn das Computerprogramm ordnungsgemäß abgelaufen wäre[414]. Diese Auffassung setzt also eine programmwidrige Einflussnahme zur Bejahung der Beeinflussung i.s.d. § 263a StGB voraus.
Gelingt es dem Täter durch seine Handlung nicht ein falsches Ergebnisse zu bekommen, weil das Computerprogramm trotzdem ordnungsgemäß gearbeitet hat, so ist in diesem Fall schwer von Beeinflussung i.S.d. § 263a StGB zu sprechen,[415] es sei denn, die programmwidrige Einflussnahme ist sehr weit auszulegen, so dass alle Handlungen eingeschlossen sind, die gegen den Willen des Programmbetreibers verstoßen. Das stellt Schwierigkeiten in Bezug auf die Abgrenzung des Merkmals „unbefugt" dar. Des Weiteren würde dieses Merkmal, das sich in der dritten und vierten Tatbestandsvariante des § 263a StGB befindet, überflüssig.

2.1.2. Die Modifizierung des Ergebnisses einer Datenverarbeitung

Die Auffassung, die auf der Modifizierung des Ergebnisses einer Datenverarbeitung beruht, geht davon aus, dass jede Einwirkung auf den Programmablauf eine Beeinflussung erfüllt, wenn sie das Ergebnis einer Datenverarbeitung modifiziert[416].
Danach ist das Ergebnis einer Datenverarbeitung beeinflusst, wenn es von dem abweicht, was bei einem ordnungsgemäßen Programmablauf erzielt worden wäre.

---

[414]-Lenckner/Winkelbauer, CR 1986, S. 659.

[415]-Dreher/Tröndle, § 263a Rdnr. 5.

[416]-LK 11-Tiedemann, § 263a Rdnr. 25.

Damit die Beeinflussung i.S.d. § 263a StGB bejaht werden kann, muss nicht vergessen werden, dass sie eine Vermögensdisposition auslösen soll[417].
Es muss also ein Vermögensschaden durch die Vermögensverfügung herbeigeführt werden. Mit anderen Worten kann man sagen, dass die Modifizierung des Ergebnisses einer Datenverarbeitung und damit die Beeinflussung für den Vermögensschaden kausal sein soll. Das kann der Fall sein, wenn der Schaden unmittelbar aus der Vermögensverfügung resultiert[418]. Ist der Schaden nur mittelbar durch die herbeigeführte Manipulation entstanden, wie z.B. die Kosten für die Wiederherstellung des Programms, so kann er den im § 263a StGB genannten Begriff des Schadens nicht erfüllen.

2.2. Der Begriff der Datenverarbeitung

Ebenso wie der Begriff des Datums ist auch der der Datenverarbeitung weit auszulegen. Seinem Wortsinn nach umfasst der Begriff jede Art der Gewinnung von neuen Informationen durch die Verarbeitung vorhandener Daten[419].
Unter einer Datenverarbeitung sind demnach all diejenigen technischen Vorgänge zu verstehen, bei denen durch Aufnahme von Daten und ihre programmgesteuerte Verknüpfung Arbeitsergebnisse erzielt werden. Die Beschränkung auf programmgesteuerte, also automatische Datenverarbeitung wird vom Wortlaut des § 263a StGB nicht gefordert.

2.3. Das Mahnverfahren als Datenverarbeitung

Im Bereich des Mahnverfahrens können auch die Daten strafrechtlich verarbeitet werden. Als Beispiel dafür kommt in Betracht, wenn der Täter falsche oder unrichtige Daten in Form einer mittelbaren Täterschaft in einen Computer eintippen lässt, so dass das zustande gekommne Ergebnis anders ist, als wenn richtige Daten in den Computer eingetippt worden wären. Jetzt soll festgestellt werden, wann eine Datenverarbeitung eintritt.
Eine Datenverarbeitung liegt vor, wenn durch die Aufnahme von Daten und deren programmgesteuerte Verknüpfung Arbeitsergebnisse erzielt werden.

---

[417]-LK 11-Tiedemann, § 263a Rdnr. 26, 68; Tiedemann, JZ 1986, S. 865 (869); Wessels, BT-2, Rdnr. 575; Möhrenschlager, wistra 1986, S. 128 (133); Lenckner/Winkelbauer, CR 1986, S. 654 (659); Schönke/Schröder-Cramer, § 263a Rdnrn. 21f; Lanckner/Kühl, § 263a Rdnr. 22; Otto, BT, S. 248; Hilgendorf, JuS 1997, S. 130 (131).

[418]-Lenckner/Winkelbauer, CR 1986, S. 659.

[419]-Lenckner/Winkelbauer, CR 1986, S. 654 (658).

Im Gericht werden die Informationen das Mahnverfahren betreffend, das auch Vermögensrelevanz hat, elektronisch verarbeitet, was jedoch auch erlaubt, eine Beeinflussung des Ergebnisses eines Datenverarbeitungsvorganges und damit neue Arbeitsergebnisse herbeizuführen. Diese Datenverarbeitung unterscheidet sich nicht von der Datenverarbeitung i.S.d. § 263a StGB.

Problematisch ist, dass das Mahnverfahren keine geschlossene oder ununterbrochene Datenverarbeitung darstellt; es zerfällt in zwei Teilakte. Mit anderen Worten wird im Bereich des Mahnverfahrens zuerst der Mahnbescheid erlassen danach und auf dessen Grundlage wird der Vollstreckungsbescheid erlassen.

Bei Erlass des Vollstreckungsbescheids handelt es sich um einen selbständigen Teil des Mahnverfahrens und deswegen könnte die Information, die sowohl mit dem Mahnbescheid als auch mit dem Vollstreckungsbescheid zu tun hat, selbständig durch die elektronische Datenverarbeitung erfasst und verarbeitet werden. Es handelt sich also bei Mahn- und Vollstreckungsbescheiden um zwei selbständige Datenverarbeitungsvorgänge und deswegen werden sie auch bei der Verarbeitung der Informationen unterschiedlich beurteilt.

In Bezug auf die Beeinflussung des Ergebnisses eines Mahnverfahrens ist festzustellen, dass sie sich von der des Datenverarbeitungsvorganges nicht unterscheidet.

Das Ergebnis eines Datenverarbeitungsvorgangs ist beeinflusst, wenn das zustande gekommene Ergebnis von dem abweicht, was bei ordnungsgemäßem Programmablauf erzielt worden wäre.

Zur Bejahung der Beeinflussung des Ergebnisses eines Mahnverfahrens soll der Täter unrichtige oder unvollständige Daten verwenden, die das Ergebnis sowohl des Mahnbescheides als auch des Vollstreckungsbescheides beeinflussen. Die Beeinflussung des Ergebnisses sowohl des Mahnbescheides, als auch des Vollstreckungsbescheides ist zu bejahen, wenn das eingetretene Ergebnis anders ist, als wenn die verwendeten Daten korrekt eingegeben worden wären. Darüber hinaus soll zur Bejahung der Beeinflussung des Ergebnisses eines Mahnverfahrens die verwendeten falschen oder unrichtigen Daten für das Zwischenergebnis (bezüglich des Mahnbescheides) und für das Endergebnis (bezüglich des Vollstreckungsbescheides) kausal sein.

Außerdem soll zur Bejahung der Beeinflussung des Ergebnisses eines Mahnverfahrens ein Vermögensschaden verursacht worden sein. Fraglich ist, wann man in diesem Bereich von einem Vermögensschaden ausgehen kann. Ist der Vermögensschaden bei Zustandekommen des unlauter erwirkten Mahnbescheids oder des Vollstreckungsbescheids zu bejahen? Um diese Frage beantworten zu können, muss zuerst festgestellt werden, wann die Tat vollendet oder beendet ist.

2.3.1. Zum Begriff der Vollendung und Beendigung

Die Tat ist vollendet, wenn alle Merkmale des gesetzlichen Tatbestandes erfüllt sind[420]. Beendet ist die Tat, wenn das Tatgeschehen über die eigentliche Tatbestandserfüllung hinaus seinen tatsächlichen Abschluss gefunden hat. Das kann in Bezug auf die Beendigungsfrage der Fall sein, wenn der Täter die mit der Tat verknüpften Absichten realisiert hat[421]. Beispielsweise kann die Straftat im Rahmen des Diebstahls vollendet sein, wenn der Täter dem Opfer eine fremde bewegliche Sache wegnimmt. Beendet ist diese Tat, wenn der Täter die weggenommene fremde bewegliche Sache sich oder einem Dritten zueignet.

Die Differenzierung zwischen der Vollendung und der Beendigung spielt eine Rolle bei den Delikten, die eine so genannte überschießende Innentendenz haben. Ein Beispiel dafür befindet sich auch im normalen Betrug und Computerbetrug.

Dieser Differenzierung kommt eine große Rolle zu. Die Verjährung beginnt nach § 78a StGB sobald die Tat beendet ist. Aus diesem Grund ist es von Bedeutung klarzustellen, wann die Tat vollendet oder beendet ist. Darüber hinaus kann in dem Zwischenstadium von Vollendung und Beendigung noch eine Tatbeteiligung zustande kommen[422].

2.3.2. Die Anwendbarkeit der Begriffe der Vollendung und Beendigung auf den Computerbetrug

Hier soll festgestellt werden, wann der Computerbetrug vollendet oder beendet ist. Vollendet ist der Computerbetrug, wenn der Täter alle Merkmale dieser Straftat, um die so genannte überschießende Innentendenz, nämlich einen Vermögensvorteil zu erzielen, erfüllt[423]. Es soll also beim Opfer ein Vermögensschaden oder eine Vermögensgefährdung eingetreten sein. Verursachen die eingegebenen unrichtigen oder unvollständigen Daten keinen Vermögensschaden oder eine Vermögensgefährdung, so kann man von einem vollendeten Tatbestand nicht ausgehen.

---

[420]-Schönke/Schröder-Eser, § 22 Rdnr. 2; Otto, AT, § 18 Rdnr. 7.

[421]-Schönke/Schröder-Eser, § 22 Rdnr. 4; Wessels/Beulke, Rdnr. 592; Otto, AT, § 18 Rdnrn. 9ff.

[422]-Schönke/Schröder-Eser, § 22 Rdnr. 10 f; Wessels/Beulke, AT, Rdnr. 591.

[423]-Schönke/Schröder-Eser, § 22 Rdnr. 6.

Beendet ist der Computerbetrug, wenn der Täter sich oder einem Dritten einen Vermögensvorteil verschafft[424]. Die Frage, die sich jetzt stellt, ist, wann der Vermögensschaden oder die Vermögensgefährdung eintritt.

Der Vermögensschaden kommt in Betracht, wenn die eingetretene messbare, nachteilige Wertdifferenz in das Vermögen des Opfers tatsächlich vorliegt.

Hinsichtlich des Eintritts einer Vermögensgefährdung, die nicht in Betracht kommt, solange Hindernisse der schädigenden Verfügung entgegenstehen, kommen vier unterschiedliche Zeiten in Betracht:

a. Bei Erlass des Mahnbescheides

Die Vermögensgefährdung kommt in Betracht, wenn der Antragsteller die Vollstreckung des Urteiles in das Vermögen des Antragsgegners tatsächlich betreiben kann und das Vermögen des Antragsgegners auf Grund dieses Betreibens verringert wird.

Mit dem Erlass des Mahnbescheides, gegen den man einen Widerspruch einlegen darf, weil er nicht rechtskräftig oder ein Endurteil ist, kann man die Gefährdung und damit die Verringerung des Vermögens des Antragsgegners in diesem Fall nicht bejahen.

b. Nach Ablauf der Widerspruchsfrist gegen den Mahnbescheid

Fraglich ist, ob die Vermögensgefährdung in Betracht kommt, wenn der Antragsgegner gegen den verabschiedeten Mahnbescheid keinen Widerspruch einlegt, der gemäß § 692 I Nr. 3 ZPO innerhalb von zwei Wochen einzulegen ist. Diese Frist von zwei Wochen beginnt ab Zustellung des Mahnbescheides.

Dem kann nicht zugestimmt werden, weil der Ablauf der Widerspruchsfrist keine Ausschlussfrist darstellt, d.h, dass der Antragsgegner selbst, wenn die in § 692 I Nr. 3 ZPO genannten zwei Wochen abgelaufen sind, einen Widerspruch bis zum Erlass des Vollstreckungsbescheids gegen diesen Mahnbescheid einlegen kann. Das hat seine Gründe darin, dass die in § 692 I Nr. 3 ZPO genannte Frist folgende Funktion hat: Der Antragsteller soll zwei Wochen vor Beantragung des Vollstreckungsbescheid warten (§ 699 12 ZPO). Daher kann der Antragsteller den Antrag auf Erlass des Vollstreckungsbescheides nur nach zwei Wochen, aber nach § 701 ZPO jedoch nur innerhalb von sechs Monaten, einlegen.

---

[424]-LK 11-Tiedemann, § 263a StGB, Rdnrn. 77f; Schönke/Schröder-Cramer, § 263a Rdnr. 38; Schönke/Schröder-Eser, § 22 Rdnr. 6.

Aufgrund dieser Erörterung kann das Nichteinlegen eines Widerspruchs innerhalb von zwei Wochen gegen den verabschiedeten Mahnbescheid auch keine Vermögensgefährdung zur Folge haben.

c. Mit Antrag auf Erlass des Vollstreckungsbescheides

Mit Antrag auf Erlass des Vollstreckungsbescheides kann auch die Vermögensgefährdung nicht bejaht werden, weil der Antragsgegner gegen diesen Antrag bis zum Erlass des Vollstreckungsbescheids einen Widerspruch einlegen kann.
Was noch gegen die Bejahung der Vermögensgefährdung durch Antrag auf Erlass des Vollstreckungsbescheides spricht, ist, dass die Bejahung der Vermögensgefährdung und damit die Tatvollendung nach der Zustellung des Antrages auf Erlass des Vollstreckungsbescheides die Möglichkeit des strafbefreienden Rücktritts beschränkt.

d. Bei Erlass und Zustellung des Vollstreckungsbescheides

Wenn ein Vollstreckungsbescheid zustande kommt, heißt das, dass ein Endurteil für das Verfahren getroffen ist, da der Vollstreckungsbescheid gemäß § 700 I ZPO dem vollstreckbaren Endurteil gleichsteht.
In diesem Zusammenhang kann der Antragsteller gemäß §§ 704 I, 794 I Nr. 4 ZPO die Vollstreckung in das Vermögen des Antragsgegner betreiben. Daher kann die Vermögensgefährdung in diesem Fall bejaht werden.
Gegen diese Meinung kann man anführen, dass gegen den Vollstreckungsbescheid auch wie beim Mahnbescheid die Möglichkeit besteht, einen Einspruch gemäß §§ 700 I i.V.m. 338 ZPO einzulegen. Dieser Einspruch unterzieht sich gemäß § 700 III ZPO einer genauen gerichtlichen Überprüfung. Es darf aber im Rahmen des Vollstreckungsbescheides nicht vergessen werden, dass es sich bei der Einspruchsfrist um eine Notfrist handelt §§ 700 I i.V.m. 339 I ZPO. Daher kann der Antragsteller nach Ablauf der Einspruchsfrist im Gegensatz zu der Lage im Rahmen des Mahnbescheides die Vollstreckung ohne weiteres ausüben.

Aus all diesen Gründen und trotz der Einspruchsmöglichkeit nach dem Erlass und der Zustellung des Vollstreckungsbescheides ist die Vermögensgefährdung bei Erlass und Zustellung des Vollstreckungsbescheides zu bejahen[425].

3. Der subjektive Tatbestand

Zur Bejahung des subjektiven Tatbestands des § 263a StGB muss der Täter vorsätzlich handeln. Der Täter handelt vorsätzlich, wenn er weiß, dass durch die unrichtige Programmgestaltung das Ergebnis eines Datenverarbeitungsvorganges beeinflusst wird, das einem anderen Schaden zufügt.

Darüber hinaus muss der Täter durch die Beeinflussung des Ergebnisses eines Datenverarbeitungsvorganges und einen dadurch resultierenden Vermögensschaden die Absicht haben, sich oder einen anderen zu bereichern[426]. Daher kann der Programmierer wegen § 263a StGB nicht bestraft werden, weil er keine Absicht hat, sich oder einem Dritten einen rechtswidrigen Vermögensvorteil zu verschaffen.

Mit Bereicherungsabsicht handelt der Täter, wenn er willentlich eine Datenverarbeitungsanlage manipuliert, um sich oder einem anderen Menschen durch diese Manipulation einen Vermögensvorteil zu verschaffen.

Geht der Täter bei Begehen der Tat davon aus, dass er befugt ist, so scheidet diese Vorschrift aus, weil er in diesem Fall gemäß § 15 StGB nicht vorsätzlich gehandelt hat. Geht er irrig davon aus, dass er befugt handelt, so befindet er sich in einem den Vorsatz ausschließenden Tatbestandsirrtum gemäß § 16 I 1 StGB[427]. Hat er sich bei Begehen der Tat für unbefugt gehalten, obwohl er in Wirklichkeit schon befugt ist, so begeht er in diesem Fall ein strafbares Wahndelikt[428].

Zusätzlich muss zur Bejahung des subjektiven Tatbestandes auch die so genannte Stoffgleichheit vorliegen. Diese kommt in Betracht, wenn der Vermögensschaden des Geschädigten mit dem erstrebten Vermögensvorteil identisch ist[429].

---

[425]-Schönke/Schröder-Cramer, § 263 Rdnr. 144; Lackner/Kühl, § 263 Rdnr. 42; SK-Samson, § 263 Rdnr. 167b; LK 10-Lackner, § 263 Rdnr. 316; Pasker, JA 1992, S. 191f; Maurach/Schroeder/Maiwald, § 41, Rdnr. 123; BGHSt 24, S. 257 (261).

[426]-Möhrenschlager, wistra, 1986, S. 128 (133), Schönke/Schröder-Cramer, § 263a Rdnrn. 31, 36; Dreher/Tröndle, § 263a Rdnrn. 12f; LK-Tiedemann, § 263a Rdnr. 76.

[427]-Wessels/Beulke, AT, Rdnr. 244; Schlüchter, JuS 1985, S. 373, 527, 617.

[428]-Mehr dazu Jescheck/Weigend, AT, § 50 II.

[429]-Bühler, MDR 1989, 24; Lenckner/Winkelbauer, CR 1986, S. 660.

Schließlich darf nicht vergessen werden, dass der bedingte Vorsatz ausreichend ist, den subjektiven Tatbestand des Computerbetruges zu bejahen. Der bedingte Vorsatz kommt in Betracht, wenn der Täter den Erfolg für möglich hält und sich damit abfindet[430]. Daraus folgt, dass es zwischen dem normalen Betrug und Computerbetrug keinen Unterschied in Bezug auf den subjektiven Tatbestand gibt.

III. Die Versuchsstrafbarkeit

1. Einführung

Gemäß § 263a II StGB ist der Versuch des Computerbetrugs strafbar. Der Versuch kommt in Betracht, wenn der Täter unmittelbar zur Tat ansetzt. Unmittelbares Ansetzen ist nach der herrschenden Meinung der Fall, wenn der Täter subjektiv die Schwelle „Jetzt-geht-es-los" überschritten und objektiv zur tatbestandsmäßigen Angriffshandlung angesetzt hat. Das objektiv gegebene Verhalten muss dabei selbst noch nicht tatbestandsmäßig sein, jedoch nach dem Gesamtplan des Täters so eng mit der tatbestandlichen Ausführungshandlung verknüpft sein, dass es bei ungestörtem Fortgang unmittelbar zur Verwirklichung des gesamten Straftatbestandes führen soll.

Zur Bejahung des Versuchs im Rahmen des Computerbetrugs muss wie bei den anderen Straftaten der Tatbestand nicht vollendet sein. Der Computerbetrug ist im Rahmen des Mahnverfahrens vollendet, wenn der Vollstreckungsbescheid erlassen und zugestellt wird, weil das Vermögen des Opfers in diesem Zeitpunkt einer konkreten Gefährdung ausgesetzt werden kann.

2. Die allgemeine Voraussetzungen einer Versuchstrafbarkeit

In Bezug auf die Strafbarkeit des Versuchs muss zuerst und vor allem zwischen dem Versuchsbeginn und den im Ausnahmefall strafbaren Vorbereitungshandlungen unterschieden werden[431].

Die Vorbereitungshandlungen sind die getroffenen Tätigkeiten, wie z.B. das Kaufen oder Besorgen einer Waffe, Sammeln von Informationen über den Tatort etc., die die Erfüllung der Tat besser ermöglichen oder erleichtern können[432].

---

[430]-Mehr dazu Wessels/Beulke, AT, Rdnrn. 214ff.

[431]-Wessels/Beulke, AT, Rdnr. 590; Otto, AT, § 18 Rdnr. 2.

Eigentlich sind die getroffenen Vorbereitungshandlungen straffrei, während der Versuch, der zustande kommt, wenn der entschlossene Täter zur Verwirklichung des Tatbestandes gemäß § 22 StGB unmittelbar ansetzt, strafbar ist.

Die Abgrenzung zwischen der Vorbereitung und dem unmittelbaren Ansetzen wird schwierig, wenn sich das Tätigwerden noch im Vorfeld der eigentlichen Tathandlung bewegt oder sich diese Grenze nicht eindeutig bestimmen lässt[433]. Deswegen hat § 22 StGB den Beginn des Versuchs nicht nur auf die objektiven Elemente (unmittelbares Ansetzen zur Tatbestandsverwirklichung), sondern auch auf die subjektiven Elemente ankommen lassen. Gemäß § 22 StGB kommt der Versuch in Betracht, wenn der Täter nach seiner Vorstellung von der Tat zur Verwirklichung des Tatbestandes unmittelbar ansetzt[434].

Wenn man die vorher dargestellte Erörterung auf den Computerbetrug anwenden will, kann man davon ausgehen, dass der strafbare Versuch in diesem Zusammenhang beginnt, wenn das geschützte Rechtsgut (das Vermögen des Opfers) aus Sicht des Täters gefährdet ist, weil sein Verhalten mit der tatbestandlichen Ausführungshandlung eng verknüpft ist, die nach seinem Plan und bei ungestörtem Fortgang unmittelbar zur Verwirklichung des Tatbestandes führen wird[435].

Das unmittelbare Ansetzen kann je nach Einzelfall festgestellt werden. Manchmal ergibt sich aus dem Plan und der Art des Tatbestandes ein Hinweis, dass der Täter objektiv unmittelbar angesetzt hat[436]. Das ist der Fall, wenn die vom Täter zur Verwirklichung der Straftat gesetzte Ursachenreihe seiner Vorstellung nach ohne Zäsur und ohne weitere wesentliche Zwischenakte in die eigentliche Tatbestandshandlung einmünden soll.

Zur Bejahung des Versuchs soll der Täter subjektiv die Schwelle zum „Jetzt geht es los" überschreiten mit dem Erfolg, dass das Rechtsgut aus seiner Sicht bereits zu diesem vorgelagerten Zeitpunkt in konkrete Gefahr gebracht wird[437].

---

[432]-Schönke/Schröder-Eser, § 22 Rdnrn. 1ff., 13; Lackner/Kühl, § 22 Rdnrn. 1ff.; Dreher/Tröndle, § 22 Rdnr. 3; Wessels/Beulke, AT Rdnr. 600.

[433]-Wessels/Beulke, AT, Rdnr. 598.

[434]-Schönke/Schröder-Eser, § 22 Rdnrn. 31ff.; Otto, AT, § 18 Rdnrn. 22ff.

[435]-Lackner/Kühl, § 22 Rdnr. 4; Schönke/Schröder-Eser, § 22 Rdnrn. 32ff., 39ff.; Dreher/Tröndle, § 22 Rdnrn. 8ff.; Wessels/Beulke, AT, Rdnr. 598; Otto, AT, § 18 Rdnrn. 28f; BGH, NStZ 1987, S. 20; BGHSt 22, S. 80f, 30, 363 (364).

[436]-Wessels/Beulke, AT, Rdnr. 598.

[437]-Wessels/Beulke, AT, Rdnr. 598; Schönke/Schröder-Eser, § 22 Rdnr. 42; Otto, AT, § 18 Rdnrn. 30ff; BGH, NStZ 1987, S. 20; BGHSt 37, S. 294 (296); BGH, NStZ 1997, S. 31.

3. Das Problem der Feststellung des unmittelbaren Ansetzens beim Computerbetrug

Der Versuch beginnt prinzipiell, wenn der Täter nach seiner Vorstellung davon ausgeht, dass er zur Verwirklichung der Tat unmittelbar ansetzt. Diese Unmittelbarkeit des Ansetzens kann man aus den Handlungen, die der Täter zur Verwirklichung seiner Straftat gemacht hat, feststellen[438].

Im Rahmen des normalen Betruges ist ein unmittelbares Ansetzen und damit der Versuchsbeginn zu bejahen, wenn der Täter mit einer Täuschungshandlung beginnt, wodurch ein Irrtum herbeigeführt wird, der einen Vermögensschaden und eine Vermögensgefährdung zur Folge hat. Der Täter beginnt also mit seinem Versuch, wenn er einen Irrtum hervorruft, der die schädigende Vermögensverfügung an der Seite des Opfers verursacht[439].

Im Gegensatz dazu kann der Täter im Rahmen des Computerbetruges das Gerät nicht täuschen. Dieses irrt auch nicht. Deswegen gibt es hier nicht so viele Zwischenakte bevor die Tat erfüllt wird, aus denen man schließen kann, dass der Täter mit der Verwirklichung des Computerbetruges unmittelbar angesetzt hat.

Das einzige, aus dem man schließen kann, dass der Täter mit der Verwirklichung des § 263a StGB unmittelbar angesetzt hat, ist, wenn der Täter mit Computermanipulationen beginnt, die auf eine unmittelbare Vermögensbeschädigung gerichtet sind[440].

4. Der Versuchsbeginn im Mahnverfahren

Wenn der Täter einen Antrag auf Erlass des Mahnbescheides stellt, kann man davon ausgehen, dass er die Schwelle zum strafbaren Versuchsbeginn überschreitet[441]. Dafür spricht, dass die Beantragung des Mahnbescheides, nach der Vorstellung des Täters, in die Tatbestandshandlung einmündet und damit eine Vermögensgefährdung verursachen wird, falls der Geschensablauf der Straftat ungestört bleibt und keine wesentlichen Zwischenschritte auftreten.

---

[438]-BGHSt, 37, S. 294 (296); LK 10-Vogler, § 22 StGB, Rdnrn. 58f; Schönke/Schröder-Eser, § 22 Rdnr. 35; Otto, AT, § 18 Rdnrn. 32f.

[439]-Lackner/Kühl, § 22 Rdnr. 3; OLG Zweibrücken, JR 1989, S. 390f; Seier, ZStW 1990, S. 563 (583ff.); BGH, NStZ 1997, S. 31; BGHSt 37, S. 294; Kienapfel, JR 1992, S. 121; Küper, JZ 1992, S. 338; Schönke/Schröder-Cramer, § 263 Rdnr. 179; Schönke/Schröder-Eser, § 22 Rdnr. 35; Otto, AT, § 18 Rdnr. 32, vgl. auch OLG Karlsruhe, NJW 1982, S. 59.

[440]-LK 11-Tiedemann, § 263a Rdnr. 79.

[441]-BGHSt 24, S. 257 (261); OLG Düsseldorf, NStZ 1991, S. 586.

Der Täter stellt sich also bei Beantragung des Mahnbescheides vor, dass diese Handlung bei ungestörtem Geschensablauf zur Verwirklichung des Tatbestandes führen wird. Dieses stimmt mit § 22 StGB überein, der den Versuch bejaht, wenn der Täter nach seiner Vorstellung mit der Verwirklichung des Tatbestandes unmittelbar angesetzt hat.

Darüber hinaus spricht es auch dafür, wenn dem Täter bekannt ist, dass sein Antrag auf Erlass des Mahnbescheides nicht genau überprüft wird. In diesem Fall und nach der Vorstellung des Täters ist die Vermögensgefährdung des Opfers, falls, wie angeführt, keine Zwischenakte in Betracht kommen, nahe liegend und eng mit der Beantragung des Mahnbescheides verknüpft.

Daraus folgt, dass der Täter im Rahmen des Mahnverfahrens unmittelbar ansetzt, wenn er einen Antrag auf dessen Erlass stellt.

IV. Der strafbefreiende Rücktritt

Der Rücktritt stellt einen persönlichen Strafaufhebungsgrund dar und daher kann der Täter nicht bestraft werden, wenn er wirksam von der Weitererfüllung der Tat zurücktritt[442].

Der strafbefreiende Rücktritt vom Versuch ist durch § 24 StGB geregelt. Gemäß § 24 I StGB kann der Täter wegen Versuchs nicht bestraft werden, wenn er freiwillig die weitere Ausführung der Tat aufgibt oder deren Vollendung verhindert. Wird die Tat ohne Zutun des Zurücktretenden nicht vollendet, so wird er straflos, wenn er sich freiwillig und ernsthaft bemüht, die Vollendung zu verhindern. Gemäß § 24 II StGB, der in Betracht kommt, wenn mehrere Personen an der Tat beteiligt sind, kann der Täter wegen Versuchs nicht bestraft werden, wenn er freiwillig die Vollendung verhindert. Jetzt stellt sich die Frage, wann man davon ausgehen kann, dass der Versuch beendet bzw. noch nicht beendet ist? Zur Beantwortung dieser Frage spielt die Sicht des Täters, ob noch weitere Schritte zur Vollendung der Tat erforderlich sind oder nicht, eine große Rolle[443]. Geht der Täter davon aus, dass er noch weitere Handlungen braucht, um die Straftat zu vollenden, so befindet er sich in diesem Fall in einem unbeendeten Versuch, von dem er zurücktreten kann. Nimmt er aus seiner Sicht an, dass er alles zur Vollendung der Tat gemacht hat, so befindet er sich hingegen in einem beendeten Versuch, von dem er, ausgenommen wenn er den Taterfolg aktiv verhindert, nicht zurücktreten kann.

---

[442]-Wessles/Beulke, AT, Rdnr. 626; Otto, AT, § 19 Rdnrn. 1ff.

[443]-Wessels/Beulke, AT, Rdnr. 631; Lackner/Kühl, § 24 Rdnrn. 3ff.; Dreher/Tröndle, § 24 Rdnrn. 3ff.; Schönke/Schröder-Eser, § 24 Rdnrn. 6ff., 12ff; Otto, AT, § 19 Rdnr. 7.

Wird dies auf das Mahnverfahren übertragen, so kann man davon ausgehen, dass der Täter sich vor Beantragung des Vollstreckungsbescheides in einem unbeendetem Versuch befindet, weil zur Herbeiführung der Vermögensgefährdung seiner Vorstellung nach noch weitere Schritte, wie das Stellen des Antrages auf Erlass des Vollstreckungsbescheides, der das Vermögen des Opfers verringert, erforderlich ist. Verzichtet er darauf, einen Antrag auf den Erlass des Vollstreckungsbescheides zu stellen, kann dies so angesehen werden, dass er von seiner Tat (Computerbetrug) zurückgetreten ist. Beantragt er jedoch den Vollstreckungsbescheid, befindet er sich in einem beendeten Versuch, von dem er nicht zurücktreten kann, es sei denn, wenn er den Tatbestandserfolg aktiv verhindert. Das ist der Fall, wenn er den Antrag auf den Erlass des Vollstreckungsbescheides zurücknimmt.

Eine weitere Voraussetzung für das erfolgreiche Zurücktreten besteht darin, dass der Täter gemäß § 24 I StGB freiwillig zurücktreten muss. Dies kommt in Betracht, wenn der Täter von der weiteren Ausführung der Tat Abstand nimmt. Bei dem Mahnverfahren kann der Täter von der weiteren Tatausführung freiwillig zurücktreten, wenn er die Beantragung des Vollstreckungsbescheides bloß unterlässt.

Zuvördert darf der Versuch des Täters nicht fehlgeschlagen sein[444]. Der Versuch ist fehlgeschlagen, wenn die zu seiner Ausführung vorgenommenen Handlungen ihr Ziel nicht erreichen und der Täter erkannt hat, dass er mit den ihm zur Verfügung stehenden Mitteln den tatbestandlichen Erfolg entweder gar nicht mehr oder nicht ohne zeitlich relevante Zäsur herbeiführen kann.

V. Die Konkurrenzen

Tateinheit ist beispielsweise möglich mit den §§ 266 (Untreue), 266b (Missbrauch von Scheck- und Kreditkarten), 269 (Fälschung beweiserheblicher Daten), 303 (Sachbeschädigung), 303a Datenveränderung, und 303b (Computersabotage)[445].

In Bezug auf das Verhältnis und damit auf die Konkurrenzfrage zwischen §§ 263a und 263 StGB geht eine Meinung[446] davon aus, dass es möglich ist, die beiden Vorschriften zu bejahen. Als Beispiel dafür kommt in Betracht, wenn der Täter eine getäuschte Person zum Zweck der Bedienung des Computers (als Werkzeug) einschaltet.

---

[444]-Wessls/Beulke, AT, Rdnrn. 628 u. 654a.

[445]-Dreher/Tröndle, § 263a Rdnr. 16.

[446]-Lackner/Kühl, § 263a Rdnr. 9; LK 11-Tiedemann, § 263a Rdnr. 38.

Nach dieser Ansicht ist dieses Problem (nämlich das Vorliegen der beiden Tatbestände) bei der Gesetzkonkurrenz zu lösen. Folglich tritt § 263a StGB hinter § 263 StGB zurück, weil er ein bloßer Auffangtatbestand für derartige Fälle, die von § 263 StGB nicht erfasst sind, ist[447].

Eine andere Auffassung nimmt in Bezug auf die Gesetzeskonkurrenz an, dass zwischen den beiden Tatbeständen ein tatbestandliches Exklusivitätsverhältnis besteht. Daher kann in diesem Fall und in den anderen Fällen entweder nur Betrug oder Computerbetrug vorliegen[448].

Nach dieser Erörterung ist die zweite Auffassung vorzuziehen. Das ergibt sich aus der gesetzgeberischen Intention bei Schaffung des Tatbestandes des Computerbetruges.

Der Funktion des § 263a StGB nach besteht die Intention des Gesetzgebers darin, dass die Straftaten, die mangels einer Täuschung und Irrtumserregung nicht unter § 263 StGB zu subsumieren sind, von § 263a StGB erfasst werden. Aus diesem Grund sollte man an dem Prinzip der tatbestandlichen Exklusivität festhalten. Vor Einführung des § 263a StGB wurden jene Straftaten, wie oben beschrieben, unter §§ 242, 266 oder unter 265a StGB subsumiert, was damals ein großes Problem darstellte, da dies systematisch schwer vorstellbar ist.

VI. Die Zusammenfassung

Der Computerbetrug, der durch Art. 1 Nr. 9 des zweiten Gesetzes zur Bekämpfung der Wirtschaftskriminalität in das Strafgesetzbuch eingeführt wurde[449], kommt in Betracht, wenn der Täter das Vermögen eines anderen durch unrichtige Gestaltung des Programms, Verwendung unrichtiger oder unvollständiger Daten, unbefugte Verwendung von Daten oder sonst durch unbefugte Einwirkung auf den Ablauf, beschädigt. Mit anderen Worten kann man sagen, dass der Tatbestand des § 263a StGB gegeben ist, wenn der Täter das Ergebnis eines vermögenserheblichen Datenverarbeitungsvorganges in der Absicht beeinflusst, sich oder einen anderen einen rechtswidrigen Vermögensvorteil zu verschaffen. Außerdem muss der Täter, damit er wegen § 263a StGB bestraft werden kann, durch seine Handlung einen Vermögensschaden herbeiführen.

Wenn man den Wortlaut des § 263a StGB und insbesondere die vierte Tatbestandsvariante anschaut, stellt man fest, dass die Formulierung des § 263a StGB weit gefasst ist. Die Gründe dafür liegen darin, dass sich die Computerkriminalität und besonders der Computerbetrug

---

[447]-Dreher/Tröndle, § 263a Rdnr. 15.
[448]-SK-Samson, § 263a StGB, Rdnr. 26; Schönke/Schröder-Cramer, § 263a Rdnr. 26.
[449]-Dreher/Tröndle, § 263a Rdnr. 1.

schnell weiterentwickeln. Daher will der Gesetzgeber alle möglichen Strafbarkeitslücken, die in der Zukunft auftreten können, durch die vierte Tatbestandsalternative des § 263a StGB schließen.

In Bezug auf das geschützte Rechtsgut des § 263a StGB, nämlich das Vermögen eines anderen, kann man sagen, dass es sich von dem durch § 263 StGB geschützten Rechtsgut nicht unterscheidet; daher stellt sich die Frage, ob § 263 StGB in der Lage ist, Anwendung auf den Computerbetrug zu finden.

Wenn man den Wortlaut des § 263 StGB beobachtet, stellt man fest, dass er unter anderem Irrtumserregung und Täschungshandlung voraussetzt. Der Täter muss also in diesem Bereich das Opfer über eine Tatsache täuschen, wodurch ein Irrtum hervorgerufen wird, der zu einer Vermögensverfügung führt. Unter Täuschung kann man die Einwirkung auf den Intellekt und die Vorstellung eines anderen verstehen. Unter Irrtum ist das unbewusste Auseinanderfallen von Vorstellung und Wirklichkeit zu verstehen. Im Gegensatz zum Menschen kann der Computer keine Vorstellung von Tatsachen haben. Daher kann man sagen, dass die Täuschungshandlung und Irrtumserregung nur bei Menschen herabgeführt werden kann. Mit anderen Worten kann der § 263 StGB auf die Fälle des Computerbetruges keine Anwendung finden. Ist aber eine Kontrollperson zur Eingabe der Daten in einen Computer angestellt und wird über die Daten getäuscht, so kann man in diesem Fall die Anwendbarkeit des § 263 StGB auf den Computerbetrug bejahen.

Bezüglich der möglichen Anwendbarkeit des § 242 StGB auf die Fälle der Computerbetrügereien, in denen der Täter eine Kodekarte stiehlt und mit ihrer Hilfe Geld am Bankautomaten abhebt, kann man sagen, dass die Anwendbarkeit des § 242 StGB auf diese Fälle nicht möglich ist, weil sie an der Wegnahme scheitert. Nach der überwiegenden Meinung[450] ist die Bank mit der Übereignung des Geldes einverstanden, wenn die Geldscheine unter äußerlich funktionsgerechter Benutzung des Geldautomaten erlangt werden. Hier hat der Täter die richtige Kodekarte und die richtige PIN-Nummer eingegeben, daher kann man das Tatbestandsmerkmal des § 242 StGB, nämlich die Wegnahme, nicht bejahen.

Außerdem kann § 246 StGB auf diesen Fall keine Anwendung finden, weil er nicht in der Lage ist, den Fall der Giralgeldfehlbuchung unter Strafe zu stellen, was zu einer Strafbarkeitslücke führen würde. Darüber hinaus kann man gegen die Anwendbarkeit dieser Vorschrift auf diesen Fall sagen, dass die Bank die Geldscheine gemäß § 929 BGB mittels des Automaten an

---

[450]-BGH, JZ 1988, S. 361ff.

den formal durch die Kodekarte ausgewiesenen Kartenbesitzer übereignen will. Daher fehlt es für die Anwendbarkeit des § 246 StGB an dem Tatbestandsmerkmal „fremd".

Ebenso kann § 266 StGB, der zwei Tatbestände umfasst, nämlich Missbrauchtatbestand und Treubruchtatbestand, auf diesen Fall keine Anwendung finden. Der Tatbestand des § 266 StGB kommt in Betracht, wenn der Täter fremden Vermögensinteressen, die von einiger Bedeutung sind und die er zu betreuen hat, Nachteil zufügt. Aufgrund dieser Tatsache kann man entsprechend der herrschenden Meinung[451] davon ausgehen, dass diese beiden Tatvarianten eine Vermögensbetreuungspflicht fordern. Die Anwendbarkeit des § 266 StGB auf die vorher erwähnten Fall ist nicht zu bejahen, weil dem Täter in diesem Fall keine Vermögensbetreuungs- bzw. Vermögensfürsorgepflicht im Verhältnis zur Bank obliegt.

Darüber hinaus ist auch zu erwähnen, dass § 265a StGB nicht in der Lage ist, Anwendung auf den vorher erwähnten Fall zu finden. Die herrschende Meinung[452] geht davon aus, dass der in § 265a StGB genannte Automat sich nur auf Leistungsautomaten bezieht. Daher sind Warenautomaten keine Automaten i.S.d. § 265a StGB, weil der Leistungsgegenstand, für den das Entgelt entrichtet wird, hier allein die Sache ist, nicht aber eine um ihrer selbst Willen produzierte Leistung des Automaten. Außerdem kann man gegen die Anwendbarkeit des § 265a StGB auf den vorher genannten Fall sagen, der subjektive Tatbestand des § 265a StGB verlangt, dass der Täter Absicht haben soll, das Entgelt nicht zu entrichten. Eine derartige Absicht ist im Fall des Bankautomatenmissbrauchs nicht vorhanden. Aus allen diesen Gründen war es von Bedeutung die Vorschrift des § 263a StGB zu schaffen.

In Bezug auf das Verhältnis zwischen den §§ 263, 263a StGB kann man sagen, dass es zwischen den beiden ein tatbestandliches Exklusivitätsverhältnis gibt, daher kann entweder nur Betrug nach § 263 StGB oder Computerbetrug gemäß § 263a StGB vorliegen.

Schließlich stellt sich im Bereich des § 263a StGB das Problem, ob diese Vorschrift verfassungswidrig ist oder nicht, weil er, einer Meinung nach[453], gegen Art. 103 II GG verstößt. Gemäß diesem Artikel kann eine Tat bestraft werden, wenn die Strafbarkeit gesetzlich bestimmt war, bevor die Tat begangen wurde. Der Meinung, die sich auf die in der dritten und besonders in der vierten Tatbestandsvariante befindliche „Unbefugtheit" beruft und damit von der Verfassungswidrigkeit des § 263a StGB ausgeht, kann nicht zugestimmt werden, weil dieses Tatbestandsmerkmal anders auszulegen ist. Unbestritten ist in der Rechtssprechung und im Schrifttum, dass der Begriff „unbefugt" einer einschränkenden

---

[451] -Schönke/Schröder-Lenckner, § 266 Rdnrn. 11, 23; SK-Samson, § 266 Rdnrn. 13, 18/19.

[452] -OLG Stuttgart, MDR 1982, S. 772; Schönke/Schröder-Lenckner, § 265a Rdnr. 4.

[453] -Spahn, Jura 1989, S. 513ff. (520); LK 11-Tiedemann, § 263a Rdnrn. 4ff.

Interpretation bedarf[454]. Der Computerbetrug ist in seiner Struktur eng an § 263 StGB angelehnt, deswegen soll das Tatbestandsmerkmal „unbefugt" in Anlehnung an den § 263 StGB ausgelegt werden[455]. Aufgrund dieser Auslegung kann man sagen, dass die unbefugte Datenverwendung einen Täuschungswert i.S.d. § 263 StGB haben muss. Daher kann man gegen die von der Verfassungswidrigkeit des § 263a StGB ausgehende Meinung sagen, dass das Tatbestandsmerkmale „Unbefugtheit" doch klar bestimmt und damit diese Vorschrift verfassungsmäßig ist.

---

[454]-Schönke/Schröder-Cramer, § 263a Rdnr. 11.
[455]-BGH, NJW 1992, S. 445f.

C. Die Computerspionage (Ausspähen von Daten § 202a StGB)

(1) Wer unbefugt Daten, die nicht für ihn bestimmt und die gegen unberechtigten Zugang besonders gesichert sind, sich oder einem anderen verschafft, wird mit Freiheitsstrafe bis zu drei Jahren oder mit Geldstrafe bestraft.

(2) Daten im Sinne des Absatzes 1 sind nur solche, die elektronisch, magnetisch oder sonst nicht unmittelbar wahrnehmbar gespeichert sind oder übermittelt werden.

I. Einleitung

Seit dem Inkrafttreten des 2. WiKG ist das Ausspähen von Daten durch § 202a StGB unter Strafe gestellt. Strafbar macht sich danach, wer sich oder einem anderen Daten i.S.d. Absatz 2 verschafft, die für ihn nicht bestimmt und gegen unberechtigten Zugang besonders gesichert sind.

Unter Computerspionage ist das Verschaffen von Daten, die gegen unberechtigten Zugang besonders gesichert sind, zu verstehen.

Tatobjekt der Computerspionage sind vor allem Computerprogramme, Forschungs- und Rüstungsdaten, Daten des kaufmännischen Rechnungswesens sowie Kundenadressen.

1. Die Notwendigkeit der Einführung des § 202a StGB

Vor Einführung dieser Vorschrift in das Strafgesetzbuch wurde auf den Tatbestand des Ausspähens von Daten der § 242 StGB angewandt, der in Betracht kam, wenn der Täter eine fremde bewegliche Sache einem anderen in der Absicht wegnimmt, die Sache sich oder einem Dritten rechtswidrig zuzueignen. Aufgrund dieser Auslegung kann die Anwendbarkeit des § 242 StGB auf den Fall des Ausspähen von Daten nicht erfolgreich sein, weil die Daten i.S.d. § 202a StGB keine bewegliche Sachen sind.

Darüber hinaus können die folgenden Vorschriften, die sich damals vor Einführung des § 202a StGB mit Spionagefälle beschäftigt haben, nicht erfolgreich auf die Datenspionage angewandt werden, was den Gesetzgeber gezwungen hat, die Vorschrift des § 202a StGB in das Strafgesetzbuch einzuführen. Folgende Vorschriften kämen für eine Strafbarkeit der Datenspionage in Betracht:

1. Der § 41 BDSG kann die Spionagefälle nicht richtig behandeln, weil er sich auf personenbezogene Daten bezieht,

2. außerdem ist die Anwendbarkeit des § 201 StGB auf die Spionagefälle nicht unproblematisch, da diese Vorschrift das Abhören des nichtöffentlichen Wortes unter Strafe stellt,

3. ebenso können die Spionagefälle von § 203 III StGB nicht richtig erfasst werden, weil er in den Schutzbereich des Tatbestandes auch einen anderen zur Gedankenübermittlung bestimmten Träger mit einbezieht,

4. der § 202 III StGB beschränkt sich im Gegensatz zu § 202a StGB auf den Schutz fixierter menschlicher Gedanken. Außerdem kann er im Gegensatz zu § 202a StGB nicht auf Daten im Übermittlungsstadium bezogen werden. Er schützt also nur die auf Papier fixierten Daten. Daher kann der § 202 III StGB auf die Fälle der Datenspionage nicht angewandt werden, was die Einführung des § 202a StGB, der das formelle Geheimhaltungsinteresse des über die Daten Verfügungsberechtigten schützt, veranlasst hat.

Durch Einführung dieser Vorschrift konnten also die nach altem Recht bestehenden erheblichen Strafbarkeitslücken bei der Bekämpfung der verschiedenen Erscheinungsformen der Computerkriminalität geschlossen werden[456]. In Bezug aber auf den Hacker, der nur aus Spaß in einen Computer eindringt, taucht das Problem auf, ob in diesem Fall das Tatbestandsmerkmal „Verschaffen" aufgrund des § 202a StGB zu bejahen ist. Dieses Problem soll unter dem Tatbestandsmerkmal „Verschaffen" behandelt werden.

2. Das Rechtsgut des § 202a StGB

Das Rechtsgut des § 202a StGB, dessen Tatbestand in Betracht kommt, wenn der Täter Daten, die nicht für ihn bestimmt und gegen unberechtigten Zugang besonders gesichert sind, sich oder einem anderen verschafft, ist umstritten.

Noch bevor auf die Meinungen in Bezug auf diese Frage, d.h. auf das geschützte Rechtsgut, eingegangen wird, soll festgestellt werden, dass § 202a StGB nicht die Verletzung des persönlichen Lebens- und Geheimbereiches schützt, obwohl er im 15. Abschnitt des Strafgesetzbuches eingefügt ist[457]. Darüber hinaus kann er die Verschlüsselung oder die Sicherungen der Daten selbst nicht schützen[458], sondern nur die gesicherten Daten selbst, die

---

[456]-Schönke/Schröder-Cramer, § 202a Rdnr. 1.

[457]-Der Gesetzgeber wollte jedoch Persönlichkeitsverletzungen nicht aus dem Schutzbereich der Norm ausschließen, LK 10- Jähnke, § 202a Rdnr. 2; Bühler, MDR 1987, S. 452.

[458]-Möhrenschlager, wistra 1986, S. 140.

im Gegensatz zu § 203 StGB und § 17 UWG keine materiellen Geheimnisse darstellen dürfen[459].

In Bezug aber auf die Frage des geschützten Rechtsguts geht eine Meinung[460] davon aus, dass das Rechtsgut des § 202a StGB wie beim Diebstahl das Vermögen ist. Diese Meinung beruft sich auf das Wort „verschaffen" und geht davon aus, dass es beim § 202a StGB um eine Form des Datendiebstahles geht, die sich aber vom normalen Diebstahl durch das Verbleiben von den ursprünglichen Daten beim Berechtigten unterscheidet.

Gegen diese Meinung spricht, dass der Wortlaut des § 202a StGB keinerlei Anhaltspunkte dafür gibt, dass nur die vermögenswesentlichen Daten zu schützen sind. Darüber hinaus spricht auch dagegen, dass sich der Gesetzgeber bei der Schaffung des Tatbestandes des § 202a StGB an den Regelungen des §§ 202ff. orientiert, die die Privatsphäre, Betriebes- und Geschäftsgeheimnisse sowie immaterielle Interessen des Verfügungsberechtigten an Daten schützt[461].

Die überwiegende und zutreffende Meinung geht davon aus, dass es sich bei dem Rechtsgut des § 202a StGB um das Verfügungsinteresse desjenigen handelt, der Herr der Daten ist bzw. um das formelle Geheimhaltungsinteresse des Verfügungsberechtigten der Daten[462].

Es darf aber nicht außer Acht gelassen werden, dass der Verfügungsberechtigte der Daten gemäß § 202a StGB sein Geheimhaltungsinteresse durch eine besondere Sicherung dokumentieren muss[463]; dies kann auch durch eine versteckte Sicherung geschehen[464]. Das Rechtsgut wird also nur dann geschützt, wenn dessen Inhaber hiermit nicht völlig sorglos umgeht[465].

3. Der Schutzbereich des § 202a StGB gegenüber Daten Dritter

Hat der Täter vom Inhalt der ausgespähten Daten nicht nur das Geheimhaltungsinteresse des über die Daten Verfügungsberechtigten, sondern auch eine andere Person beeinflusst, so stellt

---

[459]-Tiedeman, JZ 1986, S. 870f.

[460]-Bühler, MDR 1987, S. 452; Grosch/Liebl, CR 1988, S. 573.

[461]-Frommel, JuS 1987, S. 66.8

[462]-Möhrenschlager, wistra 1986, S. 140 und 1991, S. 327; Leicht, iur. 1987, S. 45; Lackner/Kühl, § 202a Rdnr. 1; Schönke/Schröder-Lenckner, § 202a Rdnr. 1; Frommel, JuS 1987, S. 668.

[463]-Möhrenschlager, wistra 1986, S. 140 und 1991, S. 327; Tiedemann, JZ 1986, S. 870; Artz/Weber, BT 4, Rdnr. 91; Leicht, iur. 1987, S. 45.

[464]-Dreher/Tröndle, § 202a Rdnr. 7a.

[465]-Schönke/Schröder-Lenckner, vor § 13 Rdnr. 70b.

sich die Frage, ob diese andere Person vom Tatbestand des § 202a StGB zu schützen ist oder nicht.

Es besteht, wie vorher erwähnt, Einigkeit darüber, dass der § 202a StGB die Interessen des Verfügungsberechtigten über die Daten schützt. Bezüglich aber der Interessen der vom Inhalt der Daten betroffenen Person geht eine Meinung davon aus, dass sie auch von dieser Vorschrift zu schützen ist, wenn sie dem Verfügungsberechtigten gegenüber ein Recht auf Wahrung der Vertraulichkeit hat[466]. Das ist der Fall, wenn beispielsweise Daten eines Arztes, die einen Patient betreffen, ausgespäht werden.

In diesem Fall hat der Patient dem Arzt gegenüber ein Recht, dass seine Daten Vertraulich behandelt werden und deswegen hat es ein Interesse daran, neben dem Interesse des Verfügungsberechtigten (des Arztes) über die Daten, von § 202a StGB geschützt zu werden. Die zutreffende Ansicht[467] geht davon aus, dass der Schutzbereich des § 202a StGB nur das Interesse des Verfügungsberechtigten über die Daten betrifft. Daher ist, dieser Meinung nach, das Interesse der von diesen ausgespähten Daten betroffenen Person[468], nicht mehr vom Schutz des § 202a StGB erfasst, weil das Interesse dieser Person, welches personenbezogene Daten umfasst, bereits durch § 43 BDSG geschützt ist.

II. Der Tatbestand

1. Der objektive Tatbestand

Der objektive Tatbestand des § 202a StGB ist erfüllt, wenn der Täter unbefugt Daten, die nicht für ihn bestimmt und gegen unberechtigten Zugang besonders gesichert sind, sich oder einem anderen verschafft[469]. Die Frage, die sich jetzt stellt, ist, was man unter dem Datenbegriff verstehen kann.

1.1. Der Datenbegriff

Die Literatur geht in Bezug auf die durch das 2. WiKG eingeführten Tatbestände davon aus, dass der Datenbegriff in diesen Straftaten weit ausgelegt werden sollte.

---

[466]-Arzt/Weber, BT 4, Rdnr. 95.

[467]-Schönke/Schröder-Lenckner, § 202a Rdnr. 1.

[468]-Lenckner/Winkelbauer, CR 1986, S. 485; SK-Samson, § 202a Rdnr. 1.

[469]- Mühle, Diss. 1998, S. 60f.

Daher sind Daten alle durch Zeichen oder kontinuierliche Funktion dargestellten Informationen, die Gegenstand, Mittel oder Ergebnis eines Datenverarbeitungsvorgangs sind[470].

Aufgrund dieser Definition kann man feststellen, dass es unerheblich ist, ob die Daten noch einer weiteren Verarbeitung bedürfen[471], oder ob sie irgendeinen wirtschaftlichen, wissenschaftlichen oder ideellen Wert haben[472].

Darüber hinaus können aufgrund dieser Definition das Datum[473] sowie Betriebessysteme oder Daten, die durch einen Zugangscode, wie z.B. Passwörter, geschützt sind, unter den Datenbegriff subsumiert werden[474]. Die Frage, die sich jetzt stellt, ist, ob auch Programme unter den Datenbegriff i.S.d. des § 202a II StGB fallen können oder nicht.

Eine Meinung beruht auf der im Rahmen des § 263a StGB genannten Unterscheidung zwischen Daten und Programmen und lässt deshalb das Programm vom Datenbegriff des § 202a StGB ausscheiden[475].

Gegen diese Auffassung spricht, dass ein Computerprogramm nichts anderes ist, als eine Ansammlung bestimmter einzelner Daten im Sinne der oben verwendeten Definition. Darüber hinaus spricht auch dagegen, dass das Ausklammern des Computerprogramms aus dem Datenbegriff des § 202a StGB der Intention des Gesetzgebers entgegensteht, der die Programme auch unter den Anwendungsbereich des § 202a StGB fallen lassen wollte[476]. Aus diesen Gründen geht die überwiegende und zutreffende Auffassung[477] davon aus, dass Programme auch unter den Datenbegriff des § 202a II StGB fallen.

Obwohl der Datenbegriff in diesem Zusammenhang weit auszulegen ist, haben der Absatz 1 und Absatz 2, der eine Legaldefinition des Datenbegriffs beinhaltet, die weite Auslegung der Daten eingeschränkt.

---

[470]-LK 10-Jähnke, § 202a Rdnr. 3.
[471]-Schönke/Schröder-Lenckner, § 202a Rdnr. 3.
[472]-LK 10-Jähnke, § 202a Rdnr. 3.
[473]-Dreher/Tröndle, § 202a Rdnr. 6.
[474]-Möhrenschlager, wistra 1986, S. 140; Schönke/Schröder-Lenckner, § 202a Rdnr. 3.
[475]-Gravenreuth, NStZ 1989, S. 205f.
[476]-Lenckner/Winkelbauer, CR 1986, S. 485.
[477]-Schönke/Schröder-Lenckner, § 202a Rdnr. 3; Dreher/Tröndle, § 202a Rdnr. 6.

1.2. Die Tathandlung

Die Tathandlung des § 202a I StGB kommt in Betracht, wenn der Täter gesicherte Daten sich oder einem anderen unbefugt verschafft. Das Gesetz hat den Begriff des Verschaffens nicht definiert und deswegen könnte man vielleicht auf den § 96 StGB (landesverräterische Ausspähung) abstellen, der auch mit diesem Begriff zu tun hat. Gemäß dieser Vorschrift liegt ein Verschaffen vor, wenn der Täter für sich oder einen anderen Kenntnis von einem Geheimnis erlangt.

Wenn man diese Erörterung auf den § 202a StGB anwenden möchte, stellt man fest, dass Verschaffen i.S. dieser Vorschrift in Betracht kommt, wenn der Täter bzw. der Dritte durch optische oder akustische Wahrnehmung von Daten tatsächlich Kenntnis genommen hat. Eine inhaltliche Kenntnisnahme wird nicht verlangt[478].

Hat der Täter sich oder einem anderen den Besitz an einem Datenträger verschafft, so kann man in diesem Fall auch das Verschaffen i.S.d. § 202a StGB bejahen. Darüber hinaus kann man in Bezug auf die verschlüsselten Daten den Verschaffen i.S.d. § 202a StGB bejahen, wenn der Täter eine tatsächliche Kenntnisnahme von den decodierten Daten oder aber zumindest den Besitz des Schlüssels[479] hierzu erlangt. Das hat seine Gründe darin, dass der Gesetzeswortlaut nicht voraussetzt, dass die Tathandlung auf die Überwindung der Zugangssicherung abzielt.

Im Gegensatz dazu liegt kein Verschaffen vor, wenn der aus Spaß in einen Computer eindringende Hacker keine Kenntnis von den darauf gespeicherten Daten nimmt[480]. Es müssen also zur Bejahung des Verschaffens und damit des Tatbestandes des § 202a StGB Daten abgerufen und Schaden oder wenigstens eine Rechtsgutbeeinträchtigung, wie z.B. die Verletzung des Verfügungsrechts über Informationen verursacht werden. Das bloße Eindringen in das System ist also nicht strafbar, dagegen reicht das bloße Wahrnehmen wiederum aus.

---

[478]-Bühler, MDR 1987, S. 453.

[479]-Lenckner/Winkelbauer, CR 1986, S. 488.

[480]-Lenckner/Winkrlbauer CR 1986, S. 488; SK-Samson, § 202a Rdnr. 11; Lackner/Kühl, § 202a 5; Bühler, MDR 1987, S. 453.

1.3. Die Beschränkungen des § 202a I StGB

1.3.1. Die Daten dürfen nicht für den Täter bestimmt sein

Aufgrund dieser Beschränkung setzt der objektive Tatbestand des § 202a StGB voraus, dass die Daten, die gemäß dieser Vorschrift zu schützen sind, nicht für den Täter bestimmt sein dürfen[481]. Loggt sich der Täter trotzdem in einen Computer ein und nimm er von den Daten Kenntnisse, so kann er wegen § 202a StGB bestraft werden[482].
Sind die Daten für den Täter bestimmt, entfällt die Tatbestandsmäßigkeit[483]. Dieser Sinngehalt des Tatbestandes lässt sich auch schon aus der Überschrift „Ausspähen von Daten" entnehmen.

a. Der Maßstab der Bestimmtheit der Daten für den Täter

Die Daten sind für den Täter nicht bestimmt, wenn sie nach dem Willen des Berechtigten dem Täter im Zeitpunkt des Begehens der Tat nicht zur Verfügung stehen sollen[484]. Es hängt also vom Willen des Verfügungsberechtigten ab[485].
Der Verfügungsberechtigte ist in Bezug auf die gespeicherten Daten in der Regel die Person, die die Daten gespeichert hat[486]. Bezüglich der Daten, die zu übermitteln sind, ist jedoch der Verfügungsberechtigte der Empfänger[487].
Ist der Verfügungsberechtigte einverstanden, dass der Täter den Inhalt seiner Daten kennt, so kommt hier der Tatbestand des § 202a StGB nicht in Betracht, weil es an dem tatbestandsausschließenden Einverständnis scheitert[488]. Ein Beispiel dafür kommt in Betracht, wenn z.B. ein Unternehmen einen Hacker zu dem Zweck beauftragt, in seinen Computer, nämlich in den Computer des Unternehmens, einzudringen. Dieser Hacker kann dann nicht wegen § 202a

---

[481]-Schönke/Schröder-Cramer, § 202a Rdnr. 6.
[482]-Dreher/Tröndle, § 202a Rdnr. 7 weist in diesem Zusammenhang zutreffend darauf hin, dass § 202a StGB, keine Urheberschutzvorschrift ist, ebenso Schönke/Schröder-Lenckner, § 202a Rdnr. 6.
[483]-Bühler, MDR 1987, S. 453.
[484]-Schönke/Schröder-Lenckner, § 202a Rdnr. 6.
[485]-Lackner/Kühl, § 202a Rdnr. 3; Möhrenschlager, wistra 1986, S. 140
[486]-Arzt/Weber, BT 4, Rdnr. 97.
[487]-Schönke/Schröder-Lenckner, § 202a Rdnr. 6.
[488]-LK 10-Jähnke, § 202a Rdnr. 17 Zur Abgrenzung zwischen tatbestandsausschließender und rechtfertigender Einwilligung siehe unten S. 79f.

StGB bestraft werden, selbst wenn er den Inhalt der Daten, die sich auf dem Computer befinden, kennt. Darüber hinaus kann der Hacker, der vom Einverständnis des Verfügungsberechtigten keine Kenntnisse hat, wegen § 202a StGB nicht bestraft werden, weil der Täter von dem Einverständnis des Verfügungsberechtigten Kenntnis haben muss[489]. Außerdem kann der Hacker, der nur eine Sicherheitslücke aufdecken will, nicht wegen § 202a StGB bestraft werden, wenn er dem Verfügungsberechtigten, der davon ausgeht, dass sein Computer keine Sicherheitslücke enthält, nur beweisen will, dass diese Lücke doch besteht.

Zudem kann der Datenspion, der die ihm zur Erledigung seiner Arbeit überlassenen Daten an Dritte weitergibt, wegen § 202a StGB nicht bestraft werden, da diese Daten ja für den Datenspion bestimmt sind, wenngleich sich dieser treuwidrig verhält.

Darüber hinaus kann auch der untreue Mitarbeiter wegen § 202a StGB im Gegensatz zu § 17 UWG nicht bestraft werden, wenn er geheime Unternehmensdaten, zu denen er Zugang hat, z.B. aus Konkurrenzgründen einem Dritten zugänglich macht. Das hat seine Gründe und zwar, dass die hier weitergegebenen Daten oder Programme, auf die er Zugriffmöglichkeiten hat, für ihn bestimmt sind.

Hat der Täter in diesem Fall auf die Daten keine Zugangsmöglichkeiten, so fällt er doch unter den Anwendungsbereich des § 202a StGB, weil die verschafften Daten in diesem Fall für ihn nicht bestimmt sind.

Darüber hinaus sind die Daten für den Täter nicht bestimmt, selbst wenn sie sich auf ihn beziehen[490]. Daher kann sich die Person, die ihre eigenen Daten, z.B. aus der Datenbank, unzulässig abruft, gemäß § 202a StGB strafbar machen.

Ist diese Person jedoch ordnungsgemäß an die Datenbank angeschlossen, so kann sie nicht wegen § 202a StGB bestraft werden, selbst wenn sie nicht ihre eigenen, sondern andere Daten abruft. Ruft sie ohne einen solchen ordnungsgemäßen Anschluss Daten aus der Datenbank ab, so macht sie sich nach § 202a StGB strafbar[491]. Im Gegensatz dazu kann sich der Anschlussinhaber nicht gemäß § 202a StGB strafbar machen, wenn ihm nur die Nutzung untersagt, der Anschluss aber nicht gesperrt wird[492].

---

[489]-In diesem Fall wäre auch an die mutmaßliche Einwilligung zu denken, falls der Verfügungsberechtigte sein Einverständnis mit der Aufdeckung von Sicherheitsmängeln nicht rechtzeitig erteilen kann; Dreher/Tröndle, vor § 32 Rdnr. 4; Lackner/Kühl, vor § 32 Rdnrn. 19ff.

[490]-Schönke/Schröder-Lenckner, § 202a Rdnr. 6; Lackner/Kühl, § 202a Rdnr. 3.

[491]-Schönke/ Schröder-Lenckner, § 202a Rdnr. 6; Lackner/Kühl, § 202a Rdnr. 3; Arzt/Weber, BT 4, Rdnr. 97.

[492]-Schönke/Schröder-Lenckner, § 202a Rdnr. 6; Lenckner/Winkelbauer, CR 1986, S. 486.

b. Sonderproblem: Softwarehersteller

Interessant ist der Fall, dass der Softwarehersteller einem Nutzer einige Daten eines Programms zugänglich macht, damit er, nämlich der Nutzer, feststellen kann, ob die Daten zu seiner Hardware-Konfiguration passen oder nicht[493] und dieser Nutzer eine Raubkopie von sämtlichen Daten anfertigt, die sich auf diesem Programm befinden.

In diesem Fall stellt sich die Frage, ob der Nutzer, der auch die Daten, die der Softwarehersteller durch einen Code gesichert hat, verarbeitet, wegen § 202a StGB zu bestrafen ist, obwohl er das Programm berechtigt besitzt.

Um den Nutzer wegen dieser Vorschrift bestrafen zu können, dürfen die verarbeiteten Daten für ihn nicht bestimmt sein.

Die herrschende Meinung[494] geht grundsätzlich davon aus, dass auch bei berechtigtem Besitz eines Programms, z.B. durch Erwerb, die Programmdaten nicht notwendigerweise für den berechtigten Softwarenutzer bestimmt sein müssen.

Bei der Frage, ob die Daten also für den Nutzer bestimmt sind oder nicht, kommt es nicht auf den berechtigten Besitz an, sondern darauf, ob es ihm erlaubt ist, eine Kenntnis von den Daten zu erlangen oder nicht.

Der Softwarehersteller wollte dem Nutzer in diesem Fall nicht sämtliche Daten zugänglich machen, und deswegen hat er die Verarbeitung einiger Daten, die sich auf diesem Programm befinden, durch einen Code erschwert.

Verarbeitet der Nutzer, wie in unserem Fall, auch die durch einen Code geschlossenen Daten, so fällt er unter den Anwendungsbereich des § 202a StGB, weil diese Daten nicht für ihn bestimmt sind[495]. Versucht der Anwender nun, mit Hilfe eines Dekompilierungsprogramms[496] die dem Programm zugrunde liegenden Befehle zu erforschen, so kann er auch unter den Anwendungsbereich des § 202a StGB fallen, soweit auch die weiteren Voraussetzungen vorliegen.

---

[493]-Meier, JZ 1992, S. 662.

[494]-Schönke/Schröder-Lenckner, § 202a Rdnr. 7; Lenckner/Winkelbauer, CR 1986, S. 486; Schlüchter, Zweites Gesetz zur Bekämpfung der Wirtschaftskriminalität, S. 66; Lackner/Kühl, § 202a 3b.

[495]-Schönke/Schröder-Lenckner, § 202a Rdnr. 6; Leicht, iur. 1987, S. 50, Anders Dreher/Tröndle, § 202a Rdnr. 7, der nicht zwischen der Nutzung des compilierten (kompilierten) Programms und dem Zugriff auf den zugrundeliegenden Quellcode unterscheidet.

[496]-Unter Kompilieren versteht man die Übersetzung von einer höheren Programmiersprache in die Maschinensprache eines bestimmten Computers.

Im Falle der Existenz einer ausreichenden Zugangssicherung, wie es hier der Fall ist, sind die dem Programm zu Grunde liegenden Daten für den Programmerwerber nicht bestimmt[497]. Daher sind die durch Code gesicherten Daten für den Benutzer in unserem Fall nicht bestimmt, obwohl sich das Programm, auf dem sich sämtliche Daten befinden, in seinem Besitz befindet.

Im Gegensatz dazu ist der Fall anders zu beurteilen, wenn der Softwarehersteller dem Nutzer uneingeschränkten Zugriff auf sämtliche Daten dieses Programms lässt, aber ihm die Vervielfältigung dieses Programms verbietet. In diesem Fall kommt § 202a StGB nicht in Betracht, weil die Daten für den Nutzer bestimmt sind[498].

Überlässt der Softwarehersteller dem Erwerber das Programm hingegen ungesichert und unkontrolliert, so ist davon auszugehen, dass die Programmdaten auch zur Kenntnisnahme des Erwerbers bestimmt sind. Daher kann der Erwerber sich gemäß § 202a StGB nicht strafbar machen.

1.3.2. Die Daten müssen gegen unberechtigten Zugang besonders gesichert sein

§ 202a I StGB verlangt, dass die Daten gegen unberechtigten Zugang besonders gesichert sein müssen[499]. Daher kann das Ausspähen der Daten auf privaten Computern und die Daten von Datenträgern, denen meistens die vorher genannte Sicherung fehlt, nicht unter den Anwendungsbereich des § 202a StGB fallen.

In Bezug auf die Sicherungsfrage selbst kann man sagen, dass die Daten gesichert sind, wenn es spezielle Vorkehrungen gibt, die objektiv geeignet und subjektiv nach dem Willen des Berechtigten dazu bestimmt sind, den unerlaubten Zugang zu den Daten zu verhindern oder zumindest erheblich zu erschweren[500].

Die Sicherung muss also so gestaltet sein, dass alle diejenigen, für die die Daten nicht bestimmt sind, vom Zugang ausgeschlossen werden.

Diese Sicherung deutet darauf hin, dass der Verfügungsberechtigte seine Daten geheim halten[501] und dem Täter gegenüber Schranken setzen wollte. Überwindet der Täter, der sein

---

[497]-Haß, Strafrechtlicher Schutz von Computerprogrammen, Rdnr. 25; Schlüchter, Zweites Gesetz zur Bekämpfung der Wirtschaftskriminalität, S. 67.
[498]-LK 10-Jähnke, § 202a Rdnr. 9; Schönke/Schröder-Lenckner, § 202a Rdnr. 6.
[499]-Hierzu ausführlich Leicht, iur 1987, S. 45ff; Schönke/Schröder-Cramer, § 202a Rdnr. 7.
[500]-Schönke/Schröder-Lenckner, § 202a Rdnr. 7; Lackner/Kühl, § 202a Rdnr. 4.
[501]-Bühler, MDR 1987, S. 453.

rechtswidriges Verhalten erkennt, diese Sicherung, so macht er sich nach § 202a StGB strafbar[502].

Die Überwindung der Sicherung ist hier, im Gegensatz zur Überwindung der Sicherung im § 243 I Nr. 2 StGB, strafbegründend und nicht bloß straferhöhend[503]. Daher kann der Täter, der versehentlich in einen unverschlossenen Rechenraum eingedrungen ist, wegen § 202a StGB nicht bestraft werden, selbst wenn er die darauf befindlichen Daten sich oder einem anderen verschafft[504].

Darüber hinaus kann der Täter aufgrund des Fehlens der verlangten Sicherung nicht wegen § 202a StGB bestraft werden, wenn der Verfügungsberechtigte die Daten z.b. nur gegen Feuer und nicht gegen Eindringen sichert[505].

Hinzu kommt auch noch, dass die geeignete Sicherung nicht anzunehmen und damit der Täter nicht wegen § 202a StGB zu bestrafen ist, wenn sie zur Tatzeit nicht wirksam war[506].

a. Der Art und Umfang der Sicherung

In Bezug auf den Art und Umfang der genannten Sicherung gibt § 202a StGB keinen Hinweis. Daher lehnt sich die ganze überwiegende Meinung an die für die §§ 202 II und 243 I Nr.2 StGB entwickelten Kriterien an[507]. Danach darf die vorher genannte Sicherung einerseits nicht so gestaltet sein, dass eine Durchbrechung ohne weiteres möglich ist[508]. Anderseits dürfen die Anforderungen aber nicht zu hoch angesetzt werden, denn als Parallele zu § 243 I Nr. 2 StGB braucht die Sicherung nicht vollkommen zu sein[509].

Die vom Verfügungsberechtigen eingesetzten Sicherungsmaßnahmen sollen also eine gewisse Sicherheit für die Daten aufweisen[510], so dass nicht jedem das Eindringen in den Rechner

---

[502]-Lenckner/Winkelbauer, CR 1986, S. 486; Leicht, iur 1987, S. 45.
[503]-LK 10-Jähnke, § 202a Rdnr. 7.
[504]-LK 10-Jähnke, § 202a Rdnr. 7.
[505]-Dreher/Tröndle, § 202a Rdnr. 7a; Schönke/Schröder-Lenckner, § 202a Rdnr. 7.
[506]-Schönke/Schröder-Lenckner, § 202a Rdbr. 7.
[507]-Gravenreuth, NStZ 1989, S. 206, Möhrenschlager, wistra 1986, S. 140, Arzt/Weber, BT 4, Rdnr. 98.
[508]-Leicht, iur 1987, S. 47.
[509]-Lenckner/Winkelbauer, CR 1986, S. 487.
[510]-Hierzu Leicht, iur 1987, S. 46f; Gravenreuth, NStZ 1989, S. 206. Anders Dreher/Tröndle, § 202a Rdnr. 7a, der einen bestimmten Sicherungsgrad nicht für notwendig erachtet.

gelingt[511]. Das heißt aber nicht, dass die Sicherung unüberwindbar sein muss[512]; es reicht schon aus, wenn die eingesetzte Sicherung, wie gesagt, die Zugriffsmöglichkeit des Täters erheblich erschwert[513].

In Bezug auf die Frage, warum der § 202a StGB im Gegensatz zu den §§ 202 II, 243 I Nr.2 keine besonderen Sicherungssysteme genannt hat, geht die zutreffende Meinung davon aus, dass dies gerechtfertigt ist, weil es sich hier im Gegensatz zu den §§ 202 II, 243 I Nr.2, die körperliche Gegenstände schützen, um den Schutz unkörperlicher Informationen handelt[514]. Im Folgenden sollen mögliche Sicherungssysteme der Daten i.S.d. § 202a StGB erörtert werden.

aa. Die physischen Schutzmaßnahmen

Physische Schutzmaßnahmen wie z.B. Einschließen des Gerätes in einen Behälter, Schließvorrichtung am Gerät (Schlüssel, Benutzercode etc), das Wegsperren oder Einschließen eines Datenträgers, auf dem sich die Daten befinden, z.b. in einen Tresor, können Sicherungsmaßnahmen i.s.d. § 202a I StGB darstellen[515]. Das hat seine Gründe darin, dass der Verfügungsberechtigte durch diese Maßnahmen das Eindringen des Täters, für den die Daten nicht bestimmt sind, verhindern und das Gerät sowie den Datenträger, auf dem sich die Daten befinden, vor einer physischen Beschädigung schützen kann[516].
Bezweckt er durch diese Maßnahmen nur den Schutz des Gerätes und des Datenträgers vor Beschädigung, während er auf die Datensicherung keinen Wert legt, so kann man die Sicherung i.S.d. § 202a StGB nicht bejahen[517].
Es kann aber als genügend angesehen werden, wenn die Datensicherung zumindest auch bezweckt wurde.

---

[511]-Hilgendorf, JuS 1996, S. 702.

[512]-LK 10-Jähnke, § 202a Rdnr. 15; Dreher/Tröndle, § 202a Rdnr. 7a; Lackner/Kühl, § 202a Rdnr. 4.

[513]-Hilgendorf, JuS 1996, S. 703.

[514]-Schönke/Schröder-Lenckner, § 202a Rdnr. 7; Lenckner/Winkelbauer, CR 1986, S. 486f.

[515]-Leicht, iur 1987, S. 48; Lackner/Kühl, § 202a Rdnr. 4; Möhrenschlager, wistra 1986, S. 140 und 1991, S. 327.

[516]-Weck, CR 1986, S. 842.

[517]-Dreher/Tröndle, § 202a Rdnr. 7.

bb. Das Passwort

Das Passwort stellt die gebräuchlichste und bekannteste Sicherung gegen unberechtigten Zugang dar. Unter einem Passwort versteht man ein Kennwort, das ein Benutzer vor der Dialogverarbeitung angeben muss.

Speichert man Daten unter einem bestimmten Namen (Passwort), so kann der Täter ohne Eingabe dieses Namens die Daten nicht abrufen, weil durch das Passwort geprüft wird, ob er berechtigt ist, mit diesem System zu arbeiten oder nicht.

Gibt er das Passwort nicht korrekt ein, so „weiß" das System, dass diese Person nicht berechtigt ist, mit ihm zu arbeiten, und weigert sich deswegen, ihm die Daten zur Verfügung zu stellen.

Das Passwort kann also als Sicherung i.S.d. § 202a I StGB angesehen werden[518].

Darüber hinaus kann der Verfügungsberechtigte das Anmelden (das Anschalten) seines Computers auch von dem Eintippen eines richtigen Passwortes abhängig machen. Die Frage, die sich jetzt stellt, ist, ob jedes Passwort die Sicherung i.S.d. § 202a StGB erfüllen kann oder nicht. Eine Meinung[519] geht in Bezug auf diese Frage davon aus, dass ein leicht zu erratendes Passwort, wie z.B. der Name des Verfügungsberechtigten Benutzers, nicht in der Lage ist, die Sicherung i.S.d. § 202a StGB zu erfüllen.

Gegen diese Meinung, der nicht zuzustimmen ist, spricht, dass sie die Strafbarkeit des Täters, der das Passwort eines anderen unbefugt benutzt, von seiner Entscheidung abhängig macht. Entscheidet der Täter z.B., dass das von ihm benutzte Passwort leicht zu erraten war, so könnte er nach der vorher genannten Meinung nicht bestraft werden.

Gegen diese Meinung spricht ebenfalls, dass sie keine richtigen Kriterien aufweist, mit denen man den Schwierigkeitsgrad des Erratens des verwendeten Passworts abgrenzen kann. Daher kann man sagen, dass jedes Passwort in der Lage ist, die Sicherung des § 202a StGB zu bejahen[520]. Dennoch geht die herrschende Meinung davon aus, dass auch die mittelbare Sicherung, wie z.B. die Raumsicherung ausreichend ist, die Sicherung des § 202a I StGB zu bejahen[521].

---

[518]-Gravenreuth, NStZ 1989, S. 206.

[519]-Gravenreuth, NStZ 1989, S. 206.

[520]-Hilgendorf, JuS 1996, S. 703 und JuS 1997, S. 324.

[521]-Schönke/Schröder-Lenckner, § 202a Rdnr. 8; Dreher/Tröndle, § 202a Rdnr. 7a; Lenckner/Winkelbauer, CR 1986, S. 487. Ablehnend Leicht, iur 1987, S. 48, der Raumsicherung nicht als von § 202a StGB umfasst ansieht.

Fraglich ist auch, ob die Geheimhaltungsmaßnahmen als besondere Zugangssicherung anerkannt werden können oder nicht[522]. Unter den Geheimhaltungsmaßnahmen kann man das Verstecken eines Datums in einem fremden Verzeichnis oder Speichern eines Datums unter einem ungewöhnlichen Namen verstehen.

Eine Ansicht geht davon aus, dass diese Vorkehrungen auch ausreichend sind, die Sicherung i.S.d. § 202a StGB zu bejahen, weil sie unter Umständen genauso wirksam sind wie ein Passwort. Dieser Meinung kann nicht gefolgt werden, weil auch sie ein Abgrenzungsproblem hat. Es ist ziemlich schwer zu erkennen, ob der Benutzer seine Daten immer bewusst unter ungewöhnlichen Namen speichert oder ob er sie versehentlich in einem falschen Verzeichnis ablegt hat. Daher kann man nicht ganz genau wissen, ob er seine Daten geheim halten wollte oder nicht. Folglich ist das Verstecken von Daten nicht ausreichend es als Zugangssicherung anzusehen[523].

Schließlich können aufgrund der vorhergehenden Erörterung die speziellen soft- und hardwaremäßigen Sicherungen, wie z.b. Passwörter, Kennnummern, Magnetkarten, Datenverschlüsslungen[524], Fingerabdruck- und Stimmerkennungsgeräte[525], als Vorkehrungen angesehen werden[526].

cc. Die Verschlüsselung

Hier stellt sich die Frage, ob die Verschlüsselung die Sicherung i.S.d. § 202a I StGB erfüllen kann oder nicht. Zuerst ist festzustellen, dass der Gesetzgeber den Schutz des § 202a II StGB auf die übermittelten Daten erstreckt, die z.B. gegen Änderung, Löschung oder Verarbeitung nur durch Verschlüsselung gesichert werden können[527].

Durch diese Verschlüsselung wird der Zugang zu den Daten nicht verboten, sondern die Kenntnisnahme des Inhalts dieser Daten verhindert. Daher geht eine Meinung davon aus, dass die Verschlüsselung nicht als Sicherung i.S.d. § 202a I StGB anzusehen ist. Aufgrund dieser Meinung kann auch die Sicherung, die in einer Fremdsprache erfolgt ist, nicht als Sicherung

---

[522]-Hilgendorf, JuS 1996, S. 703.

[523]-LK 10-Jähnke, § 202a Rdnr. 14.

[524]-Dreher/Tröndle, § 202a Rdnr. 7a, Lackner/Kühl, § 202a Rdnr. 4; Gössel, BT 1, § 37 Rdnr. 93; Arzt/Weber, BT 4, Rdnr. 98.

[525]-Hilgendorf, JuS 1996, S. 702.

[526]-Dreher/Tröndle, § 202a Rdnr 7a; Möhrenschlager, wistra 1991, S. 327.

[527]-Hilgendorf, JuS 1996, S. 702.

i.S.d. § 202a StGB angesehen werden[528], weil sie nicht in der Lage ist, den unberechtigten Zugang zu dem Datenbestand zu verhindern, sondern nur die Kenntnisnahme des Bedeutungsinhalts[529].

Diese Lösung steht dem Sinn und Zweck des Gesetzes entgegen, weil der Gesetzgeber die übermittelten Daten, die nur durch Verschlüsselung zu schützen sind, durch den § 202a StGB schützen möchte. Daher bleibt nur die Möglichkeit, die Verschlüsselung der Daten als Zugangssicherung zu interpretieren[530], da sonst die Regelung des § 202a StGB, die die Übermittlung der Daten betrifft, überflüssig und die Strafbarkeitslücke in Bezug auf den Schutz der übertragenen Daten, die es vor Einführung des 2. WiKG gab, offen geblieben wäre.

b. Der unberechtigte Zugang

Der Begriff des Zugangs wird in der Literatur weit ausgelegt, so dass er jede physische und technische Einwirkungsmöglichkeit auf Daten, Datenspeicher oder auf das Computersystem selbst umfasst[531].

Das Merkmal „unberechtigt" wird nach zutreffender Auffassung[532] im Zusammenhang mit dem Merkmal „nicht für den Täter bestimmt" gesehen. Folglich ist der Zugang i.S.d. § 202a StGB unberechtigt, wenn der Täter in einen fremden Computer durch Überwindung einer Sicherung eindringt und die sich darauf befindlichen Daten sich oder einem Dritten verschafft. Als Beispiel dafür kommt der Hacker in Betracht, wenn er z.B. durch Überwindung einer Passwortsicherung in einen Computer eindringt und die darauf gesicherten Daten abruft.

Hat der Hacker das Passwort vom Verfügungsberechtigten bekommen, so kann er den unberechtigten Zugang und damit den Tatbestand des § 202a StGB nicht erfüllen, weil die durch dieses Passwort gesicherten Daten für ihn bestimmt sind.

Fraglich ist, wie die Rechtslage in Bezug auf den Fall der „closed shop"-Sicherung einzuordnen ist.

---

[528]-Lenckner/Winkelbauer, CR 1986, S. 487; Schönke/Schröder-Lenckner, § 202a Rdnr. 8.

[529]-Leicht, iur 1987, S. 49; Gravenreuth, NStZ 1989, S. 206.

[530]-Dreher/Tröndle, § 202a Rdnr. 7; LK 10-Jähnke, § 202a Rdnrn. 14, 16; Schönke/Schröder-Lenckner, § 202a Rdnr. 8; Lenckner/Winkelbauer, CR 1986, S. 487; Leicht, iur 1987, S. 51.

[531]-Leicht, iur 1987, S. 46; Dreher/Tröndle, § 202a Rdnr. 7a.

[532]-Schönke/Schröder-Lenckner, § 202a Rdnr. 9; Leicht, iur 1987, S. 46; Lenckner/Winkelbauer, CR 1986, S. 487.

„Closed shop"-Sicherungen können die Zugangsicherung i.S.d. § 202a StGB nur dann erfüllen, wenn alle Personen, für die die Daten nicht bestimmt sind, vom Zugang ausgeschlossen sind.

In den Bereich des „closed shops" können nur Personen eintreten, für die die dort befindlichen Daten bestimmt sind[533]. In Bezug auf diese Personen besteht kein Problem, weil sie zu diesen Daten einen berechtigten Zugang haben.

Es darf aber im Bereich des „closed shops" nicht vergessen werden, dass sie z.b. einer Reparatur oder Reinigung bedürfen und deswegen kann man sagen, dass der Zugang zu diesem Bereich auch anderen Personen möglich ist, für die die Daten nicht bestimmt sind[534]. Daher kann diese Sicherung keine gemäß § 202a StGB verlangte Zugangsicherung sein[535].

Geht man davon aus, dass die „closed shop" Sicherung nur für die Betriebesexternen und nicht für die unberechtigten Betriebesinternen Nutzer wirksam ist, die ungehindert eintreten können, so kann sie die Sicherung i.S.d. § 202a StGB nicht erfüllen, da das Sicherungssystem sowohl die Betriebesexternen, als auch die unberechtigten Betriebesinternen Nutzer erfassen soll[536]. Erfüllt sie also ihre Funktion den Betriebesinternen Nutzer gegenüber nicht, so verliert sie auch ihre Funktion gegenüber den Betriebesexternen Nutzern[537].

Aus diesen Gründen kann in diesem Fall die „closed shop"-Sicherung nicht als Zugangsicherung anerkannt werden. Daher ist die Auffassung[538], die diese Sicherungen zumindest gegenüber den Betriebesexternen Nutzern anerkennt, zu verneinen. Soll die „closed shop"-Sicherung mit einem Passwort ausgestattet werden, so wäre sie überflüssig.

1.3.3. Die Daten müssen dem Täter oder einem Dritten verschafft werden

Gemäß § 202a I StGB muss der Täter sich oder einem anderen Daten, die nicht für ihn bestimmt sind, unbefugt verschaffen[539].

---

[533]-Lenckner/Winkelbauer, CR 1986, S. 487; Schönke/Schröder-Lenckner, § 202a Rdnr. 9.

[534]-LK 10-Jähnke, § 202a Rdnr. 15.

[535]-Schönke/Schröder-Lenckner, § 202a Rdnr. 9; Dreher/Tröndle, § 202a Rdnr. 7.

[536]-LK 10-Jähnke, § 202a Rdnr. 704.

[537]-Schönke/Schröder-Lenckner, § 202a Rdnr. 9; Lenckner/Winkelbauer, CR 1986, S. 487. Anders Dreher/Tröndle, § 202a Rdnr. 7a, der eine Strafbarkeit Betriebesexterner in diesem Fall bejaht; kritisch auch Hilgendorf, JuS 1996, S. 704.

[538]-Dreher/Tröndle, § 202a Rdnr. 7; Haß, Strafrechtlicher Schutz von Computerprogrammen, Rdnr. 22; LK 10-Jähnke, § 202a Rdnr. 15.

[539]-Schönke/Schröder-Cramer, § 202a Rdnr. 10.

Die Tathandlung des Verschaffens kommt nach der herrschenden Meinung[540] in Betracht, wenn der Täter Kenntnis vom Inhalt der Daten oder eine Verfügungsgewalt, z.B. über einen Datenträger, erlangt. Darüber hinaus kann das Verschaffen i.S.d. § 202a StGB bejaht werden, wenn der Täter einem Dritten die Kenntnisnahme des Dateninhalts ermöglicht oder ihm die Verfügungsgewalt über diese Daten verschafft. Diese Interpretation steht in Übereinstimmung mit der Orientierung der Vorschrift an den §§ 96, 202 StGB.

Aufgrund dieser Erörterung kann die Tathandlung „Verschaffen" in vier Varianten auftreten[541]:

1. Der Täter kann sich die Daten des Verfügungsberechtigten verschaffen, wenn er sie optisch oder akustisch wahrnimmt[542], was zur Kenntnisnahme des Dateninhalts führt[543].

2. Der Täter kann einem anderen Daten verschaffen, wenn er ihm ermöglicht, vom Inhalt der Daten Kenntnis zu erlangen[544].

3. Darüber hinaus kann der Täter sich die Daten der anderen verschaffen, wenn er einen Datenträger, unabhängig davon, ob er vom Inhalt der darauf befindlichen Daten eine Kenntnis erlangt hat oder nicht, entwendet oder eine Kopie herstellt[545].

4. Schließlich kann der Täter die Daten einem anderen verschaffen, wenn er diesen Dritten in den Besitz des Datenträgers bringt, selbst wenn dieser Dritte von den Daten keine Kenntnis genommen hat[546].

Demzufolge stellt auch das Eindringen eines Hackers in ein Computersystem ein „Verschaffen" im Sinne des § 202a StGB dar[547], selbst wenn er keine Kenntnis von Daten erlangt. Dieses Ergebnis steht der Absicht des Gesetzgebers entgegen, weil er das bloße Hacking ohne die darauf befindlichen Daten abzurufen, nicht bestrafen will[548]. Daher hat er also den Versuch des Ausspähens von Daten nicht unter Strafe gestellt.

---

[540]-Schönke/Schröder-Lenckner, § 202a Rdnr. 10; Tiedemann, JZ 1986, S. 871.

[541]-Schönke/Schröder-Lenckner, § 202a Rdnr. 10; Dreher/Tröndle, § 202a Rdnr. 9; Bühler, MDR 1987, S. 453; Arzt/Weber, BT 4, Rdnr. 100; Haß, Strafrechtlicher Schutz von Computerprogrammen, Rdnr. 25.

[542]-Schönke/Schröder-Lenckner, § 202a Rdnr. 10.

[543]-Anders Haft, NStZ 1987, S. 9 und Frommel, JuS 1987, S. 668, die wegen der problematischen Einordnung des Hackings die bloße Kenntnisnahme als Tatmodalität ablehnen.

[544]-Nach Bühler, MDR 1987, S. 453.

[545]-LK 10-Jähnke, § 202a Rdnr. 6; Möhrenschlager, wistra 1991, S. 327.

[546]-Lenckner/Winkelbauer, CR 1986, S. 488; Möhrenschlager, wistra 1986, S. 140; Tiedemann, JZ 1986, S. 871.

[547]-Welp, iur 1987, S. 354; Schmitz, JA 1995, S. 483.

[548]-Hilgendorf, JuS 1996, S. 704.

In Bezug auf die verschlüsselten Daten kann der Täter diese Daten sich oder einem Dritten verschaffen, wenn er sie entschlüsselt oder einen Entschlüsselungscode erlangt[549], mit dem er diese Daten entschlüsseln kann. Daher kann der Täter, der verschlüsselte Daten entwendet, das Verschaffen i.S.d. § 202a StGB nicht erfüllen, wenn er die Daten nicht entschlüsseln kann[550]. Aufgrund dieser Tatsache stellt sich ein Problem und zwar, wie man nachweisen kann, dass es dem Täter, der die Daten entwendet hat, nicht gelungen ist, sich einen Schlüssel zu verschaffen und damit vom Dateninhalt Kenntnis erlangt zu haben.

Darüber hinaus stellt sich die Frage, inwieweit man sich ganz genau vergewissern kann, dass der Hacker, der nur aus Spaß in einen Computer eingedrungen ist, keine Kenntnis von den darauf befindlichen Daten erlangt hat. Daher sollte man auf die Frage eingehen, ob ein Hacker durch sein Eindringen in einen Computer, unabhängig davon ob er vom Inhalt der darauf befindlichen Daten Kenntnis erlangt hat oder nicht, immer das Verschaffen erfüllen kann[551].

Das Hacking kommt in Betracht, wenn der Täter (Hacker) in einen Computer unbefugt eindringt und die darauf gespeicherten Daten abruft[552]. Hat dieser Hacker mit kriminellem Vorsatz gehandelt und Kenntnisse von den befindlichen Daten erlangt, so ist das Merkmal „Verschaffen" i.S.d. § 202a StGB erfüllt.

Nach der Meinung des Gesetzgebers verschafft sich der aus Spaß eindringende Hacker keine Daten. Dafür spricht, dass der Wortlaut des § 202a StGB keine Hinweise darauf gibt, dass der Versuch strafbar ist. Ansonsten würden viele Handlungen unter den Anwendungsbereich dieser Vorschrift fallen, was zur Überkriminalisierung führen würde. Außerdem kann man sagen, dass die Regelungen des Strafrechts nur dann anzuwenden sind, wenn die Handlung des Täters einen Schaden oder eine Rechtsgutbeeinträchtigung zur Folge hat. Anders ausgedrückt heißt dies, dass das bloße Hacking nicht wegen § 202a StGB zu bestrafen ist, weil die Verhinderung des Hackens nicht Sache des Gesetzgebers, sondern die der betroffenen Nutzer ist[553]. Durch das bloße Hacking kann man jedoch nicht grundsätzlich von einem Schaden oder von einer Rechtsgutbeeinträchtigung ausgehen. Daher ist die Kriminalisierung dieses Falles auf das Unverständnis vieler Autoren gestoßen.

---

[549]-Schönke/Schröder-Lenckner, § 202a Rdnr. 10; Lenckner/Winkelbauer, CR 1986, S. 488. Kritisch hierzu Hilgendorf, JuS 1996, S. 705.

[550]-Schönke/Schröder-Lenckner, § 202a Rdnr. 10; Lenckner/Winkelbauer, CR 1986, S. 488. Kritisch hierzu Hilgendorf, JuS 1996, S. 705.

[551]- Mühle, Diss. 1998, S. 73ff.

[552]-Schönke/Schröder-Lenckner, § 202a Rdnr. 10.

[553]-Schnabl, wistra 2004, S. 213ff.

Der Gesetzgeber wollte also das bloße Eindringen in einen Computer, ohne Kenntnisnahme vom Inhalt der Daten, straflos lassen, weil es hier an dem Verschaffen fehlt[554].

Wenn man den Zeitpunkt betrachtet, in dem der Gesetzgeber entschieden hat, dass der ohne kriminellen Vorsatz in einen fremden Computer eindringende Hacker straffrei bleibt, stellt man fest, dass damals keine spektakulären Hackerfälle bekannt geworden waren. Deswegen erschien es dem ursprünglichen Entwurf des zweiten Gesetzes zur Wirtschaftskriminalität nicht erforderlich, solche Fälle unter Strafe zu stellen.

Die Lösung des Gesetzgebers, der von einem großen Teil der Literatur gefolgt wird[555], wirft ein Problem auf und zwar, wie man feststellen kann, dass der Hacker, der unbefugt in einen Computer eingedrungen ist, von den zwangsläufig bei ihm auf dem Bildschirm befindlichen Daten keine Kenntnis erlangt hat[556]. Er muss diese Daten gesehen haben, weil er sich vergewissern will, ob ihm ein Einbruchsversuch gelungen ist oder nicht.

Es ist also, aufgrund der vorher genannten Erörterung, die das Verschaffen i.S.d. § 202a StGB betrifft, ziemlich schwer festzustellen, ob der Hacker mit kriminellem Vorsatz gehandelt und damit Kenntnisse von den befindlichen Daten erlangt hat oder nicht. Daher soll das Merkmal „Verschaffen von Daten" teleologisch reduziert werden[557], damit die Strafbarkeit dieses Hackers ermöglicht wird. Sonst kann der Hacker immer behaupten, dass er nur zum Spaß eingedrungen ist und keine Kenntnisse erlangt hat, um sich der Strafe zu entziehen. Diese Meinung, die zur Bestrafung des Hackers die teleologische Reduktion des Tatbestandsmerkmals „Verschaffen" voraussetzt, verneint ohne diese Reduktion aufgrund des § 202a StGB die Strafbarkeit des Hackers.

Im Gegensatz dazu kann man möglicherweise die Strafbarkeit des aus Spaß eindringenden Hackers aufgrund des § 202a StGB doch ohne den Bedarf zur Reduzierung des Tatbestandsmekmal „Verschaffen" begründen. Für diesen Gesichtspunkt spricht, dass nach der Überwindung der Zugangssicherung gewöhnlich die Systemdaten und das Inhaltsverzeichnis auf dem Bildschirm erscheinen. Da der § 202a StGB keinen Unterschied macht, ob die Informationen geheim sind oder nicht, und weil die Systemdaten und das Inhaltsverzeichnis unter dem § 202a II StGB zu subsumieren sind, kann man die Strafbarkeit des aus Spaß

---

[554]-Achenbach, NJW 1986, S. 1837; Möhrenschlager, wistra 1986, S. 140 und 1991, S. 326; Hilgendorf, JuS 1997, S. 324.

[555]-LK10-Jähnke, § 202a Rdnrn. 1 u. 6; Dreher/Tröndle, § 202a Rdnr. 2; Achenbach, NJW 1986, S. 1837; Haß, Strafrechtlicher Schutz von Computerprogrammen, Rdnr. 25; Arzt/Weber, BT 4, Rdnr. 101.

[556]-Tiedemann, JZ 1986, S. 868 und Welp, iur 1987, S. 354. Ähnlich Zielinski, Strafrechtlicher Schutz von Software, S. 120.

[557]-Hilgendorf, JuS 1996, S. 705.

handelnden Hackers auch aufgrund des § 202a StGB bejahen. Außerdem spricht auch dafür, dass der Hacker durch Überwindung der Zugangssicherung das geschützte Rechtsgut des § 202a StGB und das Integritätsinteresse der Systembetreiber und Systembenutzer verletzt, weil das unberechtigte Eindringen einen Eingriff in die Privatsphäre der über die gespeicherten Daten Verfügungsberechtigten darstellt. Ebenso spricht auch für diesen Gesichtspunkt, dass der Hacker durch sein Eindringen Daten versehentlich verändern könnte, was vielleicht Menschenleben kosten kann. Das kann der Fall sein, wenn der Hacker in den Zentralrechner eines Krankenhauses oder in das Kontrollsystem im Luftverkehr eindringt. In Bezug auf das Argument, das davon ausgeht, dass der Hacker die Sicherheit des Systems testen und dann dessen Schwächen an den Betreiber melden will, kann nicht überzeugend sein, weil das Testen der Sicherheit allein Sache des Systembetreibers und nicht des Hackers ist[558].

Eine andere Meinung hat zwischen den Daten, die mit dem Einbruch in das fremde System in Zusammenhang stehen und den Daten, die in dem fremden System gespeichert wurden, unterschieden[559]. Mit anderen Worten kann man sagen, dass diese Auffassung zwischen den Daten, die sich auf dem Bildschirm ohne Abruf des Hackers befinden, und den Daten, die in diesem Computer gespeichert sind und eines Abrufs bedürfen, damit sie auf dem Bildschirm erscheinen können, unterscheidet. Hat der Hacker die sich auf dem Bildschirm ohne Abruf von ihm befindlichen Daten wahrgenommen, so erfüllt er, dieser Auffassung nach, das Verschaffen i.S.d. § 202a StGB nicht. Demgegenüber erfüllt er dieses Merkmal, wenn er die Daten, die in diesem System gespeichert sind, abruft. Dieser Meinung kann nicht gefolgt werden, weil die Unterscheidung zwischen diesen Daten bereits technisch nicht haltbar ist[560]. Eine andere Meinung geht davon aus, dass der Hacker das Verschaffen i.S.d. § 202a StGB erfüllt, indem er die Daten in einem gesonderten Schritt auf einem Datenträger oder einem anderen geeigneten Medium abspeichert[561]. Hat er aber die abgerufenen Daten nicht in einem gesonderten Schritt auf einem Datenträger oder einem geeigneten Medium abgespeichert, sondern nur im Gedächtnis behalten, weil sie nicht umfangreich sind, so kann er, dieser Meinung nach, das Verschaffen i.S.d. § 202a StGB nicht erfüllen.

Dieser Meinung kann auch nicht zugestimmt werden, weil der § 202a StGB die Daten, unabhängig davon, ob die Datenmenge groß oder klein ist, vor Ausspähen schützen will.

---

[558]-Schnabl, wistra 2004, S. 214f.

[559]-Dreher/Tröndle, § 202a Rdnr. 9.

[560]-Hilgendorf, JuS 1996, S. 704.

[561]-Haft, NStZ 1987, S. 10; JuS 1987-Frommel, S. 668.

Darüber hinaus geht es im § 202a StGB nicht um die Konservierung, sondern um das Ausspähen von Daten, unabhängig davon, ob sie auf einem Datenträger gespeichert sind oder nicht. Daher kann man sagen, dass diese Meinung mit der Intention des Gesetzgebers nicht übereinstimmt.

Die zutreffende und überwiegende Meinung geht, in Bezug auf diese Frage, davon aus, dass der eindringende Täter das Verschaffen i.S.d. § 202a StGB erfüllt, wenn er den wesentlichen Inhalt der Daten reproduzieren kann. Das ist der Fall, wenn der Täter z.B. den wesentlichen Inhalt der Daten abspeichert, aufschreibt oder im Gedächtnis behält[562].

Aufgrund dieser Meinung kann der Hacker, der in einen Computer „als Hobby" eindringt und die darauf befindlichen Daten weder abspeichert, aufschreibt noch im Gedächtnis hat, das Merkmal „Verschaffen" i.S.d. § 202a StGB nicht erfüllen[563].

Diese Ansicht stimmt mit dem Sinn und Zweck des § 202a StGB überein, der das Geheimhaltungsinteresse des Verfügungsberechtigten an den Daten schützen will.

Schließlich muss darauf hingewiesen werden, dass sowohl die Cyber Crime Convention im Dritten Artikel, als auch der deutsche Gesetzgeber das Hacking unter Strafe gestellt hat.

1.4. Die Beschränkungen des Datenbegriffs des § 202a II StGB

Obwohl der Datenbegriff des § 202a StGB weit auszulegen ist, wurde er dennoch durch die Legaldefinition des § 202a II StGB beschränkt. Dieser Definition nach können nur solche Daten, die elektronisch, magnetisch oder sonst nicht unmittelbar wahrnehmbar gespeichert sind oder übermittelt werden, unter § 202a StGB subsumiert werden. Diese Beschränkung gilt nicht nur für Daten des § 202a StGB, sondern auch für die Daten der anderen Tatbestände, die einen ausdrücklichen Hinweis auf die Definition des § 202a II StGB haben[564], beispielsweise §§ 303a StGB, 303b i.V.m. 303a StGB. Jetzt soll auf diese Beschränkungen ausführlich eingegangen werden.

---

[562]-Hilgendorf, JuS 1996, S. 705.

[563]-Hier stellt sich in erster Linie ein Beweisproblem, da der Täter im Zweifel immer behaupten wird, die Daten bereits wieder vergessen zu haben.

[564]-LK -Samson, § 202a Rdnr. 2; Schönke/Schröder-Lenckner, § 202a Rdnr. 2.

1.4.1. Die Daten sollen elektronisch, magnetisch, oder sonst nicht unmittelbar wahrnehmbar sein

Gemäß § 202a II StGB sollen die ausgespähten Daten elektronisch, magnetisch oder sonst nicht unmittelbar wahrnehmbar sein. Daher können die manuell erstellten Daten sowie auch die Daten, die unmittelbar wahrnehmbar sind, nicht unter den Anwendungsbereich des § 202a StGB subsumiert werden[565]. Jetzt stellt sich die Frage, wann die Daten nicht unmittelbar wahrnehmbar sind.

Die Daten sind nicht unmittelbar wahrnehmbar, wenn sie nur durch geeignete Instrumente, wie z.b. Mikroskop, Bildschirm und Drucker[566], wahrnehmbar sind.

Aufgrund dieser Tatsache fallen neben der sog. Bildplatte[567] digital übertragene Informationen und Daten, die sich auf Tonbändern, Schallplatten, Bildträgern oder auf einem anderen Datenträger befinden[568], unter diese Definition.

In Bezug auf die Hologramme als Datenträger ist es aber unklar, ob sie als Daten i.S.d. § 202a StGB anzusehen sind oder nicht[569].

Die zutreffende Meinung lässt die Lochkarte[570] aus dem Datenbegriff des § 202a II StGB ausscheiden, weil die auf ihr befindlichen Informationen visuell unmittelbar wahrnehmbar sind, wenn sie entschlüsselt wird[571].

---

[565]-Schönke/Schröder-Lenckner, § 202a Rdnr. 4; Dreher/Tröndle, § 202a Rdnr. 4.

[566]-Dreher/Tröndle, § 202a Rdnr. 4.

[567]-Die Bildplatten sind die neuesten Arten von optischen Speichern. Die bekannteste Speicherform ist die Speicherung auf dem Datenträger CD-ROM. Bei den Bildplatten erfolgt die Darstellung der Daten durch Einbrennen von Bildpunkten (sog. Pits). Die so aus den kleinen Vertiefungen bestehende Spur wird von einem Laserstrahl abgetastet. Die Pits sind ebenfalls grundsätzlich visuell wahrnehmbar. Zu ihrer unmittelbaren sinnlichen Wahrnehmbarkeit bedarf es aber einer mikroskopischen Vergrößerung. Die Bildplatte als Speichermedium fällt daher unter den Datenbegriff des § 202a II StGB.

[568]-Möhrenschlager, wistra 1986, S. 140; Lackner/Kühl, § 202a Rdnr. 2; Dreher/Tröndle, § 202a Rdnr. 4.

[569]-Unter der Holographie versteht man eine Bildspeicherung und -wiedergabe, bei der die Abbildung durch zwei verschiedene Laserstrahlen als Interferenzmuster (Wellenüberlagerungsmuster) erzeugt wird. Diese können auf einer Photoplatte registriert werden. Zur unmittelbaren Wahrnehmbarkeit bedarf es des Einsatzes eines kohärenten (zusammenhängenden) Parallelstrahlbündels (Lichtquelle), das in einem bestimmten Winkel auf die Platte gerichtet wird. Sieht man das Lichtbündel als Hilfsmittel an, dann sind die auf der Photoplatte abgebildeten Informationen (Abbildung) Daten i.S.d. § 202a II StGB. Bühler, MDR 1987, S. 448ff (453) Den Einsatz einer Lichtquelle als Hilfsmittel zu bezeichnen, erscheint zweifelhaft. Will man aber der Intention des Gesetzgebers gerecht werden, so wird man dieses in Kauf nehmen müssen.

Das Ausklammern der Daten, die unmittelbar wahrnehmbar sind, aus dem Anwendungsbereich des § 202a StGB hat nicht zur Folge, dass sie ohne Schutz bleiben; sie werden unter Umständen durch §§ 201, 202 StGB geschützt[572]. Daten i.S.d. § 202a II StGB sind demnach solche, bei denen keine Möglichkeit besteht, die Informationsdarstellung mit den natürlichen Sinnen unmittelbar zu erfassen[573].

Schließlich darf nicht vergessen werden, dass durch Verwendung der Wörter „oder sonst" der Gesetzgeber den Tatbestand des § 202a StGB für zukünftige elektronische bzw. magnetische Speicherungen oder Übermittlungen von Daten offen halten will[574].

1.4.2. Die Daten müssen gespeichert oder übermittelt sein

Gemäß § 202a II StGB müssen die vom Täter ausgespähten Daten gespeichert oder übermittelt sein[575]. Unter Speicherung kann man jede physikalisch-chemische Vorrichtung verstehen, die zum Aufbewahren von Informationen geeignet ist und dazu verwendet wird[576]. Der § 3 Abs. 4 Nr. 1 BDSG hat die Speicherung als das Erfassen, Aufnehmen oder Aufbewahren personenbezogener Daten auf einem Datenträger zum Zweck ihrer weiteren Verarbeitung oder Nutzung verstanden.

---

[570]-LK 10-Jähnke, § 202a Rdnr. 4 will Mikrofilme nicht unter den Schutz des § 202a StGB fallen lassen, da ihnen lediglich die unmittelbare Lesemöglichkeit fehlt; ebenso LK-Samson, § 202a Rdnr. 7; anders Lackner/Kühl, § 202a Rdnr. 2 und Möhrenschlager, wistra 1986, S. 140.
Die Lochkarte ist einer der ältesten Datenträger zur automatisierten Verarbeitung von Informationen. Jede Spalte einer Lochkarte nimmt entweder ein Zeichen oder einen Buchstaben auf. Die Zahlen 0, 1-9 und die 26 Buchstaben des Alphabets werden durch Löcher auf der Karte dargestellt. Der Lesevorgang geschieht mit fotoelektronischer Abtastung. Fotozellen wandeln den Wechsel der Lichtenergie (hell = Lochung; dunkel= keine Lochung) in elektronische Spannungssignale um und ergeben dann die durch die Lochung codierte Information. Die codierte Information (Loch bzw. kein Loch) ist visuell unmittelbar wahrnehmbar. Es bedarf dazu keiner Hilfsmittel. Die auf der Lochkarte fixierten Daten sind nicht solche i.s.d. § 202a II StGB und fallen nicht unter den Schutzbereich der Norm. Da die Lochkarte durch neuere Speichermedien weitgehend verdrängt wurde und der technischen Vergangenheit angehört, kann dies akzeptiert werden.
[571]-Lenckner/Winkelbauer, CR 1986, S. 484f.; Gravenreuth, NStZ 1989, S. 205f.; Schönke/Schröder-Lenckner, § 202a Rdnr. 4; Dreher/Tröndle, § 202a Rdnr. 4; Lackner/Kühl, § 202a Rdnr. 2. Anders hingegen Gössel, BT 1, § 37 Rdnr. 90, der die Lochkarte als menschlich gespeichertes Datum durch § 202a StGB schützen lassen will.
[572]-Haft, NStZ 1987, S. 9.
[573]-Dreher/Tröndle, § 202a Rdnr. 3; Schönke/Schröder-Lenckner, § 202a Rdnr. 4.
[574]-Dreher/Tröndle, § 202a Rdnr. 6; Schönke/Schröder-Lenckner, § 202a Rdnr. 4.
[575]-Möhrenschlager, wistra 1986, S. 140; Lenckner/Winkelbauer, CR 1986, S. 484f.
[576]-Dworatschek, Grundlagen der Datenverarbeitung, S. 77.

Die Frage, die sich jetzt stellt, ist, ob die Daten, die sich im Arbeitsspeicher eines Rechners befinden und noch nicht gespeichert sind, unter den Datenbegriff des § 202a II StGB fallen. Eine Meinung geht davon aus, dass diese Daten nicht unter den Datenbegriff des § 202a II StGB fallen, weil er nur die schon gespeicherten oder übermittelten Daten schützen will. Für diese Meinung spricht der vorher genannten § 3 Abs. 4 Nr. 1 BDSG, der davon ausgeht, dass die Daten gespeichert sind, wenn sie sich auf einem Datenträger dauerhaft und nicht nur vorübergehend befinden.

Gegen diese Meinung spricht, dass sie dem Sinn und Zweck des § 202a StGB, der die Daten vor Ausspähen schützen will, entgegensteht, weil auch die noch nicht fest gespeicherten Daten, die sich im Arbeitsspeicher eines Rechners zur Verarbeitung befinden, übermittelt und ausgespäht werden können. Darüber hinaus spricht gegen diese Meinung, dass der § 202a StGB die Übermittlung und die Speicherung von Daten gleichrangig behandelt hat. Weiterhin spricht gegen diese Meinung, dass die vom Bearbeiter eingegebenen und noch nicht endgültig gespeicherten Daten vom Computer selbst automatisch zwischengespeichert werden. Aus diesen Gründen kann man davon ausgehen, dass diese Daten doch unter den Datenbegriff des § 202a II StGB zu subsumieren sind.

Schließlich darf nicht vergessen werden, dass nicht nur die gespeicherten Daten, sondern auch die übermittelten Daten vom § 202a StGB geschützt werden können. Fraglich ist, wann die Daten übermittelt sind. Die Daten können gemäß § 3 Nr. 3 BDSG übermittelt werden, wenn sie durch die speichernde Stelle weitergegeben oder zur Einsichtnahme, insbesondere zum Abruf, bereitgehalten werden.

Im technischen Sprachgebrauch versteht man unter Datenübermittlung jede Weitergabe von Daten[577]. Das ist der Fall, wenn die Daten von einer Funktionseinheit eines Rechners mittels eines Netzwerkes zu einer anderen weitergegeben werden. Im Gegensatz dazu kann die Weitergabe eines körperlichen Datenträgers die Übermittlung der Daten i.S.d. § 202a II StGB nicht erfüllen[578].

Dasselbe gilt für Daten, die bereits ausgedruckt sind, weil sie schon unmittelbar wahrnehmbar sind[579].

Der strafrechtliche Begriff der Übermittlung ist entsprechend dem technischen Sprachgebrauch also als jegliche Datenweitergabe i.S. eines Datentransports zu verstehen.

---

[577]-Schultz, Computerlexikon unter dem Begriff Datenübertragung.

[578]-Dreher/Tröndle, § 202a Rdnr. 5.

[579]-Lenckner/Winkelbauer, CR 1986, S. 484. Nach Meinung der Autoren werden solche durch die §§ 263a und 269 StGB geschützt.

2. Der subjektive Tatbestand

Für den subjektiven Tatbestand ist mindestens bedingter Vorsatz erforderlich[580]. Glaubt der Täter irrtümlich, die Daten seien für ihn bestimmt, so liegt ein Vorsatz ausschließender Tatbestandsirrtum gemäß § 16 I S. 1 StGB vor[581]. Meint der Täter hingegen irrtümlich, er sei befugt, sich die Daten zu verschaffen, z.b. weil sie ihn betreffen, so handelt es sich gemäß § 17 StGB um einen Verbotsirrtum[582].

In Bezug auf den subjektiven Tatbestand des § 202a StGB ergibt sich, wie oben dargestellt wurde, das Problem des Nachweises des Tätervorsatzes.

Der Gesetzgeber wollte den Hacker, der in einen fremden Computer zum Vergnügen eindringt, nicht bestrafen[583]. Im Gegensatz dazu kann er wegen § 202a StGB bestraft werden, wenn er in einen fremden Computer aus kriminellen Gründen eindringt. Diese Meinung belastet den Nachweis des Vorsatzes des Täters, weil sich der Täter, dessen Vorsatz schwer nachzuweisen ist, immer darauf berufen wird, dass er nur aus Spaß und nicht aus kriminellen Gründen gehandelt hat. In diesen Fällen wäre der Vorsatz zum Ausspähen von Daten fast nie nachweisbar.

Dieses Problem wurde dadurch gelöst, dass der Vorsatz des Hackers trotz seiner Behauptung bejaht wird, wenn er den wesentlichen Inhalt der sich auf dem Computer befindlichen Daten auf einem Datenträger etc. abspeichert, aufschreibt oder im Gedächtnis behält.

Obwohl diese Regelung ein großes Problem gelöst hat, konnte sie das Problem des Nachweises des Tätervorsatzes jedoch nicht ganz lösen, weil es im Gegensatz zum Abspeichern oder Aufschreiben der Daten, schwer nachzuweisen ist, ob der eindringende Hacker den Inhalt der Daten im Gedächtnis hat oder nicht. Daher kann er immer behaupten, dass er nur als Hobby und nicht aus kriminellen Gründen gehandelt hat.

In diesem Fall ist es also schwer, den Vorsatz dieses Täters, der sich den wesentlichen Dateninhalt gemerkt hat, zu beweisen, weil er sich immer darauf berufen wird, dass er ihn gleich wieder vergessen habe.

---

[580]-Lackner/Kühl, § 202a Rdnr. 6.
[581]-LK 10-Jähnke, § 202a Rdnr. 19.
[582]-Dreher/Tröndle, § 202a Rdnr. 10; Hilgendorf, JuS 1996, S. 705.
[583]-BT-Drs. 10/5058, S. 28.

3. Die Rechtswidrigkeit

Wie auch bei den anderen Straftatbeständen des 15. Abschnittes des Strafgesetzbuches ist das Merkmal „unbefugt" im Wortlaut des § 202a StGB als allgemeines Deliktsmerkmal der Rechtswidrigkeit anzusehen[584]. Daher ist die Rechtswidrigkeit des § 202a StGB zu bejahen, wenn der Täter unbefugt handelt.

Der Täter handelt unbefugt, wenn er seine Handlung, das Sichverschaffen der auf dem Rechner befindlichen Daten, ohne eine gesetzliche Erlaubnis oder ohne Einwilligung des Berechtigten herbeiführt[585].

Hat der Täter aber mit einer gesetzlichen Erlaubnis oder Einwilligung des Verfügungsberechtigten gehandelt, so kann er wegen § 202a StGB nicht bestraft werden, weil die herrschende Meinung davon ausgeht, dass die Befugnis wie z.B. die Einwilligung oder die mutmaßliche Einwilligung ein Rechtfertigungsgrund ist, der zum Entfallen der Rechtswidrigkeit und damit der Strafbarkeit des Täters führt[586]. Durch diese Rechtfertigungsgründe entfällt also die Rechtswidrigkeit[587], weil die Daten in diesem Fall aufgrund der Einwilligung des Verfügungsberechtigten für den Handelnden bestimmt sind.

Erfolgt aber die Einwilligung durch eine andere Person, die nicht verfügungsberechtigt ist, so kann die Bestrafung des Täters wegen § 202a StGB nicht ausscheiden, weil die Einwilligung von dem Rechtsgutsträger selbst erklärt werden muss[588].

Interessant ist der Fall, dass die Einwilligung nicht von der verfügungsberechtigten Person, sondern von einem Dritten erklärt wird, für den die Daten bestimmt sind.

Hat der Täter in diesem Fall die Daten für sich oder für eine andere Person verschafft, so kann er trotzdem wegen § 202a StGB bestraft werden, weil die Einwilligung nicht von der verfügungsberechtigten Person erklärt ist, sondern von einem Dritten, für den die Daten nur bestimmt sind.

Hat der Täter die Daten nicht sich selbst, sondern diesem Dritten verschafft, so macht er sich nicht nach § 202a StGB strafbar, weil eine rechtfertigende Einwilligung, die zum Fehlen der

---

[584]-LK-Samson, § 202a Rdnr. 13; Schönke/Schröder-Lenckner, § 202a Rdnr. 11; Lackner/Kühl, § 201 Rdnr. 2; Hilgendorf, JuS 1996, S. 705; Bühler, MDR 1987, S. 453; Lencker/Winkelbauer, CR 1986, S. 488.

[585]-Dreher/Tröndle§ 201 Rdnr. 7.

[586]-Dreher/Tröndle, § 202a Rdnr. 9; Schönke/Schröder-Lenckner, § 202a Rdnr. 11; Lackner/Kühl, § 202a Rdnr. 7.

[587]-LK 10-Jähnke, § 202a Rdnr. 11; Lenckner/Winkelbauer, CR 1986, S. 488; Schönke/Schröder-Lenckner, § 202a Rdnr. 11; Hilgendorf, JuS 1996, S. 705; Möhrenschlager, wistra 1986, S. 140.

[588]-Dreher/Tröndle, § 202a Rdnr. 9; Schönke/Schröder-Lenckner, § 202a Rdnr. 11.

Rechtswidrigkeit des Täters führt, zwischen der verfügungsberechtigten Person und diesem Dritten vorliegt. Der Täter handelt also nicht rechtswidrig, wenn er den Inhalt der Daten nicht kennt, aber sie z.b. auf eine Diskette kopiert und dem berechtigten Dritten übergibt. Erlangt jedoch auch der Täter Kenntnis vom Inhalt der Daten, so ist der Tatbestand des § 202a StGB erfüllt, da die Kenntnisnahme des Täters in diesem Fall nicht von dem Verfügungsberechtigten ermächtigt ist.

Schließt man aus den Umständen, dass das tatbestandsausschließende Einverständnis oder die rechtfertigende Einwilligung möglich sind, so kann der Täter unter Berufung auf die sog. mutmaßliche Einwilligung[589] vielleicht befreit werden, falls die Zustimmung des Berechtigten bei einer Befragung wahrscheinlich ist[590].

eine mutmaßliche Einwilligung kommt beispielsweise in Betracht, wenn der Hacker, der keinen Schaden angerichtet hat, in den Computer des an der Aufdeckung von Sicherheitslücken sehr interessierten Verfügungsberechtigten eindringt, um ihn auf Sicherheitsmängel aufmerksam zu machen.

4. Die Konkurrenzen

Beim Ausspähen von Daten ist eine Tateinheit i.S.d. § 52 mit den Tatbeständen der §§ 123, 269, 274 I Nr.2, 303, 303a und 303b StGB möglich[591]. Dringt ein Hacker beispielsweise in einen fremden Rechner ein und löscht oder verändert er die darauf befindlichen Daten, so kann er sich gemäß §§ 202a, 303a, 52 StGB strafbar machen. Wird auf Grund dieser Handlung ein fremder Betrieb gestört, so kommen §§ 202a, 303 b, 52 StGB in Betracht. Problematisch ist die Konkurrenzfrage zwischen § 202a StGB und § 242 StGB, wenn der Hacker einen Datenträger, auf dem sich Daten befinden, entwendet.
Die vorher genannte Meinung, die davon ausgeht, dass der § 202a StGB nur das Vermögen der anderen schützt, nimmt an, dass der § 202a StGB im Wege der Konsumtion hinter den § 242 StGB zurücktritt, weil er Begleittat ist und mitbestraft wird[592].

---

[589]-Lackner/Kühl, vor § 32 Rdnrn. 19ff.; Dreher/Tröndle, vor § 32 Rdnr. 4; Wessels, AT, Rdnrn. 380ff.; Schönke/Schröder-Lenckner, § 32 Rdnrn. 54ff.

[590]-Schönke/Schröder-Lenckner, § 202a Rdnr. 11; Dreher/Tröndle, § 202a Rdnr. 9; Lackner/Kühl, § 202a Rdnr. 7. Anders LK 10-Jähnke, § 202a Rdnr. 17, der für eine mutmaßliche Einwilligung keine praktische Anwendung sieht, vgl. Haß, Strafrechtlicher Schutz von Computerprogrammen, Rdnr. 26.

[591]-LK 10-Jähnke, § 202a Rdnr. 20; Schönke/Schröder-Lenckner, § 202a Rdnr. 13; Lackner/Kühl, § 202a Rdnr. 8; Hilgendorf, JuS 1996, S. 705f.

[592]-Haft, NStZ 1987, S. 10.

Die überwiegende und zutreffende Auffassung geht von Idealkonkurrenz aus, weil das geschützte Rechtsgut beim § 202a StGB nicht das Vermögen, sondern das formelle Geheimhaltungsinteresse an den Daten des Berechtigten ist. Als Folge davon können die beiden geschützten Rechtsgüter der §§ 202a, 242 StGB verletzt sein, wenn der Täter einen Datenträger entwendet und die darauf befindlichen Daten ausspäht.
Handelt es sich bei den ausgespähten Daten um Staatsgeheimnisse, ist Tateinheit mit § 96 StGB möglich. Darüber hinaus ist Tateinheit mit §§ 106, 108a UrhG möglich, wenn es sich bei den ausgespähten Daten um urheberrechtlich geschützte Programmdaten handelt[593].
Enthalten die Daten Betriebes- oder Geschäftsgeheimnisse, so kann § 17 UWG in Idealkonkurrenz zu § 202a StGB stehen[594]. Bei personenbezogenen Daten kann § 43 BDSG[595] neben § 202a einschlägig sein[596].

5. Der Strafantrag

Gemäß § 205 I StGB kann dieser Tatbestand nicht ohne Strafantrag verfolgt werden[597], der vom Verfügungsberechtigten der Daten zu stellen ist[598].
Dieses Strafantragsrecht, dessen Übertragung auf die Angehörigen oder auf die Erben des Verfügungsberechtigten nicht erlaubt ist (§ 205 I, II S.2 StGB)[599], spielt in Bezug auf den harmlosen Hacker, der das Hacking aus Spaß betreibt und seine Gutgläubigkeit nicht beweisen konnte, eine große Rolle.
In diesem Fall kann der Verfügungsberechtigte, dessen Daten z.B. weder verändert, gelöscht, noch versteckt sind, auf den Strafantrag verzichten, was die Strafbarkeit dieses Hackers ausschließt.

---

[593]-Schönke/Schröder-Lenckner, § 202a Rdnr. 13; Arzt/Weber, BT 4, Rdnr. 104; Hilgendorf, JuS 1996, S. 706.
[594]-LK 10-Jähnke, § 202a Rdnr. 20; Arzt/Weber, BT 4, Rdnr. 104; Hilgendorf, JuS 1996, S. 706; Schönke/Schröder-Lenckner, § 202a Rdnr. 13; Dreher/Tröndle, § 202a Rdnr. 11.
[595]-LK 10-Jähnke, § 202a Rdnr. 20; Dreher/Tröndle, § 202a Rdnr. 11; Hilgendorf, JuS 1996, S. 706.
[596]-Anders Lackner/Kühl, § 202a Rdnr. 8, der § 43 BDSG unter Hinweis auf § 1 Abs. 4 BDSG hinter § 202a StGB zurücktreten lässt.
[597]-LK 10-Jähnke, § 202a Rdnr. 20; Schönke/Schröder-Lenckner, § 202a Rdnr. 14; Dreher/Tröndle, § 202a Rdnr. 12; Lackner/Kühl, § 202a Rdnr. 9; Arzt/Weber, BT 4, Rdnr. 103; Gössel, BT 1, § 37 Rdnr. 97; Haft, NStZ 1987, S. 10; Hilgendorf, JuS 1996, S. 706; Tiedemann, JZ 1986, S. 871.
[598]- Möhrenschlager, wistra 1986, S. 140.
[599]-Arzt/Weber, BT 4, Rdnr. 103, Kritisch Haft, NStZ 1987, S. 10.

Die praktische Bedeutung der Regelung hängt somit vom Anzeigeverhalten des Betroffenen ab[600].

6. Die Zusammenfassung

Die Ausspähen von Daten i.S.d. § 202a StGB kommt in Betracht, wenn eine unbefugte Person Daten, die nicht für ihn bestimmt und die gegen unberechtigten Zugang besonders gesichert sind, sich oder einem anderen verschafft. Tatobjekt der Computerspionage sind vor allem Computerprogramme, Forschungs- und Rüstungsdaten, Daten des kaufmännischen Rechnungswesens sowie Kundenadressen.

Unter Daten kann man gemäß dem zweiten Absatz derselben Vorschrift solche verstehen, die elektronisch, magnetisch oder sonst nicht unmittelbar wahrnehmbar gespeichert sind oder übermittelt werden.

Verschaffen i.S.v. § 202a StGB kommt nach der überwiegenden und zutreffenden Meinung in Betracht, wenn der Täter den wesentlichen Inhalt der Daten reproduziert. Das ist der Fall, wenn er den wesentlichen Inhalt der Daten abspeichert, aufschreibt oder im Gedächtnis behält[601].

Der Schutzbereich des § 202a II StGB bezieht sich auf die Daten, die gegen den Zugang besonders gesichert sind. Unter Sicherung sind sowohl verschlossene Behältnisse sowie sonstige mechanische Schließvorrichtungen als auch spezielle soft- und hardwaremäßige Sicherungen, wie z.B. Passwörter, Kennnummern etc., als Vorkehrungen zu verstehen[602].

Im Gegensatz dazu sind gemäß § 202a II StGB Daten geschützt, obwohl sie gegen den Zugang nicht gesichert sind: In Bezug auf diese Daten, die zu übermitteln sind und nur in Form einer Verschlüsselung geschützt oder gesichert werden können, ist der Zugang im Gegensatz zur Kenntnisnahme deren Inhalts möglich. Trotzdem sind sie gemäß dieser Vorschrift geschützt, weil die Verschlüsselung, aufgrund der ratio legis des § 202a StGB und weil der Gesetzgeber gemäß dieser Vorschrift die Daten, die sich in Übermittlungsstadium befinden, schützen will, als besondere Zugangssicherung anerkannt hat.

---

[600]-Frommel, JuS 1987, S. 668.
[601]-Hilgendorf, JuS 1996, S. 705.
[602]-Dreher/Tröndle, § 202a Rdnr. 7a.

Bezüglich aber des Problems, wann ein Verschaffen im Rahmen der übermittelten Daten zu bejahen ist, kann man sagen, dass dies der Fall ist, wenn der Täter sie entschlüsselt oder einen Entschlüssungscode erlangt, mit dem er diese Daten entschlüsseln kann[603].

In Bezug auf das geschützte Rechtsgut des § 202a StGB besteht keine Einigkeit. Nach der überwiegenden und zutreffenden Meinung[604] schützt der § 202a StGB das Verfügungsinteresse desjenigen, der Herr der Daten ist, bzw. das formelle Geheimhaltungsinteresse des über die Daten Verfügungsberechtigten.

Schließlich soll die Notwendigkeit der Einführung des § 202a II StGB nicht vergessen werden. Bevor diese Vorschrift in das Strafgesetzbuch eingeführt ist, wurde auf die Fälle des Ausspähens von Daten der § 242 StGB angewandt, der in Betracht kam, wenn der Täter fremde bewegliche Sache einem anderen in der Absicht wegnimmt, die Sache sich oder einem Dritten rechtswidrig zuzueignen. Aufgrund dieser Auslegung kann die Anwendbarkeit des § 242 StGB auf den Fall des Ausspähen von Daten nicht erfolgreich sein, weil die Daten i.S.d. § 202a StGB keine bewegliche Sachen sind. Außerdem kann §§ 41 BDSG die Spionagefälle nicht richtig behandeln, weil er sich auf personenbezogene Daten bezieht. Ebenso können die §§ 201 und 203 III StGB die Fälle des Ausspähens von Daten nicht erfolgreich behandeln, denn während die erste Vorschrift das Abhören des nichtöffentlichen Wortes unter Strafe stellt, bezieht die zweite Vorschrift auch einen anderen zur Gedankenübermittlung bestimmten Träger in den Schutzbereich des Tatbestands mit ein. Schließlich kann auch der § 202 III StGB die Fälle des Ausspähens von Daten nicht erfolgreich behandeln, da er sich im Gegensatz zum § 202a StGB auf den Schutz fixierter menschlicher Gedanken beschränkt. Hinzu kommt auch noch, dass er im Gegensatz zum § 202a StGB nicht auf Daten im Übermittlungsstadium bezogen werden kann. Er schützt also nur die auf Papier fixierten Daten. Aufgrund dieser Auslegung kann man feststellen, dass es von Bedeutung war, den § 202a StGB in das Strafgesetzbuch einzuführen.

---

[603]-Schönke/Schröder-Lenckner, § 202a Rdnr. 10; Lenckner/Winkelbauer, CR 1986, S. 488.

[604]-Möhrenschlager, CR 1986, S. 140 und 1991, S. 327; iur. Leicht, 1987, S. 45.

D. Die Computersabotage § 303b StGB

(1) Wer eine Datenverarbeitung, die für einen fremden Betrieb, ein fremdes Unternehmen oder eine Behörde von wesentlicher Bedeutung ist, dadurch stört, dass er
1- eine Tat nach § 303a Abs. 1 begeht oder
2- eine Datenverarbeitungsanlage oder einen Datenträger zerstört, beschädigt, unbrauchbar macht, beseitigt oder verändert,
wird mit Freiheitsstrafe bis zu fünf Jahren oder mit Geldstrafe bestraft.
(2) Der Versuch ist strafbar.

I. Einleitung

Gemäß § 303b StGB hat der Gesetzgeber die Störung einer Datenverarbeitung unter Strafe gestellt, wenn sie durch Datenveränderung § 303a StGB oder durch Zerstörung, Beschädigung, Unbrauchbarmachen, Beseitigung oder Veränderung einer Datenverarbeitungsanlage oder eines Datenträgers begangen wird[605]. Es darf aber in diesem Zusammenhang nicht vergessen werden, dass die gestörte Datenverarbeitung, die in Betracht kommt, wenn ihr reibungsloser Ablauf nicht unerheblich beeinträchtigt wird[606], für einen fremden Betrieb, ein fremdes Unternehmen oder eine Behörde von wesentlicher Bedeutung sein muss, damit der Täter gemäß dieser Vorschrift bestraft werden kann.

Aufgrund dieser Tatsache können die Sabotagehandlungen an elektronischen Schreibmaschinen oder Taschenrechnern, die eine untergeordnete Rolle spielen, von § 303b StGB nicht erfasst werden[607]. Darüber hinaus werden auch Privatpersonen vom Schutz dieser Vorschrift nicht erfasst, weil er, nämlich der Schutz des § 303b StGB, sich nur auf das Interesse von Wirtschaft und Verwaltung am störungsfreien Ablauf ihrer Datenverarbeitung bezieht[608].

Durch die Computersabotage, die große Schäden für die Betriebe etc. anrichten können, bezweckt der Täter, im Gegensatz zu vorher genannten Erscheinungsformen der Computerkriminalität, keinen finanziellen Vorteil.

---

[605]-Schönke/Schröder-Stree, § 303b Rdnr. 4.
[606]-BT-Drs. 10/5058, S. 35.
[607]-Schönke/Schröder-Stree, § 303b Rdnr. 7; dagegen Gravenreuth, NStZ 1989, S. 206.
[608]-Schönke/Schröder-Stree, § 303b Rdnr. 1.

Wenn man die Tatbestände der §§ 303 und 303b StGB betrachtet, stellt man fest, dass sie ziemlich ähnlich sind, weil sie etwas vor Beschädigung schützen wollen. Ein Unterschied in der Formulierung dieser beiden Gesetze liegt jedoch in der Fremdheit der beschädigten Sache, die in § 303 StGB im Gegensatz zu § 303b StGB Voraussetzung für die Strafbarkeit des Täters ist. Daher kann der Eigentümer einer Datenverarbeitungsanlage bzw. eines Datenträgers, der z.B. ein vertragliches Nutzungsabkommen mit dem Geschädigten geschlossen hat, wegen § 303b bestraft werden, selbst wenn er seine eigene Datenverarbeitungsanlage oder seinen eignen Datenträger beschädigt, unbrauchbar macht, beseitigt oder verändert. Das gilt allerdings nur, wenn die von ihm ausgeübte Handlung, nämlich die Beschädigung, Unbrauchbarmachung etc. seiner eigenen Datenverarbeitungsanlage oder seines eigenen Datenträgers zur Störung einer Datenverarbeitung führen muss, die für einen fremden Betrieb, ein fremdes Unternehmen oder eine Behörde von wesentlicher Bedeutung ist[609].

Schließlich kann die Computersabotage, die keine EDV-Kenntnisse benötigt, durch physische Zerstörung von Datenträgern oder Hardware, Computerviren, logische Bomben oder durch Würmer herbeigeführt werden.

1. Der Hintergrund der Einführung des § 303b StGB

Mit dem zunehmenden Einsatz von Datenverarbeitungsanlagen, sowohl im Bereich von Betrieben und Unternehmen als auch in Bereich der Behörden, wurde es immer wichtiger, die Datenverarbeitungsanlage vor Störungen zu schützen.

Vor der Einführung des § 303b StGB in das Strafgesetzbuch, wurde § 303 StGB, der in Betracht kommt, wenn der Täter eine fremde bewegliche Sache rechtswidrig beschädigt oder zerstört, auf die Fälle der Computersabotage angewandt.

Aufgrund des Wortlautes des § 303 StGB muss die Sache für den Täter fremd sein. Der Tatbestand der Computersabotage kommt in Betracht, selbst wenn der Täter seine eigne Sache, nämlich seine eigene Datenverarbeitungsanlage oder seinen eigenen Datenträger beschädigt, unbrauchbar macht etc. Da es nicht möglich war, den § 303 StGB auf alle Fälle der Computersabotage anzuwenden, hat der Gesetzgeber den § 303b StGB in das Strafgesetzbuch eingeführt.

---

[609]-Lenckner/Winkelbauer, CR 1986, S. 830.

Durch die Einführung dieser Vorschrift in das Strafgesetzbuch ist es gelungen, viele Straftaten, die große Schäden verursachen können, zu bekämpfen[610]. Darüber hinaus hat die Einführung diese Vorschrift viele Strafbarkeitslücken beseitigt, die es aufgrund der ehemaligen Anwendung des § 303 StGB auf die Fälle der Computersabotage gegeben hat.

2. Das geschützte Rechtsgut

§ 303b StGB will nicht das Eigentum des Opfers, wie bei der Sachbeschädigung (§ 303 StGB), und auch nicht das Interesse des Verfügungsberechtigten an der Verwendbarkeit seiner Daten, wie bei § 202a II StGB, schützen, sondern das Interesse eines Betriebes, eines Unternehmens oder einer Behörde an einem störungsfreien Funktionieren ihrer Datenverarbeitung[611]. Mit anderen Worten kann man sagen, dass der § 303b StGB die Datenverarbeitung, die für einen fremden Betrieb, ein fremdes Unternehmen oder eine Behörde von wesentlicher Bedeutung ist, vor einer Störung schützt.

Daraus kann man schließen, dass nur die Störung einer Datenverarbeitung[612] und nicht die Störung eines Betriebes, Unternehmens oder einer Behörde[613] unter den Anwendungsbereich des § 303b StGB fällt[614].

Das hat seine Gründe darin, dass der Wortlaut des § 303b StGB nur die Störung der Datenverarbeitung und nicht die Störung des Betriebes etc. erfordert. Darüber hinaus kann man sagen, dass der Schutzzweck der Norm nicht der Betrieb, das Unternehmen oder die Behörde, sondern deren Datenverarbeitung ist. Als Folge davon kann man sagen, dass die bloße Störung eines Betriebes, eines Unternehmens oder einer Behörde, ohne Störung der Datenverarbeitung nicht ausreichend ist, den Tatbestand des § 303b StGB zu erfüllen[615].

---

[610]-Volesky/Scholten, iur. 1987, S. 280.

[611]-Möhrenschlager, wistra 1986, S. 142; SK-Samson, § 303b, Rdnr. 1; Schönke/Schröder-Stree, § 303b Rdnr. 1; Dreher/Tröndle, § 303b Rdnr. 2.

[612]-Schönke/Schröder-Stree, § 303b Rdnr. 10; Dreher/Tröndle, § 303b Rdnr. 5; Lackner/Kühl, § 303b Rdnr. 6; Hilgendorf, JuS 1996, S. 1083; Lenckner/Winkelbauer, CR 1986, S. 831; Volesky/Scholten, iur. 1987, S. 283.

[613]-Anders SK-Samson, § 303b Rdnr. 12, der eine Störung nur dann als erheblich einstuft, wenn der Betrieb etc. im großen Umfang beeinträchtigt wird.

[614]-Schönke/Schröder-Stree, § 303b Rdnr. 10; Bühler, MDR 1987, S. 456.

[615]-Sondermann, Diss. 1989, S. 101.

3. Der Tatbestand des § 303b StGB

3.1. Der objektive Tatbestand

Der objektive Tatbestand des § 303b StGB ist zu bejahen, wenn der Täter eine Datenverarbeitung, die für einen fremden Betrieb, ein fremdes Unternehmen oder eine Behörde von wesentlicher Bedeutung ist, stört. Hat der Täter aber die Datenverarbeitung nur gefährdet, so kann man in diesem Fall den objektiven Tatbestand des § 303b StGB nicht bejahen, weil nur die Störung und nicht die Gefährdung der Datenverarbeitung, die keine Wesentlichkeit i.S.d. § 303b StGB darstellt, zu beachten ist[616].

Nun soll untersucht werden, wann der Zustand eintritt, dass die Datenverarbeitung gestört und für einen fremden Betrieb etc. von wesentlicher Bedeutung ist.

Die Datenverarbeitung ist gestört, wenn sie in ihrem Ablauf, unabhängig davon, ob die Störung lange Zeit gedauert hat oder nicht[617], nicht unerheblich beeinträchtigt wird[618]. Kann die Störung einer Datenverarbeitung ohne großen Kosten- oder Zeitaufwand beseitigt werden, so kann man sie in diesem Fall nicht bejahen[619].

Die wesentliche Bedeutung i.S.d. § 303b StGB ist zu bejahen, wenn die Einwirkungen auf die Datenverarbeitung die Störung der Datenverarbeitungsanlage eines Betriebes, Unternehmens oder einer Behörde zur Folge haben.

Was noch in Bezug auf den objektiven Tatbestand des § 303b StGB zu sagen bleibt, ist, dass die Tathandlung des Täters im Sinne der Äquivalenztheorie für die Störung der Datenverarbeitung kausal sein muss[620]. Schließlich darf in Bezug auf diese Kausalität nicht vergessen werden, dass sie auch dann zu bejahen ist, wenn die Tathandlung des Täters und die Störung der Datenverarbeitung auseinander fallen[621].

---

[616]-Schönke/Schröder-Stree, § 303b Rdnr. 10; Dreher/Tröndle, § 303b Rdnr. 5; Lackner/Kühl, § 303b Rdnr. 6; Lenckner/Winkelbauer, CR 1986, S. 831; Volesky/Scholten, iur 1987, S. 283; Hilgendorf, JuS 1996, S. 1083.

[617]-Schönke/Schröder-Stree, § 303b Rdnr. 10.

[618]-Schönke/Schröder-Stree, § 303b Rdnr. 10; Dreher/Tröndle, § 303b Rdnr. 5; Lackner/Kühl, § 303b Rdnr. 6; Volesky/Scholten, iur 1987, S. 283; Lenckner/Winkelbauer, CR 1986, S. 831; Haß, Strafrechtlicher Schutz von Computerprogrammen, Rdnr. 60; Arzt/Weber,BT 4, Rdnr. 115.

[619]-Schönke/Schröder-Stree, § 303b Rdnr. 10; Hilgendorf, JuS 1996, S. 1083.

[620]-Volesky/Scholten, iur 1987, S. 282; Haß, Strafrechtlicher Schutz von Computerprogrammen, Rdnr. 65.

[621]-Gravenreuth, Computerrechtshandbuch, Ziffer 106, Rdnr. 65.

3.1.1. Die Begriffsbestimmung der Datenverarbeitung

Gemäß § 303b StGB muss der Täter, wie gesagt, eine Datenverarbeitung, die für einen fremden Betrieb, ein fremdes Unternehmen oder eine Behörde von wesentlicher Bedeutung ist, gestört haben. Da das Gesetz die Datenverarbeitung nicht definiert hat, stellt sich nunmehr die Frage, was man unter der Datenverarbeitung i.S. dieser Vorschrift verstehen kann. Ein Teil der Literatur[622], der die Datenverarbeitung weit auslegt, geht davon aus, dass die Datenverarbeitung nicht nur der einzelne Datenverarbeitungsvorgang, sondern auch den weiteren Umgang mit Daten und deren Verwendung erfasst[623]. Beispiel hierfür sind die Speicherung, Dokumentation oder Aufbreitung von Daten[624].

Im Unterschied zu dieser Definition wurde die Datenverarbeitung von Seiten der Informationstechnik anders definiert. Danach kann man unter der Datenverarbeitung das Erfassen, Übermitteln, Ordnen und Umformen von Daten verstehen, wodurch mit Hilfe von automatisierten Datenverarbeitungsanlagen Informationen gewonnen werden.

Erfassen kommt in Betracht, wenn man die Daten auf einen Datenträger überträgt oder eintippt. Das Übermitteln von Daten bedeutet Datentransport. Unter Ordnen versteht man die Strukturierung von Datenbeständen nach Kriterien, wie z.B. Sortieren, Mischen oder Selektieren von Daten. Datenumformung bedeutet Umgestalten und Verknüpfen von Daten[625].

Man kann zum einen aus dieser Definition und zum anderen, weil im Gesetz keine Rede von automatisierter Datenverarbeitung ist, entnehmen, dass die Datenverarbeitung nicht nur die automatisierten Daten, sondern auch die menschlichen Gedanken erfasst. Das kann aber nicht der Zweck und Sinn des Gesetzgebers sein, weil die Einschränkung des Wortlauts des § 303b auf die automatisierte Datenverarbeitung und das Ausscheiden der menschlichen Gedanken sich aus dem gesamten Zusammenhang dieser Vorschrift ergeben[626].

---

[622]-Dreher/Tröndle, § 303b Rdnr. 3; Möhrenschlager, wistra. 1986, S. 142; Bühler, MDR 1987, S. 456; Volesky/Scholten, iur 1987, S. 280; Schönke/Schröder-Stree, § 303b Rdnr. 3.

[623]-BT-Drs. 10/5058, S. 35.

[624]-Schönke/Schröder-Stree, § 303b Rdnr. 3; Lenckner/Winkelbauer, CR 1986, S. 830; Haß, Strafrechtlicher Schutz von Computerprogrammen, Rdnr. 56.

[625]-Dworatschek, Grundlagen der Datenverarbeitung, S. 48ff.

[626]-Sondermann, Diss. 1989, S. 86f.

3.1.2. Die Tathandlungen des § 303b StGB (Erscheinungsformen der Störung einer Datenverarbeitung)

Gemäß § 303b StGB kann die Störung einer Datenverarbeitung durch zwei Tathandlungen herbeigeführt werden. Diese Tathandlungen sind folgende:

a. Die Störung der Datenverarbeitung durch die Datenveränderung: § 303b I Nr. 1

Gemäß § 303 b I Nr. 1 kann die gestörte Datenverarbeitung, die für einen fremden Betrieb, ein fremdes Unternehmen oder eine Behörde von wesentlicher Bedeutung sein soll, durch die Tathandlung des § 303a I StGB herbeigeführt werden. Weil früher[627] im Rahmen der Datenveränderung auf die Tathandlungen des § 303a StGB und auf die Erscheinungsformen der Erfüllung der Tathandlungen des § 303a StGB durch Datenverarbeitung eingegangen wird, werden sie hier nicht noch mal behandelt.

b. Die Störung der Datenverarbeitung durch Angriffe auf Datenverarbeitungsanlagen oder Datenträger: § 303b I Nr. 2 StGB

Gemäß § 303b I, Nr. 2 StGB kann die Störung einer Datenverarbeitung auch durch physische Angriffe erfolgen. Gemäß dieser Vorschrift kann dies der Fall sein, wenn der Täter die Datenverarbeitung durch Zerstörung, Beschädigung, Unbrauchbarmachung, Beseitigung oder Veränderung einer Datenverarbeitungsanlage oder eines Datenträgers stört.
Darüber hinaus kann die Störung einer Datenverarbeitung auch durch andere Handlungen, wie z.B. Verbrennen oder Vernichten einer Datenverarbeitungsanlage bzw. eines Datenträgers herbeigeführt werden.
Bei dieser Tathandlung richtet sich der Angriff konkret gegen körperliche Sachen in Form der Datenverarbeitungsanlage oder eines Datenträgers. Dennoch sprechen einige Punkte dafür, dass es sich bei der Vorschrift des § 303b I Nr. 2 StGB um einen selbständigen Straftatbestand handelt.
Jetzt stellt sich die Frage, was man unter der Datenverarbeitungsanlage und dem Datenträger verstehen kann. Unter Datenverarbeitungsanlage versteht man ein technisches Gerät, das die Verarbeitung gespeicherter Daten auf elektronischem, magnetischem oder sonst nicht

---

[627]-Die Tathandlungen des § 303a StGB, S. 45ff.

unmittelbar wahrnehmbarem Wege ermöglicht[628]. Hierzu gehören alle Ausstattungsgegenstände, wie das Steuer- und Rechenwerk, der Speicher sowie Ein- und Ausgabegeräte. Unter Datenträgern versteht man die Vorrichtungen, auf denen Daten unmittelbar gespeichert werden. Hierzu gehören insbesondere Magnetbänder, Festplatten, CDs und Disketten[629]. Schließlich stellt sich die Frage, was man unter Daten i.S.d. § 303b StGB verstehen kann. Da § 303b I Nr. 1 StGB einen Qualifikationstatbestand zu § 303a I StGB darstellt, der einen direkten Hinweis auf den Datenbegriff des § 202a II StGB enthält, kann man davon ausgehen, dass Daten solche sind, die elektronisch, magnetisch oder sonst nicht unmittelbar wahrnehmbar gespeichert sind oder übermittelt werden. Die verarbeiteten Daten i.S.d. § 303b StGB fallen also unter den Datenbegriff des § 202a II StGB[630].

3.1.3. Die Anwendbarkeit des § 303b StGB auf den Datenverarbeitungsvorgang

Wenn man sich den Wortlaut des § 303b StGB anschaut, stellt man fest, dass er die Datenverarbeitung und nicht den Datenverarbeitungsvorgang beinhaltet, der sich im § 263a StGB befindet.

Fraglich kann aber sein, ob der § 303b StGB auch auf die Störung eines Datenverarbeitungsvorganges Anwendung findet oder nicht.

Eine Meinung geht davon aus, dass der § 303b StGB keine Anwendung auf die Störung eines Datenverarbeitungsvorganges findet, weil sie nicht in der Lage ist, die Störung einer Datenverarbeitungsanlage i.S.d. § 303b StGB zu verursachen[631]. Aus diesem Grund wurde angenommen, dass der Gesetzgeber die Anwendbarkeit dieser Vorschrift nur auf die gestörte Datenverarbeitung einschränken will, die für einen fremden Betrieb etc. von wesentlicher Bedeutung ist.

Für diese Meinung spricht, dass der Wortlaut des § 303b StGB nur die Datenverarbeitung und nicht den Datenverarbeitungsvorgang beinhaltet. Hätte der Gesetzgeber, dieser Meinung nach, der § 303b StGB auf die Störung eines Datenverarbeitungsvorganges anwenden wollen, so hätte er die Störung eines Datenverarbeitungsvorganges neben der Störung einer Datenverarbeitung im Wortlaut des § 303b StGB ausdrücklich nennen können[632].

---

[628]-Schönke/Schröder-stree, § 303b Rdnr. 13.
[629]-Schönke/Schröder-Stree, § 303b Rdnr. 13; Dreher/Tröndle, § 303b Rdnr. 7; Voleskey/Scholten, iur 1987, S. 281f.
[630]-Sondermann, Diss. 1989, S. 103f.
[631]-Lackner/Kühl, § 303b Rdnr. 2.
[632]-Schlüchter, Zweites Gesetz zur Bekämpfung der Wirtschaftskriminalität, S. 76.

Dieser Meinung kann nicht zugestimmt werden, weil der gestörte Datenverarbeitungsvorgang, der für einen Betrieb etc. nicht erheblich, aber von wesentlicher Bedeutung ist[633] und die Störung eines Betriebes, eines Unternehmens oder einer Behörde verursachen kann. Daher kann die Anwendbarkeit des § 303b StGB, in dem nicht von Erheblichkeit, sondern von Wesentlichkeit die Rede ist, auf den gestörten Datenverarbeitungsvorgang bejaht werden.

Darüber hinaus kann man hinsichtlich der Anwendbarkeit des § 303b StGB auf den gestörten Datenverarbeitungsvorgang sagen, dass sie dem Sinn und der Intention des Gesetzgebers entspricht. Hätte der Gesetzgeber nur die Datenverarbeitung, aber nicht den Datenverarbeitungsvorgang gemeint, so wäre die Anwendbarkeit des § 303b StGB stark eingeschränkt, so dass viele Fälle, die auch den Tatbestand des § 303b StGB erfüllen könnten, nicht unter Strafe gestellt würden.

Aus diesen Gründen wurde der Begriff der in § 303b StGB genannten Datenverarbeitung extensiv ausgelegt, so dass er jeden weiteren Umgang mit Daten einschließlich seiner Verwertung (z.B. Speicherung, Dokumentierung, Aufbereitung) erfasst[634]. Die Datenverarbeitung erfasst also auch den Datenverarbeitungsvorgang.

3.1.4. Die Einschränkungen

Obwohl der § 303b StGB wegen der Erforderlichkeit des Erfassens der Datenverarbeitungsvorgänge weit ausgelegt ist, ist er aber aufgrund seines Wortlautes dreifach eingeschränkt. Die Einschränkungen beziehen sich zum einen darauf, dass gemäß dieser Vorschrift nur die Datenverarbeitung eines fremden Betriebes, eines fremden Unternehmens oder einer Behörde geschützt werden kann. Darüber hinaus muss gemäß dieser Vorschrift die geschützte Datenverarbeitung für den Betrieb, für das Unternehmen oder für die Behörde von wesentlicher Bedeutung sein. Schließlich sind aufgrund der Verbindung dieser Vorschrift mit § 303a StGB, der in Bezug auf den Datenbegriff des § 202a StGB eine ausdrückliche Verweisung enthält, nur Daten i.S.d. § 202a II StGB geschützt werden können. Im Folgenden werden diese Beschränkungen ausführlich behandelt.

---

[633]-Schlüchter, Zweites Gesetz zur Bekämpfung der Wirtschaftskriminalität. S. 76.

[634]-Möhrenschlager, wistra 1986, S. 143; Wessels, BT, S. 13.

a. Die Fremdheit des Betriebes oder Unternehmens im Gegensatz zu Behörde

Zur Erklärung dieses Merkmals müssen zuerst und vor allem die Begriffe des Betriebes, Unternehmens und der Behörde geklärt werden. Danach wird auf die erste Beschränkung, nämlich den fremden Betrieb und das fremde Unternehmen, eingegangen.

aa. Die Begriffsbestimmung der Worte Betrieb, Unternehmen und Behörde

Im § 303b StGB sind die Begriffe Betrieb, Unternehmen und Behörde genannt und deswegen stellt sich zuerst die Frage, was man unter diesen Begriffen versteht. Unter Betrieb wird in der Betriebswirtschaftslehre eine Wirtschaftseinheit verstanden, die Güter und Dienstleistungen herstellt und vertreibt[635].

Ein Teil der Literatur[636] bezieht sich in Bezug auf die Definition des Betriebes auf das Arbeitsrecht und definiert den Betrieb als organisatorische Einheit, innerhalb derer ein Arbeitgeber allein oder in Gemeinschaft mit seinen Mitarbeitern und mit Hilfe von sachlichen oder immateriellen Mitteln bestimmte arbeitstechnische Zwecke fortgesetzt verfolgt.

Eine andere Definition geht davon aus, dass meist auch die räumlich zusammengefasste Einheit von Personen und Sachmitteln unter einheitlicher Leitung zu dem arbeitstechnischen Zweck, bestimmte Leistungen hervorzubringen oder zur Verfügung zu stellen, unter den Betriebsbegriff fällt[637].

Auf Grund dieser Definition fallen neben industriellen, gewerblichen und landwirtschaftlichen Betrieben, auch Forschungseinrichtungen, Krankenhäuser, Apotheken, Arzt- und Anwaltspraxen sowie Messebüros und Theater[638] in den Schutzbereich der Vorschrift.

Darüber hinaus werden, weil eine Gewinnerzielungsabsicht nicht vorausgesetzt wird, auch karitative Einrichtungen, erfasst[639], unabhängig davon, ob es sich um einen privaten oder öffentlichen Betrieb handelt.

---

[635]-Wöhe/Döring, Allgemeine Betriebeswissenschaftslehre, S. 2; Grochler, Betrieb, Betriebswirtschaft und Unternehmung, S. 378f.

[636]-Schönke/Schröder-Lenckner, § 14 Rdnr. 28.

[637]-Lenckner/Winkelbauer, CR 1986, S. 830.

[638]-Schönke/Schröder-Stree, § 303b Rdnr. 5.

[639]-Lenckner/Winkelbauer, CR 1986, S. 830.

Demgegenüber wird grundsätzlich der private Haushalt (Wirtschaftsführung mehrerer in einer Familie zusammenlebender Personen) nicht zu den Betrieben gezählt, da mit ihm nur der Eigenbedarf gedeckt werden soll[640].

Eine andere Definition befindet sich in § 265b III Nr. 1 StGB. Danach versteht man unter Betrieb und Unternehmen, unabhängig von ihrem Geschäftsgegenstand, solche, die nach Art und Umfang einen in kaufmännischer Weise geleiteten Geschäftsbetrieb erfordern.

Die Unterscheidung zwischen den Begriffen Betrieb und Unternehmen liegt vornehmlich auf wirtschaftlichem Gebiet. Auf die strafrechtliche Abgrenzung des Betriebes gegenüber dem Unternehmen kommt es nicht an, weil beide in § 303b StGB genannt sind und § 14 II S.2 StGB den Betrieb dem Unternehmen gleichstellt.

Der Begriff der Behörde wird auch § 11 I Nr. 7 StGB festgelegt[641]. Danach sind Behörden von der Person ihres Trägers ständig unabhängige Organe der inländischen Staatsgewalt, die dazu berufen sind, unter öffentlicher Autorität für die Erreichung der Zwecke des Staates tätig zu sein[642]. Demnach fallen öffentliche Forschungseinrichtungen (z.B. Universitätsinstitute) ebenfalls unter den Begriff der Behörde. Ebenso ist ein Gericht nach dem ausdrücklichen Wortlaut des § 11 I Nr. 7 StGB eine Behörde[643].

bb. Der fremde Betrieb bzw. das fremde Unternehmen

§ 303b StGB setzt voraus, dass der betroffene Betrieb oder das betroffene Unternehmen im Gegensatz zur Behörde dem Täter gegenüber fremd ist[644]. Daher kann der Eigentümer eines Betriebes oder eines Unternehmens grundsätzlich nicht bestraft werden, wenn er durch seine Handlung die Datenverarbeitung seines eigenen Betriebes oder eigenen Unternehmens stört. Daraus kann man schlussfolgern, dass der Tatbestand des § 303b StGB von jedem begangen werden kann, dem das Betriebes- oder Unternehmensvermögen nicht ausschließlich gehört[645]. Als Folge davon kann der Täter nicht nur ein Betriebsfremder, sondern auch Stellvertreter des

---

[640]-Schönke/Schröder-Lenckner, § 14 Rdnr 28; LK-Roxin, § 14 Rdnr. 33.

[641]-LK-Tolksdorf, § 303b Rdnr. 9; Schönke/Schröder-Stree, § 303b Rdnr. 5.

[642]-Dreher/Tröndle, § 11 Rdnr. 35; Schönke/Schröder-Eser, § 11 Rdnr. 59; Lenckner/Winkelbauer, CR 1986, S. 830; Haß, Strafrechtlicher Schutz von Computerprogrammen, Rdnr. 58; Lackner/Kühl, StGB § 11, 8.

[643]-Volesky/Scholten, iur. 1987, S. 281.

[644]- Mühle, Diss. 1998, S. 124f.

[645]-Schönke/Schröder-Stree, § 303b Rdnr. 6.

Inhabers[646], Geschäftsführer oder Betriebesangehöriger sein, weil ihnen sowohl der Betrieb als auch das Unternehmen weder rechtlich noch wirtschaftlich zugeordnet sind[647].

Insoweit kann auch der angestellte Geschäftsführer einer GmbH im Gegensatz zum Alleingesellschafter[648] potentieller Täter sein. Darüber hinaus verhält es sich bei der Personengesellschaft nicht anders, d.h., dass jeder Gesellschafter den Tatbestand des § 303b StGB erfüllen kann, weil das Vermögen dieser Gesellschaft nur der Gesamthand zusteht, d.h., dass das Vermögen dieser Personengesellschaften nicht einem Gesellschafter zugeordnet ist, sondern den gesamten Gesellschaft.

In Bezug auf die Organe einer juristischen Person (Vorstand, Gesellschafter etc.) kann man sagen, dass der Betrieb ihnen fremd ist, denn das Organvermögen kann nicht oder zumindest nicht ausschließlich dem Täter zugeordnet werden[649].

Dem Begriff der Behörde fehlt in § 303b StGB das Merkmal der Fremdheit und deswegen kann jeder, auch z.B. ein Angestellter oder der Leiter einer Behörde den Tatbestand des § 303b StGB erfüllen, wenn er seine Handlung gegen die Behörde richtet[650].

Im Gegensatz zur in § 303b I StGB genannten Voraussetzung, nämlich der Fremdheit des Betriebes oder des Unternehmens dem Täter gegenüber, hat der Tatbestand des § 303b I, Nr.2 StGB, der die Zerstörung, Beschädigung, Unbrauchbarmachung, Beseitigung oder Veränderung einer Datenverarbeitungsanlage oder eines Datenträgers betrifft, nicht zur Voraussetzung, dass die Datenverarbeitungsanlage oder der Datenträger für den Täter fremd sein müssen. Daher kann der Täter, der seine eigene Datenverarbeitungsanlage oder seinen eigenen Datenträger stört, den Tatbestand des § 303b I, Nr. 2 StGB erfüllen, wenn er auf Grund dieser Handlung seine schuldrechtlichen Verpflichtungen einem dritten Betrieb etc. gegenüber nicht mehr erfüllen kann.

b. Die Wesentlichkeit der gestörten Datenverarbeitung

Gemäß § 303b StGB muss die gestörte Datenverarbeitung für den betroffenen Betrieb, bzw. das Unternehmen oder die Behörde von wesentlicher Bedeutung sein, damit der Täter gemäß

---

[646]-Anders Lackner/Kühl, § 303b Rdnr. 2, der vertretungsberechtigte Repräsentanten als Täter ausschließt. Hingegen explizit Haß, Strafrechtlicher Schutz von Computerprogrammen, Rdnr. 59.

[647]-Schönke/Schröder-Stree, § 303b Rdnr. 6; Sondermann, Diss. 1989, S. 94.

[648]-Lenckner/Winkelbauer, CR 1986, S. 830.

[649]-Sondermann, Diss. 1989, S. 94ff.

[650]-Sondermann, Diss. 1989, S. 97.

dieser Vorschrift bestraft werden kann. Dadurch wurde die vorher dargestellte weite Auslegung der Datenverarbeitung wieder beschränkt.

Aufgrund dieser Tatsache kann man die Wesentlichkeit der gestörten Datenverarbeitung nicht bejahen, wenn die Störung einer Datenverarbeitung durch den Mehreinsatz von Aushilfskräften bzw. durch den Einsatz weiterer technischer Mittel ersetzt werden kann, es sei denn, dass die Aufhebung dieser Störung nur mit erheblichem Mehraufwand möglich wäre[651]. Im Folgenden soll die Feststellung der Wesentlichkeit der gestörten Datenverarbeitung und die Art der Betroffenheit erläutert werden:

aa. Die Feststellung der Wesentlichkeit der gestörten Datenverarbeitung

Der Gesetzgeber hat im § 303b StGB nicht festgelegt[652], wann die gestörte Datenverarbeitung für den betroffenen Betrieb etc. von wesentlicher Bedeutung ist, was zu unterschiedlichen Meinungen führte.

Aufgrund der Unbestimmtheit dieses Merkmals, nämlich der wesentlichen Bedeutung, hat eine Meinung[653] den § 305a I Nr. 1 StGB, der dieses Merkmal ebenfalls beinhaltet, ins Spiel gebracht.

Gemäß dieser Vorschrift hat das Arbeitsmittel wesentliche Bedeutung, wenn durch seinen Ausfall der reibungslose Ablauf der gesamten vorgesehenen Baumaßnahme beeinträchtigt wird[654].

Wenn man diese Überlegung auf den § 303b StGB anwenden möchte, stellt man fest, dass die wesentliche Bedeutung der gestörten Datenverarbeitung zu bejahen ist, wenn die Funktionsfähigkeit des betroffenen Betriebes etc. ganz oder zum überwiegenden Teil vom störungsfreien Funktionieren der Datenverarbeitung abhängig ist[655]. Aufgrund dieser Erörterung kann man die Wesentlichkeit der gestörten Datenverarbeitung bejahen, selbst wenn der betroffene Betrieb etc. seine Tätigkeit fortsetzen kann[656].

---

[651]-LK-Tolksdorf, § 303b Rdnr. 6; Lenckner/Winkelbauer, CR 1986 S. 830; Schönke/Schröder-Stree, § 303b Rdnr. 7.

[652]-Achenbach, NJW 1986, S. 1838; Kritisch auch Lackner/Kühl, § 303b Rdnr. 2; Dreher/Tröndle, § 303b Rdnr. 4; Frommel, JuS 1987, S. 668; anders LK-Tolksdorf, § 303b Rdnr. 6.

[653]-Haß, Strafrechtlicher Schutz von Computerprogrammen, Rdnr. 57.

[654]-Lackner/Kühl, § 305a Rdnr. 2.

[655]-Lenckner/Winkelbauer, CR 1986, S. 830; Schönke/Schröder-Stree, § 303b Rdnr. 7; Lackner/Kühl, § 303b Rdnr. 2; Frommel, JuS 1987, S. 668; Haß, Strafrechtlicher Schutz von Computerprogrammen, Rdnr. 57.

[656]-Schönke/Schröder-Stree, § 303b Rdnr. 7.

Eine andere Auffassung[657] geht davon aus, dass die Wesentlichkeit der gestörten Datenverarbeitung i.S.d. § 303b StGB zu bejahen ist, wenn der betroffene Betrieb etc. seine Aufgaben wegen dieser Störung nur eingeschränkt erfüllen kann.

Trotz der Unbestimmtheit dieses Merkmals, besteht aber Einigkeit darüber, dass es auf die Größe der gestörten Datenverarbeitung nicht ankommt, sondern darauf, ob sie für den betroffenen Betrieb, das Unternehmen oder die Behörde von wesentlicher Bedeutung ist[658]. Das ist der Fall, wenn die Funktionsfähigkeit des betroffenen Betriebes etc. beeinträchtigt wird, so dass er nicht ordnungsgemäß funktionieren kann.

Hat der Täter z.B. eine elektrische Schreibmaschine oder einen Taschenrechner beeinträchtigt, die die Funktionsfähigkeit des betroffenen Betriebes etc. nicht betreffen, so kann man in diesem Fall die Wesentlichkeit der gestörten Datenverarbeitung verneinen.

bb. Die Art der Betroffenheit

Beispiel: A hat die Datenverarbeitung des Betriebes B, der mit dem Betrieb C in vertraglicher Beziehung steht, gestört, was die Funktionsfähigkeit der beiden Betriebe beeinträchtigt. Die Frage, die sich jetzt stellt, ist, ob der Täter A den Tatbestand des § 303b StGB erfüllt hat oder nicht.

Um diese Frage beantworten zu können, muss zunächst bei den beiden Betrieben danach unterschieden werden, ob sie unmittelbar oder mittelbar getroffen sind.

Die gemäß § 303b StGB verlangte Wesentlichkeit der gestörten Datenverarbeitung kommt in Betracht, wenn der Betrieb etc. unmittelbar betroffen ist[659]. Folglich kann man sagen, dass der Täter A bezüglich des unmittelbar betroffenen Betriebes B im Gegensatz zum mittelbaren betroffenen Betrieb C den Tatbestand des § 303b StGB erfüllt. Bezüglich des betroffenen Betriebes C heißt das nicht, dass der Täter hier straflos bleibt; er kann wegen §§ 303, 303a StGB bestraft werden, wenn er durch seine Handlung die Rechte eines Dritten verletzt[660].

---

[657]-Schlüchter, Zweites Gesetz zur Bekämpfung der Wirtschaftskriminalität, S. 77; Volesky/Scholten, iur 1987, S. 283; Sondermann, Diss. 1989, S. 96.

[658]-Lenckner/Winkelbauer, CR 1986, S. 830; Haß, Strafrechtlicher Schutz von Computerprogrammen, Rdnr. 56; Schönke/Schröder-Lenckner, § 303b Rdnr. 7; Dreher/Tröndle, § 303b Rdnr. 4; Möhrenschlager, wistra 1986, S. 142.

[659]-Schönke/Schröder-Stree, § 303b Rdnr. 8.

[660]-Dreher/Tröndle, § 303b Rdnr. 8; Lackner/Kühl, § 303b Rdnr. 2; Möhrenschlager, wistra 1986, S. 142; Bühler, MDR 1987, S. 456.

Eine andere Meinung, die sich auf den Wortlaut des § 303b StGB beruft, geht davon aus, dass diese Einschränkung dem Sinn und Zweck der Vorschrift entgegenläuft, weil sie das Interesse des von der Sabotage betroffenen Betriebes schützen will[661].

Schließlich darf aber nicht vergessen werden, dass der Täter, der seine eigene Datenverarbeitungsanlage stört, an der ein anderer Betrieb Besitz- oder Nutzungsrechte hat[662], den Tatbestand des § 303b StGB doch erfüllen kann, obwohl dieser Betrieb mittelbar und nicht unmittelbar betroffen ist.

Durch diese Ausnahme kann die uneingeschränkte Anwendung des § 303b I Nr. 2 StGB wegen des Fehlens des Fremdheitsmerkmals[663] angemessen behandelt werden.

c. Die Daten müssen elektronisch, magnetisch oder sonst nicht unmittelbar wahrnehmbar gespeichert oder übermittelt werden: § 202a II StGB

Der § 303b I Nr. 1 StGB verweist über § 303a StGB auf den Datenbegriff des § 202a II StGB, der im Rahmen des Ausspähens von Daten ausführlich behandelt wurde. Gemäß dieser Verweisung können nur Angriffe auf Daten erfasst werden, die gemäß § 202a II StGB nur elektronisch, magnetisch oder sonst nicht unmittelbar wahrnehmbar gespeichert sind oder übermittelt werden. Dadurch hat der Gesetzgeber den weit ausgelegten Datenbegriff eingeschränkt.

d. Die Datenverarbeitung muss gestört werden

Gemäß § 303b StGB muss die Datenverarbeitung, die für einen fremden Betrieb, ein fremdes Unternehmen oder eine Behörde von wesentlicher Bedeutung sein muss, gestört werden. Durch das Merkmal „Störung" hat der Gesetzgeber die weit ausgelegte Datenverarbeitung ein weiteres Mal eingeschränkt. Daher kann der Täter grundsätzlich wegen § 303b StGB nicht bestraft werden, wenn seine Handlung die Datenverarbeitung nicht gestört, sondern gefährdet hat. Nachfolgend soll unter anderem auf das Vorliegen der gemäß § 303b StGB verlangten Störung eingegangen werden.

---

[661]-LK-Tolksdorf, § 303b Rdnr. 8; Hilgendorf, JuS 1996, S. 1983.

[662]-Schönke/Schröder-Stree, § 303b Rdnr. 14.

[663]-Lenckner/Winkelbauer, CR 1996, S. 831; Schönke/Schröder-Stree, § 303b Rdnr. 12.

aa. Das Vorliegen einer Störung

Im Rahmen der Störung einer Datenverarbeitung i.S.d. § 303b StGB stellt sich die Frage, wann man diese Störung bejahen kann.

Eine Meinung[664] beruht auf dem Wortlaut des § 303b StGB und geht daher davon aus, dass die Störung i.S.d. § 303b StGB zu bejahen ist, wenn sie für den betroffenen Betrieb etc. von wesentlicher Bedeutung ist.

Dieser Meinung kann nicht zugestimmt werden, weil gemäß § 303b StGB nicht die Störung, sondern die Datenverarbeitung für den betroffenen Betrieb etc. von wesentlicher Bedeutung sein soll. Außerdem schützt § 303b StGB nicht den Betrieb etc. selbst, sondern dessen Datenverarbeitung vor Störung oder Beeinträchtigung. Schließlich kann auch gegen diese Meinung eingewendet werden, dass der Wortlaut des § 303b StGB eindeutig die Störung der Datenverarbeitung und nicht die Störung des Betriebes verlangt. Daher kann, dem Wortlaut des § 303b StGB nach, die Betriebsstörung, ohne dass eine Störung der Datenverarbeitung vorliegt, nicht ausreichen, die Störung und damit den Tatbestand des § 303b StGB zu bejahen[665].

Eine andere Meinung, der zu folgen ist, geht davon aus, dass es zur Bejahung der Störung i.S.d. § 303b StGB nicht erforderlich ist, die Datenverarbeitung, wie es § 316b StGB verlangt, insgesamt und komplett zu stören[666], sondern es ist ausreichend, wenn die Störung zwar nicht groß, aber in der Lage ist, den reibungslosen Ablauf eines Betriebes etc. nicht unerheblich zu beeinträchtigen. Nach dieser Meinung kann die Störung einer Datenverarbeitung nicht bejaht werden, wenn die Datenverarbeitung nicht gestört, sondern gefährdet ist, was den reibungslosen Ablauf eines Betriebes etc. nicht erheblich beeinträchtigt.

Die Störung i.S.d. § 303b StGB kann also bejaht werden, wenn die gestörte Datenverarbeitung durch den Angriff des Täters aufgehoben, völlig oder zum Teil beeinträchtigt wird, so dass die Betriebesfunktionen nicht unerheblich beeinträchtigt werden[667].

Ist die gestörte Datenverarbeitung ohne großen Aufwand an Zeit, Mühe und Kosten zu beheben, so kann man in diesem Fall, der herrschenden Meinung nach, die Störung i.S.d. § 303b StGB nicht bejahen, weil die gestörte Datenverarbeitung in diesem Fall keine wesentliche Beeinträchtigung für den betroffenen Betrieb etc. darstellt[668].

---

[664]-SK-Samson, § 303b Rdnr. 11.
[665]-Sondermann, Diss.1989, S. 101.
[666]-Bericht des Rechtsausschusses, BT-Drs. 10/5058, S. 35.
[667]-Volesley/Scholten, iur 1987, S. 284.
[668]-Schönke/Schröder-Stree, § 303b Rdnr. 10.

Fraglich kann aber sein, ob die fehlerhafte Datenverarbeitung in der Lage ist, eine Störung gemäß § 303b StGB zu erfüllen, wenn sie an sich reibungslos abläuft, aber die Ergebnisse durch z.b. Programmmanipulation fehlerhaft macht. Weil der Datenverarbeitungsbegriff, wie oben ausgeführt wurde, weit ausgelegt ist und die von Datenverarbeitungsanlagen in diesem Fall produzierten falschen Ergebnisse oft größere Schäden verursachen können[669], kann man in diesem Fall eine Störung i.S.d. § 303b StGB bejahen. Außerdem darf nicht vergessen werden, dass das Merkmal (Beschädigung), das sich in den §§ 303 und 303 b I Nr.2 StGB befindet, weit ausgelegt werden darf. Aufgrund dieser weiten Auslegung kann die Beschädigung der Sache auch bejaht werden, wenn die Datenverarbeitungsanlage in ihrer bestimmungsgemäßen Brauchbarkeit mehr als nur unerheblich beeinträchtigt ist. Daraus kann man schließen, dass die fehlerhafte Datenverarbeitung eine Störung i.S.d. § 303b StGB darstellen, wenn sie zwar an sich reibungslos abläuft, aber die Ergebnisse durch z.b. Programmmanipulation fehlerhaft macht. Schließlich soll in Bezug auf die Frage der Störung i.S.d. § 303b StGB auch festgestellt werden, ob die Erstellung eines neuen Programms und die Beeinflussung vorhandener Programme in der Lage sind, eine Störung i.S.d. § 303b StGB zu erfüllen.

aaa. Die Erstellung eines neuen Programms

In Bezug auf die Erstellung eines neuen Programms stellt sich die Frage, ob sie eine Störung i.S.d. § 303b StGB sein kann. Bei der Beantwortung dieser Frage kommt es darauf an, welche Folgen die Installierung eines neuen Programms bewirkt. Hat sie das Ergebnis einer Datenverarbeitungsanlage nur falsch gemacht, so kann man in diesem Fall nicht von einer Störung i.S.d. § 303b StGB ausgehen, es sei denn, die darauf befindlichen Daten werden beeinflusst[670]. Hat aber das neu installierte Programm Beschädigungen oder Zerstörungen eines Datenträgers zur Folge, so kann man die Störung und damit den Tatbestand des § 303b StGB bejahen, wenn alle anderen Voraussetzungen erfüllt sind.

---

[669]-Volesky/Scholten, iur 1987, S. 284.

[670]-Hilgensdorf, JuS 1996, 1983f.

bbb. Die Beeinflussung vorhandener Programme

Hier stellt sich wiederum die Frage, ob die Beeinflussung vorhandener Programme, die auch in der Lage sind, das Ergebnis einer Datenverarbeitung zu verfälschen, die Störung i.S.d. § 303b StGB erfüllen kann oder nicht.

Hat der Täter durch seine Handlung einen Programmalgorithmus verändert, so kann man in diesem Fall die Störung i.S.d. § 303b StGB bejahen, weil sich diese Änderung auf alle mit diesem Programm verarbeiteten Daten auswirkt[671].

Darüber hinaus ist die Störung i.S.d. § 303b StGB zu bejahen, wenn der Täter durch seine Handlung die Daten i.S.d. § 303a StGB unterdrückt oder verändert, weil auch das Unterdrücken und Verändern von Daten in der Lage ist, die Datenverarbeitung i.S.d. § 303b StGB zu beeinträchtigen.

Fraglich ist aber, ob die Störung und damit der Tatbestand des § 303b StGB in Betracht kommen kann, wenn der Täter Daten hinzufügt oder löscht.

Zur Lösung dieses Problems muss auf die Anzahl und Bedeutung der Daten und ihren objektiven Zweck abgestellt werden.

Hat der Täter hier z.B. Zwischenergebnisse oder sonstige Daten eines Forschungsprogramms gelöscht, um die Entwicklung zu verzögern und der Konkurrenz damit einen Vorsprung zu verschaffen, so kann man in diesem Fall die Störung der Datenverarbeitung des forschenden Betriebes i.S.d. § 303b StGB durch diese teilweise Löschung der Daten bejahen.

Im Gegensatz dazu kann die Störung i.S.d. § 303b StGB nicht bejaht werden, wenn ein Programmierer fiktive Personen in die Liste der Kindergeldempfänger aufnimmt und die für diese Personen berechneten Beträge auf sein eigenes Konto überweist[672]. Durch diese Veränderung kann die Störung der Datenverarbeitung und damit der Tatbestand des § 303b StGB nicht bejaht werden.

bb. Die zeitliche Dauer der Störung

Es wurde oben festgestellt, dass die Störung i.S.d. § 303b StGB zu bejahen ist, wenn die gestörte Datenverarbeitung für den betroffenen Betrieb etc. von wesentlicher Bedeutung ist. Fraglich kann aber sein, ob die Wesentlichkeit der Störung i.S.d. § 303b StGB auch bejaht werden kann, wenn die gestörte Datenverarbeitung nur kurze Zeit andauert.

---

[671]-LK-Tolksdorf, § 303b Rdnr. 17.
[672]-Volesky/Scholten, iur 1987, S. 285; Sieg, Jura 1986, S. 354ff.

Die Wesentlichkeit der Beeinträchtigung einer Datenverarbeitung hängt nicht von der zeitlichen Dauer der Beeinträchtigung ab. Entscheidend ist allein, ob die Datenverarbeitung in nicht unerheblichem Maß beeinträchtigt ist, so dass sie ihre Funktionen nicht ordnungsgemäß fortsetzen kann[673].

Im Gegensatz dazu kann man die Störung einer Datenverarbeitung nicht bejahen, wenn die durchgeführte Beeinträchtigung mit geringem Aufwand behoben werden kann.

Darüber hinaus kann man die Wesentlichkeit der Störung nicht bejahen, wenn durch Betätigung der Restfunktion der gestörten Datenverarbeitung, der z.B. von der Störung nicht betroffen ist, der reibungslose Ablauf der Datenverarbeitung wieder hergestellt werden kann[674].

cc. Die Arten der Störung

Ausweislich des Wortlauts des § 303b StGB kann die Tathandlung dieser Vorschrift entweder in einer Störung einer Datenverarbeitung, die für einen fremden Betrieb, ein fremdes Unternehmen oder eine Behörde von wesentlicher Bedeutung ist, oder in einer Störung einer Datenverarbeitungsanlage oder eines Datenträgers bestehen. Daraus kann man schließen, dass die Störung i.S.d. § 303b StGB durch zwei Arten herbeigeführt werden kann. Diese Arten sind folgende:

aaa. Die Störung einer Datenverarbeitung, § 303b I, Nr. 1 StGB

Der § 303b I Nr. 1 StGB kommt in Betracht, wenn der Täter gemäß § 303a I StGB rechtswidrig Daten i.S.d. § 202a II StGB löscht, unterdrückt, unbrauchbar macht oder verändert, was die Störung einer Datenverarbeitung, die für einen fremden Betrieb, ein fremdes Unternehmen oder eine Behörde von wesentlicher Bedeutung ist, zur Folge hat.

Da es sich bei § 303b I Nr. 1 StGB um eine Qualifikation des § 303a StGB handelt, kann bei der Erläuterung dieser Tathandlungen, nämlich des Löschens, Unterdrückens, Unbrauchbarmachens und Veränderns, auf § 303a StGB verwiesen werden, der vorher ausführlich behandelt wurde[675].

---

[673]-Schönke/Schröder-Stree, § 303b Rdnr. 10.
[674]-Volesky/Scholten, iur 1987, S. 284.
[675]-Die Datenveränderung, § 303a StGB, S. 45ff.

bbb. Die Störung einer Datenverarbeitungsanlage oder eines Datenträgers, § 303b I Nr. 2 StGB

Gemäß dieser Vorschrift muss eine Datenverarbeitungsanlage oder ein Datenträger zerstört, beschädigt, unbrauchbar gemacht, beseitigt oder verändert werden. Zuerst sind die Begriffsbestimmungen einer Datenverarbeitungsanlage und eines Datenträgers zu klären.

aaaa. Der Begriff der Datenverarbeitungsanlage

Im technischen Sinne kann man unter einer Datenverarbeitungsanlage jede maschinelle Einrichtung verstehen, die in der Lage ist, die Daten automatisch zu verarbeiten. Aufgrund dieser Definition kann man davon ausgehen, dass die Datenverarbeitungsanlage sich sowohl auf die Hardware- als auch auf die Softwarekomponente bezieht, weil die automatische Datenverarbeitung nur durch diese beiden Komponenten möglich ist. Im Gegensatz dazu geht ein Teil der Literatur[676] davon aus, dass der Begriff der Datenverarbeitungsanlage sich nur auf die Hardware wie Rechenwerke, das Leitwerk, den Hauptspeicher, Eingabegerät und Ausgabegerät bezieht[677]. Daher kann, dieser Meinung nach, die Software vom Begriff der Datenverarbeitungsanlage nicht erfasst werden. Der ersten Auffassung ist zuzustimmen, weil die Software, nämlich die nicht physischen Bestandteile, wie z.B. Programme, von § 303b I Nr. 1 StGB i.V.m. § 303a StGB geschützt werden. Daher ist der Begriff Datenverarbeitungsanlage sich sowohl auf die Hardware als auch auf die Software zu beziehen.

bbbb. Der Begriff des Datenträgers

Unter einem Datenträger ist ein Medium zu verstehen, das geeignet ist, Daten aufzunehmen, festzuhalten und bei Bedarf wiederzugeben. Als Beispiel dafür kommen Magnetplatten, -bänder sowie Disketten und CDs in Betracht.
Fraglich ist aber, ob die Störung jedes Datenträgers in der Lage ist, den Tatbestand des § 303b I Nr. 2 StGB zu erfüllen. Zur Beantwortung dieser Frage soll zuerst, wie vorher erwähnt wurde und wie im Rahmen der Konkurrenzfrage noch mal ausführlich behandelt wird,

---

[676]-Schönke/Schröder-Lenckner, § 303b Rdnr. 13.
[677]-Volesky/Scholten, iur. 1987, S. 282.

festgestellt werden, dass der § 303b I, Nr. 1 StGB gegenüber dem § 303a StGB, der einen ausdrücklichen Verweis auf den Datenbegriff des § 202a II StGB hat, einen Qualifikationstatbestand darstellt. Daher kann man sagen, dass der § 303b I Nr. 1 StGB über den § 303a StGB einen Verweis auf den Datenbegriff des § 202a II StGB hat. Aufgrund dieser Verweisung kann man sagen, dass nur die Störung der Datenträger, auf denen nur Daten i.S.d. § 202a II StGB gespeichert sind, in der Lage ist, den Tatbestand des § 303b I Nr. 2 StGB erfüllen zu können[678]. Daher kann die Störung einer Lochkarte, die auch als Datenträger angesehen werden kann, den Tatbestand des § 303b I Nr. 2 StGB nicht erfüllen, weil die darauf befindlichen Daten, die visuell wahrnehmbar sind, nicht dem Datenbegriff des § 202a II StGB entsprechen.

dd. Die Tathandlungen, die die Datenverarbeitungsanlage oder Datenträger betreffen

Die Datenverarbeitung, die für einen fremden Betrieb, ein fremdes Unternehmen oder eine Behörde von wesentlicher Bedeutung ist, kann gemäß § 303b I Nr. 2 StGB durch Zerstörung Beschädigung, Unbrauchbarmachen, Beseitigung oder durch Veränderung einer Datenverarbeitungsanlage oder eines Datenträgers gestört werden. Im Folgenden wird auf diese Tathandlungen ausführlich eingegangen.

aaa. Das Zerstören und Beschädigen

Die Tathandlungen der Beschädigung und Zerstörung, die sich im § 303b I Nr.2 StGB befinden, unterscheiden sie sich von jenen in § 303 StGB nicht[679]. Daher kann die Beschädigung i.S.d. § 303b I Nr. 2 StGB bejaht werden, wenn der Täter die Substanz einer Sache nicht ganz unerheblich verletzt oder auf sie körperlich einwirkt, so dass dadurch ihre bestimmungsgemäße Brauchbarkeit mehr als nur geringfügig beeinträchtigt oder ihr Zustand mehr als nur belanglos verändert wird[680]. Im Gegensatz dazu kann die Zerstörung i.S.d. § 303b I Nr. 2 StGB bejaht werden, wenn die Sache weitgehend beschädigt wird, so dass ihre Gebrauchsfähigkeit völlig aufgehoben wird[681]. Das kann in Bezug auf die Datenverarbeitungsanlage oder den Datenträger der Fall sein, wenn ein wesentlicher Teil der

---

[678]-Sondermann, Diss. 1989, S. 103/104.

[679]-SK-Samson, § 303b Rdnr. 7; Hilgendorf, JuS 1996, S. 1082.

[680]-Schönke/Schröder-Stree, § 303 Rdnr. 8.

[681]-Schönke/Schröder-Stree, § 303 Rdnr. 11; Dreher/Tröndle, § 303 Rdnr. 10.

betroffenen Datenverarbeitungsanlage oder des betroffenen Datenträgers zerstört ist, so dass dies den Verlust ihrer bestimmungsgemäßen Brauchbarkeit zur Folge hat[682].

Auf die umstrittene Frage der Begriffsbestimmung der Beschädigung, nämlich wann die Beschädigung in Betracht kommt, wird nicht mehr eingegangen, weil der Gesetzgeber im § 303b I Nr.2 StGB zur Schließung vieler möglicher Strafbarkeitslücken, andere ähnliche Tathandlungen, wie Zerstörung, Unbrauchbarmachung, Beseitigung oder Veränderung einer Datenverarbeitungsanlage oder eines Datenträgers genannt hat, die sich manchmal mit der Begriffsbestimmung der Beschädigung überschneiden. Daher kann die Handlung des Täters, die vielleicht nicht unter dem Begriff der Beschädigung zu subsumieren ist, unter eine von den vorher genannten ähnlichen Tathandlungen subsumiert werden.

bbb. Das Unbrauchbarmachen

Die Anlage kann unbrauchbar gemacht werden, wenn deren Funktionsfähigkeit aufgehoben ist, so dass die ordnungsgemäße Verwendung der Daten unmöglich ist[683].

Das Unbrauchbarmachen einer Datenverarbeitungsanlage oder eines Datenträgers verlangt daher die völlige Aufhebung oder zumindest eine wesentliche Herabsetzung ihrer Funktionsfähigkeit[684].

Fraglich kann aber sein, ob das Unbrauchbarmachen zu bejahen ist, wenn die Datenverarbeitungsanlage, die vielfache Funktionen hat, in einer von diesen Funktionen beeinträchtigt wird, während die anderen Funktionen noch reibungslos ablaufen.

Um diese Frage beantworten zu können, muss festgestellt werden, ob die ausgeübte Beeinträchtigung, die nur eine von mehreren Funktionen der Datenverarbeitungsanlage trifft, die Betriebesfunktion, wie z.B. die Produktion in nicht unerheblichem Maß einschränkt[685].

Ist die Betriebesfunktion wegen dieser Beeinträchtigung in nicht unerheblichem Maß eingeschränkt, so kann man in diesem Fall das Unbrauchbarmachen bejahen.

Im Gegensatz dazu kann die Unbrauchbarmachung und damit der Tatbestand des § 303b StGB nicht bejaht werden, wenn die Datenverarbeitungsanlage oder der Datenträger mangelhaft hergestellt wurden und somit bereits unbrauchbar sind[686].

---

[682]-Schönke/Schröder-Stree, § 303 Rdnr. 12; Wessels, BT Bd. 2 § 1 I 3 B; Volesky/Scholten, iur 1987, S. 282.
[683]-Bühler, MDR 1987, S. 456.
[684]-Hilgendorf, JuS 1996, S. 1082.
[685]-Schlüchter, Zweites Gesetz zur Bekämpfung der Wirtschaftskriminalität, S. 82.
[686]-Sondermann, Dss. 1989, S. 118.

Darüber hinaus kann die Lieferung einer mangelhaften Software das Unbrauchbarmachen der Datenverarbeitungsanlage nicht erfüllen, weil sie von dieser Datenverarbeitungsanlage nicht gestartet werden kann, was die Beeinträchtigung der Funktionsfähigkeit der Datenverarbeitungsanlage ausscheiden lässt[687]. Ist aber die verwendete fehlerhafte Software mit einem Virus infiziert, so kann man in diesem Fall das Unbrauchbarmachen i.S.d. § 303b I Nr. 2 StGB bejahen, wenn die Datenverarbeitungsanlage wegen der Infizierung beeinträchtigt wird.

ccc. Das Beseitigen

Diese Tathandlung kommt in Betracht, wenn der Täter durch z.B. das Entwenden der Datenverarbeitungsanlage oder des Datenträgers die Dispositionsmöglichkeiten des Berechtigens aufhebt[688]. Mit anderen Worten muss in den Gebrauchs- und Verfügungsbereich der betroffenen Datenverarbeitungsanlage oder des Datenträgers dem Berechtigten eingegriffen werden[689]. Als Beispiel dafür kommt das räumliche Verschieben der Datenverarbeitungsanlage oder des Datenträgers in Betracht.

Außer dieser Möglichkeit kann auch der Gebrauchs- und Verfügungsbereich der betroffenen Datenverarbeitungsanlage oder des Datenträgers in Betracht kommen, selbst wenn die Anlage oder die Sache räumlich nicht verschoben werden. Das ist der Fall, wenn der Täter den Raum, in dem sich diese Sache befindet, versperrt oder wenn er das Passwort des Berechtigten ändert und durch ein neues Passwort ersetzt, was dem Nutzer den Zugriff auf seine Daten versperrt[690].

ddd. Das Verändern

Diese Tathandlung kommt in Betracht, wenn der Täter den früheren Zustand der Datenverarbeitungsanlage oder des Datenträgers durch einen neuen anderen Zustand ersetzt[691].

---

[687]-Sondermann, Diss. 1989, S. 116.

[688]-Dreher/Tröndle, § 303b Rdnr. 7.

[689]-LK-Tolksdorf, § 303b Rdnr. 25; Dreher/Tröndle, § 303b Rdnr. 7; Tiedemann, JZ 1986, S. 870; Voleskey/Scholten, iur 1987, S. 282; Haß, Strafrechtlicher Schutz von Computerprogrammen, Rdnr. 64; Bühler, MDR 1987, S. 456; Schönke/Schröder-Eser, § 109e Rdnr. 10; Schönke/Schröder-Cramer, § 316b Rdnr. 7.

[690]-Schulze-Heiming, Schutz der Computerdaten, S. 220f.; anders, aber nicht überzeugend, Hilgendorf, JuS 1996, S. 1082.

[691]-Bühler, MDR 1987, S. 456.

Gemäß dieser Definition kann grundsätzlich sowohl die positive als auch die negative Veränderung das Verändern i.S.d. § 303b StGB erfüllen, weil die Verbesserung der Funktionsfähigkeit der betroffenen Datenverarbeitungsanlage oder des Datenträgers in der Lage ist, den früheren Zustand der Datenverarbeitungsanlage oder des Datenträgers durch einen anderen zu ersetzen.

Das kann jedoch nicht Absicht des Gesetzgebers sein, da die Störung einer Datenverarbeitung nur durch eine negative Veränderung der Datenverarbeitungsanlage oder des Datenträgers erfolgen kann.

Aus diesem Grund kann man unter den Begriff der Veränderung nur das Herbeiführen eines nachteiligen Zustandes verstehen[692], der gegenüber dem frühren Zustand eine Verschlechterung darstellt.

Als Beispiel dafür kommt das Installieren eines Virus auf einen fremden Computer in Betracht, so dass die infizierten Programme selbst nicht vernichtet werden, jedoch die Datenverarbeitung als solche gestört wird[693].

3.2. Der subjektive Tatbestand

Voraussetzung für die Strafbarkeit nach § 303b StGB ist weiterhin, dass der Täter in Bezug auf sämtliche Tatbestandsmerkmale mit Vorsatz handelt.

Legt der Täter gleichwohl eine Merkmal falsch aus, so unterliegt er einem im Rahmen des § 16 StGB unbeachtlichen Motivirrtum[694].

Hat der Täter im Rahmen des Tatbestandes des § 303b StGB nicht erkannt, dass die Datenverarbeitung, die von ihm angegriffen worden ist, für den betroffenen Betrieb, das Unternehmen oder die Behörde von wesentlicher Bedeutung ist, so kann der Vorsatz des Täters in diesem Fall nicht bejaht werden. Darüber hinaus muss der Vorsatz des Täters ebenfalls verneint werden, wenn er nicht weiß, dass seine Handlung für die Störung der Datenverarbeitung kausal sein wird[695]. Mit anderen Worten kann man sagen, dass die Kausalität zwischen der Handlung und der Störung der Datenverarbeitung vom Vorsatz des Täters erfasst werden muss.

---

[692]-Schlüchter, Zweites Gesetz zur Bekämpfung der Wirtschaftskriminalität, S. 83.

[693]-Dreher/Tröndle, § 303b Rdnr. 7.

[694]-Sondermann, Diss. 1989, S. 125.

[695]-Schönke/Schröder-Stree, § 303b Rdnr. 16.

Für den subjektiven Tatbestand ist bereits bedingter Vorsatz ausreichend. Das ist der Fall, wenn der Täter den Erfolg für möglich hält, ernst nimmt und sich damit abfindet[696]. Die Frage, die sich jetzt stellt, ist, wann der bedingte Vorsatz im Rahmen der Hardware- und Softwareangriffe bejaht werden kann.

3.2.1. Die Bejahung des bedingten Vorsatzes im Rahmen der Hardwareangriffe

Hinsichtlich der Hardwareangriffe und der Bejahung des bedingten Vorsatzes können keine Schwierigkeiten auftreten, weil der Täter hier physisch auf eine Datenverarbeitungsanlage oder auf einen Datenträger einwirkt, wodurch das Vertrauen auf einen glücklichen Ausgang ausscheidet. In diesem Fall kann also die Behauptung des Täters, dass er den Erfolgseintritt nicht für möglich gehalten und sich damit nicht abgefunden hat, nicht überzeugen, weil er in diesem Fall physisch gehandelt hat.

3.2.2. Die Bejahung des bedingten Vorsatzes im Rahmen der Softwareangriffe

a. Die Schwierigkeiten der Feststellung des bedingten Vorsatzes

Im Rahmen der Softwareangriffe stellen sich in Bezug auf den Nachweis des bedingten Vorsatzes viele Schwierigkeiten, weil der Täter hier nicht gezwungen ist, physisch zu handeln. Als Beispiel dafür kommt das Installieren von Computerviren in Betracht, die auch in der Lage sind, die Datenverarbeitung, die für einen Betrieb etc. von wesentlicher Bedeutung ist, zu stören.

Besondere Probleme stellen sich in Bezug auf die Abgrenzung des bedingten Vorsatzes zur (straflosen) bewussten Fahrlässigkeit, wenn der Täter behauptet, dass er auf einen glücklichen Ausgang vertraute, den Erfolgseintritt nicht für möglich gehalten oder ernst genommen hätte und sich damit nicht abgefunden hat.

Die Nachweisbarkeit der Richtigkeit oder Nichtrichtigkeit der Behauptung des Täters ist im Rahmen der Angriffe auf die Software schwierig, weil es hier, im Gegensatz zu vorher im Rahmen der Hardware genannten Angriffe, keine physischen Handlungen gibt, aus denen man schließen kann, dass der Täter mit bedingtem Vorsatz gehandelt hat.

Darüber hinaus kann der Täter im Rahmen der Softwareangriffe und bezüglich der Kausalität zwischen Tathandlung und Störung einer Datenverarbeitung, die von seinem Vorsatz, wie

---

[696]-LK-Tolksdorf, § 303b Rdnr. 29; Dreher/Tröndle, § 303b Rdnr. 9; Volesky/Scholten, iur 1987,S. 232.

zuvor ausgeführt wurde, aufgefasst werden muss, behaupten, dass er die Störung einer Datenverarbeitung nicht gewollt habe. Das hat zur Folge, falls ihm die Behauptung geglaubt wird, dass er mit der in § 303a StGB genannten milderen Strafe und nicht mit der in § 303b StGB angedrohten Strafe geahndet wird.

In Bezug auf den § 303b I Nr.2 StGB verhält es sich nicht anders, d.h., dass der Täter, der die Datenverarbeitungsanlage oder einen Datenträger zerstört, beschädigt, unbrauchbar macht, beseitigt oder verändert, wegen § 303b StGB nicht bestraft wird, falls er behauptet, und ihm geglaubt wird, dass er die Störung des betroffenen Betriebes etc. nicht beabsichtigt hat.

In diesen Fällen scheidet die Bestrafung nach dieser Vorschrift aus, weil der Täter, dieser Meinung nach, nicht vorsätzlich gehandelt hat. Das heißt aber nicht, dass der Täter straffrei bleibt; er kann wegen § 303 StGB bestraft werden, wenn es sich bei dem zerstörten oder beschädigten Datenträger um eine fremde Sache handelt.

Im Gegensatz dazu kommt § 303 StGB nicht in Betracht, wenn der Datenträger unbrauchbar gemacht, beseitigt oder verändert wird, weil diese Tatmodalitäten von dieser Vorschrift nicht erfasst sind; es können aber andere Sabotagetatbestände gemäß §§ 87, 109e, 316b und 317 StGB oder § 242 StGB in Betracht kommen.

Liegen die Voraussetzungen dieser Straftaten nicht vor, so bleibt der Täter straffrei, beispielsweise dann, wenn der Täter die Datenverarbeitungsanlage durch die Entziehung elektronischer Energie unbrauchbar macht.

In diesem Fall kann der Täter wegen § 303b I Nr. 2 StGB nicht bestraft werden, wenn ihm seine Behauptung, dass er die Störung der Datenverarbeitung eines fremden Betriebes etc. nicht beabsichtigt hat, geglaubt wird. Darüber hinaus kann er auch wegen des Löschens, Unbrauchbarmachens oder Veränderns von Daten gemäß § 303a StGB nicht bestraft werden, weil die auf der Datenverarbeitungsanlage gespeicherten Daten durch diese Handlung (Energieentzug) nicht tangiert werden, was die Verneinung des Tatbestands dieser Vorschrift rechtfertigt. Weiterhin kann auch die Tatbestandsalternative des Unterdrückens von Daten nicht angenommen werden, weil der Täter seinen Angriff (Entziehung von Energie) nicht gegen Daten, sondern gegen die betroffene Datenverarbeitungsanlage gerichtet hat. Es handelt sich also hier um einen Angriff auf die Hardware und nicht auf die Software. Daher bleibt der Täter in diesem Fall straffrei.

Diesem Ergebnis kann nicht zugestimmt werden, weil der Täter, um die schwere Strafe des § 303b StGB zu vermeiden, der zur Bekämpfung der erhöhten Gefährlichkeit einer Computersabotage eingeführt wird, immer behaupten kann, dass er z.B. die Störung der betroffenen

Datenverarbeitung oder des Betriebes etc., eventuell im Gegensatz zur Wahrheit, nicht gewollt hat.

b. Die Lösung dieses Problems

Nach dem bisher Gesagten handelt der Täter, der die Daten vorsätzlich ändert oder die Datenverarbeitungsanlage bzw. den Datenträger gefährdet, i.S.d. § 303b I Nrn.1 und 2 StGB nicht vorsätzlich, wenn er die Störung der Datenverarbeitung oder die Störung des betroffenen Betriebes etc. nicht gewollt hat.

Dieser Lösung kann aus den vorher genannten Gründen nicht gefolgt werden, weil der Täter immer behaupten kann, dass er die Störung i.s.d. § 303b StGB nicht gewollt hat, was zur Verneinung des subjektiven Tatbestandes des § 303b StGB führt.

Eine in der Literatur vertretene Meinung geht deshalb davon aus, dass der Täter im Rahmen des § 303b I Nr. 1 StGB, der dem § 303a I StGB gegenüber als Qualifikationstatbestand Delikt anzusehen ist, nicht vorsätzlich zu handeln braucht, um seinen Vorsatz bejahen zu können. Es genügt bereits, wenn er im Rahmen des Grunddelikts § 303a StGB vorsätzlich handelt, damit also sein Vorsatz im Rahmen des § 303b StGB bejaht werden kann.

Aufgrund dieser Erörterung ist der Vorsatz des Täters i.S.d. § 303b StGB, der, seiner Behauptung nach, die Störung der betroffenen Datenverarbeitung nicht beabsichtigte, trotzdem zu bejahen, wenn er die Daten i.S.d. § 303a StGB vorsätzlich verändert hat[697].

Diese Lösung beruht auf die Überlegung, dass die Veränderung von Daten, die für einen fremden Betrieb, ein fremdes Unternehmen oder für eine Behörde von wesentlicher Bedeutung sind, die Störung der Datenverarbeitung des betroffenen Betriebes etc. mit großer Wahrscheinlichkeit zur Folge haben wird.

Hat die Datenveränderung, die mit einem Betrieb etc. nicht im engen Zusammenhang steht, die Störung der Datenverarbeitung dieses Betriebes nicht zur Folge, so kann man den Tatbestand des § 303b StGB nicht bejahen, so beispielsweise dann nicht, wenn ein Hacker eine E-Mail oder ein Computerspiel eines Mitarbeiters eines Betriebes etc. verändert oder löscht. Diese Veränderung oder dieses Löschen kann die Störung des betroffenen Betriebes kaum herbeiführen, und deswegen muss der Tatbestand des § 303b StGB verneint werden.

Hat die Datenveränderung, die für einen Betrieb etc. nicht unmittelbar relevant ist, die Störung der Datenverarbeitung herbeigeführt, so muss hier untersucht werden, ob ein besonderer Gefahrenzusammenhang zwischen Handlung und qualifizierter Folge bejaht

---

[697]-Schönke/Schröder-Cramer, § 18 Rdnr. 2; Dreher/Tröndle, § 18 Rdnr. 2.

werden kann oder nicht. Dieser besondere Gefahrenzusammenhang und damit der Tatbestand des § 303b I Nr.2 StGB ist zu bejahen, wenn der Täter die Datenveränderung, die für den betroffenen Betrieb etc. nicht unmittelbar relevant ist, durch den Angriff auf eine Datenverarbeitungsanlage oder auf einen Datenträger herbeiführt.

II. Die Versuchsstrafbarkeit

1. Der Versuch des § 303b StGB

In Bezug auf den Versuch der Computersabotage, der gemäß § 303b II StGB strafbar ist, bestehen keine Besonderheiten[698], d.h., dass der Täter, dessen Tat durch Hindernisse vereitelt wird, einen Tatentschluss haben und mit seiner Tat unmittelbar ansetzen muss.

Der Tatentschluss zeichnet sich im Rahmen der Computersabotage ab, wenn der Täter sich, durch z.B. das Löschen von gespeicherten Daten, entscheidet, die Datenverarbeitung eines fremden Betriebes etc. zu stören.

Das unmittelbare Ansetzen des Täters kann hier bejaht werden, wenn das geschützte Rechtsgut konkret gefährdet ist. Das ist der Fall, wenn der Täter die Daten, die er z.b. löschen wollte, markiert, so dass es nur noch eines Tastendrucks, beispielsweise der Entfernentaste bedarf, um das Löschen der Daten herbeizuführen.

Ist der Computer so programmiert, so dass er vor Löschen der markierten Daten eine Sicherungsfrage stellt, so kann man in diesem Fall das unmittelbare Ansetzen des Täters bejahen, wenn diese Sicherungsfrage erscheint und es zur Löschung der Daten nur noch eines Schrittes bedarf.

Hat der Täter die Entfernen-Taste oder die gestellte Sicherungsfrage nicht drücken oder bejahen können, weil z.B. der Strom ausgefallen ist, so kann man in diesem Fall eine versuchte Computersabotage bejahen.

Ist daran zu denken, dass der strafbefreiende Rücktritt vom Versuch nach § 24 I 1.Alt. StGB zu bejahen ist, wenn der Täter seine Aktion vor Drücken der erforderlichen Taste oder vor Bejahung der gestellten Sicherungsfrage abbricht.

---

[698]-Bühler, MDR 1987, S. 457; Möhrenschlager, wistra 1991, S. 326.

2. Der Versuch des Täters, der nur beim Grund- und nicht beim Qualifikationsdelikt unmittelbar angesetzt hat

Die Frage, die sich jetzt stellt, ist, ob das unmittelbare Ansetzen des Täters bei der Begehung des Grunddelikts ausreichend ist, um den Versuch des Täters, der bei dem Qualifikationsdelikt nicht unmittelbar angesetzt hat, zu bejahen.

Zuerst Ausgangspunkt ist die Erkenntnis, dass der § 303b I Nr. 1 StGB dem § 303a StGB und der Nr.2 der selben Vorschrift dem § 303 StGB gegenüber Qualifikationstatbestände darstellen.

Die herrschende Meinung[699] geht davon aus, dass der Täter auch im Rahmen des Qualifikationsdeliktes unmittelbar ansetzen muss, um einen Versuch bejahen zu können.

Aufgrund dieser Meinung, ist der Versuch des Täters im Rahmen des Qualifikationstatbestands nicht zu bejahen, wenn er nur im Bereich des Grunddelikts unmittelbar angesetzt hat. Er muss also, dieser Meinung nach, im Rahmen des Qualifikationstatbestands noch mal unmittelbar ansetzen[700].

Wenn die Erläuterung der herrschenden Meinung auf den §§ 303a, 303b I Nr. 1 angewendet wird, stellt man fest, dass der Täter, der zuerst die Daten gemäß § 303a StGB verändert hat mit der Störung einer Datenverarbeitung, die für einen Betrieb etc. von wesentlicher Bedeutung ist, unmittelbar ansetzen muss, um seinen Versuchsbeginn bezüglich der Computersabotage bejahen zu können. Gleiches gilt auch für den § 303b I Nr. 2, der dem § 303 StGB gegenüber einen Qualifikationstatbestand darstellt[701].

In Bezug aber auf die Fälle, in denen der Täter ein Virusprogramm benutzt, ist der vorher genannten herrschenden Meinung nicht zu folgen, weil der Täter, der ein Virusprogramm schreibt, um den Qualifikationstatbestand zu erfüllen, keine weiteren Schritte außer der Verwirklichung des Grunddelikts zu machen braucht[702]. Daher kann man den Versuch des Täters z.B. beim § 303b I Nr. 1 StGB bejahen, selbst wenn der Täter, der ein Virusprogramm geschrieben hat, nicht unmittelbar angesetzt hat.

---

[699]-LK-Volger, § 22 Rdnrn. 78f; SK-Rudolphi § 22 Rdnr. 18; Kühl, JuS 1980, S. 509; Laubenthal, JZ 1987, S. 1065f; Roxin, JuS 1979, S. 7f.; Burkhardt, JuS 1983, S. 428; Jakobs, AT, 25/70; Küper, JZ 1992, S. 338f; Wessels, AT, Rdnr. 605.

[700]-Schönke/Schröder-Eser, § 22 Rdnr. 58; LK-Vogler, § 22 Rdnr. 78.

[701]-Sondermann, Dss. 1989, S. 127.

[702]-Laubenthal, JZ 1987, S. 1066.

III. Die Konkurrenzen

1. Das Konkurrenzverhältnis bezüglich der §§ 303b I Nr. 1 und 303a I StGB

Weil der § 303b I Nr.1 StGB den Tatbestand des § 303a I StGB voraussetzt, stellt er ihm gegenüber einen Qualifikationstatbestand dar[703]. Der § 303b I Nr.1 StGB geht also dem § 303a I StGB vor[704].

2. Das Konkurrenzverhältnis zwischen den §§ 303b I Nr. 2 und 303 StGB

Gemäß § 303b I Nr.2 StGB kann die Computersabotage auch durch die sich in § 303 StGB genannten Tathandlungen, nämlich die Zerstörung oder die Beschädigung, begangen werden. Daher ergibt sich das Problem des Konkurrenzverhältnisses zwischen den beiden Vorschriften. Bezüglich dieses Problems geht eine Meinung pauschal davon aus, dass der § 303b I Nr.2 StGB ein selbständiger Tatbestand ist[705] und deswegen bejaht sie die Idealkonkurrenz mit § 303 StGB. Diese Meinung stützt sich darauf, dass der § 303b I Nr.2 StGB im Gegensatz zu § 303 StGB auf die Fremdheit der Sache verzichtet, was für seine Eigenständigkeit spricht[706]. Eine andere Auffassung nimmt jedoch an, dass es zu differenzieren ist[707], ob der Täter die Tathandlung des § 303b I Nr.2 StGB, nämlich die Zerstörung oder Beschädigung gegen eine fremde oder gegen seine eigene Datenverarbeitungsanlage oder Datenträger richtet, an denen jedoch eine andere Person Besitz- oder Nutzungsrechte erworben hat[708]. Hat der Täter seine Handlung gegen eine fremde Datenverarbeitungsanlage oder einen fremden Datenträger gerichtet, so stellt der § 303b I Nr. 2 StGB dem § 303 StGB einen Qualifikationstatbestand gegenüber, weil die vom Täter angegriffene Datenverarbeitungsanlage oder der Datenträger

---

[703]-Lenckner/Winkelbauer, JZ 1987, S. 831; Möhrenschlager, wistra 1986, S. 142; Schönke/Schröder-Stree, § 303b Rdnr. 20.

[704]-LK-Tolksdorf, § 303b Rdnr. 21; Schönke/Schröder-Stree, § 303b Rdnr. 11; Dreher/Tröndle, § 303b Rdnr. 6; Tiedemann, JZ 1986, S. 870; Bühler, MDR 1987, S. 456; Haß, Strafrechtlicher Schutz von Computerprogrammen, Rdnr. 61; Achenbach, NJW 1986, S. 1838, Fn. 50; Arzt/Weber, BT 4, Rdnr. 14.

[705]-Schönke/Schröder-Stree, § 303b Rdnr 12; Lenckner/Winkelbauer, CR 1986, S. 831; Haß, Strafrechtlicher Schutz von Computerprogrammen, Rdnr. 62.

[706]-Schönke/Schröder-Stree, § 303b Rdnr. 12; Wessels BT, 1 S. 14.

[707]-Volesky/Scholten, iur 1987, S. 282; Arzt/Weber, BT 4, Rdnr. 114.

[708]-LK-Tolksdorf, § 303b Rdnr. 30; SK-Samson, § 303b Rdnr. 14; Arzt/Wber, BT 4, Rdnr. 118.

sich im Eigentum des Inhabers des betroffenen fremden Betriebes, Unternehmens oder Behörde befindet.

Hat der Täter aber die Tathandlung gegen seine eigene Datenverarbeitungsanlage oder seinen eigenen Datenträger gerichtet, an der eine andere Person ein Nutzungsrecht hat, so liegt zwischen den §§ 303b I Nr. 2 und 303 StGB in diesem Fall Idealkonkurrenz nach § 52 StGB[709] vor. Mit anderen Worten kann man sagen, dass hier nur Computersabotage und nicht Sachbeschädigung einschlägig ist, weil der Täter im Rahmen der Sachbeschädigung im Gegensatz zur Computersabotage nur eine fremde Sache angreifen kann[710].

3. Das Konkurrenzverhältnis zwischen Nrn. 1 und Nr. 2 des § 303b I StGB

Hat der Täter durch seine Handlung Nrn. 1 und 2 von § 303b StGB erfüllt, so kann nur eine von den beiden Varianten bejaht werden, d.h., dass hier keine Tateinheit auftreten kann. Im Gegensatz dazu kann Tateinheit mit den Sabotagetatbeständen der §§ 87, 88, 109e, 316 c I Nr.2, 317 StGB und somit mit den §§ 242, 263a, 304 und 311 StGB auftreten[711].

IV. Der Strafantrag

Die Computersabotage ist gemäß § 303c StGB ein Antragsdelikt. Der Strafantrag kann gemäß § 77 I StGB nur vom unmittelbar Verletzten gestellt werden.

Unmittelbar Verletzter kann gemäß § 303b StGB der Inhaber des betroffenen Betriebes, des Unternehmens oder der Behörde sein, der über die Daten oder die Datenverarbeitungsanlage bzw. den Datenträger verfügungsberechtigt ist[712].

Hält die Staatsanwaltschaft aufgrund eines besonderen öffentlichen Interesses das Einschreiten von Amts wegen für geboten, so können die Strafverfolgungsorgane die Computersabotage ausnahmsweise ohne Strafantrag verfolgen[713].

---

[709]-Möhrenschlager, wistra 1986, S. 142.

[710]-Hilgendorf, JuS 1996, S. 1084.

[711]-Dreher/Tröndle, § 303b Rdnr. 11; Volesky/Scholten, iur 1987, S. 282; Lenckner/Winkelbauer, CR 1986, S. 831; Hilgendorf, JuS 1996, S. 1084.

[712]-LK -Tolksdorf, § 303 Rdnr. 31; Volesky/Scholten, iur. 1987, S. 282; Schönke/Schröder-Stree, § 303c Rdnr. 4.

[713]-LK-Tolksdorf, § 303b Rdnr. 31; Schönke/Schröder-Stree, § 303b Rdnr. 19; Dreher/Tröndle, § 303b Rdnr. 10; Lenckner/Winkelbauer, CR 1986, S. 831; Tiedemann, JZ 1986, S. 870; Volesky/Scholten, iur. 1987, S. 282.

Das öffentliche Interesse, das das Einschreiten des Amtes ohne Strafantrag rechtfertigt, kommt z.B. in Betracht, wenn die vom Täter begangene Computersabotage große wirtschaftliche Schäden anrichtet[714].

V. Die Zusammenfassung

Der § 303b StGB kommt in Betracht, wenn der Täter durch Datenveränderung gemäß § 303a StGB oder durch Zerstörung, Beschädigung, Unbrauchbarmachung, Beseitigung oder Veränderung einer Datenverarbeitungsanlage oder eines Datenträgers, die Datenverarbeitung stört. Die Datenverarbeitung ist gestört, wenn ihr reibungsloser Ablauf nicht unerheblich beeinträchtigt wird.

Wenn man sich den Wortlaut des § 303b StGB anschaut, stellt man fest, dass die gestörte Datenverarbeitung für einen fremden Betrieb, ein fremdes Unternehmen, oder für eine Behörde von wesentlicher Bedeutung sein muss, damit der Täter gemäß dieser Vorschrift bestraft werden kann. Die gestörte Datenverarbeitung ist für den betroffenen Betrieb etc. nicht von wesentlicher Bedeutung, wenn sie durch den Mehreinsatz von Aushilfskräften bzw. durch den Einsatz weiterer technischer Mittel aufgehoben werden kann, es sei denn, dass ihre Aufhebung nur mit erheblichem Mehraufwand möglich ist. Mit anderen Worten kann man sagen, dass die Wesentlichkeit der gestörten Datenverarbeitung zu bejahen ist, wenn die Funktionsfähigkeit des betroffenen Betriebes etc. so beeinträchtigt wird, so dass er nicht ordnungsgemäß funktionieren kann.

Außerdem kann man vom Wortlaut des § 303b StGB feststellen, dass es bei dieser Vorschrift genauso (wie beim § 303 StGB) um den Schutz einer Sache vor Beschädigung geht. Ein Unterschied zwischen den beiden Vorschriften liegt jedoch in der Fremdheit der beschädigten Sache. Während der § 303 StGB die Fremdheit der beschädigten Sache voraussetzt, damit der Täter wegen dieser Vorschrift bestraft werden kann, kann der Täter im Rahmen des § 303b StGB bestraft werden, selbst wenn er seine eigene Sache beschädigt, die zur Störung einer Datenverarbeitung führt. Das ist der Fall, wenn der Eigentümer einer Datenverarbeitungsanlage bzw. eines Datenträgers, der z.B. ein vertragliches Nutzungsabkommen mit dem Geschädigten geschlossen hat, seine eigene Datenverarbeitungsanlage oder seinen eigenen Datenträger beschädigt, unbrauchbar macht, beseitigt oder verändert. Aufgrund dieser Tatsache kann die vor der Einführung des § 303b StGB in das Strafgesetzbuch auf die Fälle der Computersabotage angewandte Vorschrift (§ 303 StGB) nicht in der Lage sein, die Fälle der

---

[714]-Schönke/Schröder-Stree, § 303c Rdnr. 8; Dreher/Tröndle, § 303c Rdnr. 3.

Computersabotage richtig zu behandeln, daher war es von Bedeutung den § 303b StGB in das Strafgesetzbuch einzuführen.

In Bezug auf die Frage des Datenbegriffs i.S.d. § 303b StGB, der keinen ausdrücklichen Verweis auf die Legaldefinition des § 202a II StGB hat, kann man sagen, dass dennoch die Legaldefinition des § 202a II StGB auf die Daten i.S.d. § 303b StGB anzuwenden ist. Zur Begründung dieser Anwendung kann man sagen, dass der § 303b I Nr. 1 StGB einen Qualifikationstatbestand zu § 303a I StGB darstellt, der einen direkten Hinweis auf den Datenbegriff des § 202a II StGB enthält. Daher kann man davon ausgehen, dass der § 303b StGB über § 303a StGB einen konkludenten Verweis auf die Legaldefinition des § 202a II StGB hat. Aufgrund dieser Tatsache sind Daten i.S.d. § 303b StGB solche, die elektronisch, magnetisch oder sonst nicht unmittelbar wahrnehmbar gespeichert sind oder übermittelt werden.

Schließlich darf nicht vergessen werden, dass die Computersabotage auch durch physische Zerstörung von Datenträgern oder Hardware, Computerviren, logische Bomben oder durch Würmer herbeigeführt werden kann.

Literaturverzeichnis

Achenbach, Hans: Die „kleine Münze" des sog. Computer-Strafrechts - Zur Strafbarkeit des Leerspielens von Geldspielautomaten, Jura 1991, S. 225 - 230.

Achenbach, Hans: Das Zweite Gesetz zur Bekämpfung der Wirtschaftskriminalität, NJW 1986, S. 1835 - 1841.

Arloth, Frank: Computerstrafrecht und Leerspielen von Geldspielautomaten, Jura 1996, S. 354 - 360.

Arzt, Günter/ Weber, Ulrich: Strafrecht Besonderer Teil, Ein Lehrbuch in 5 Heften, Bielfeld, Gieseking, LH4. Wirtschaftsstraftaten, Vermögensdelikte (Randbereich), Fälschungsdelikte, 2. Auflage, Bielefeld, Gieseking 1989.

Bandekow, Klaus: Strafbarer Mißbrauch des elektronischen Zahlungsverkehrs - Zur Strafbarkeit der mißbräuchlichen Inanspruchnahme von Geldausgabeautomaten, Chip-Karten-Systemen und Bildschirmtext-Leistungen unter Berücksichtigung von Kriminologie und Kriminalistik, Dissertation, Lübeck 1989.

Baumann, Jürgen: Mißbrauch polizeilicher Aufforderungsschreiben, NJW 1964, S. 705 - 708.

Baumann, Jürgen/Weber, Ulrich: Strafrecht Allgemeiner Teil, 9. Auflage, Bielfeld 1985.

Beisel, Daniel/Heinrich, Bernd: Die Strafbarkeit der Ausstrahlung pornographischer Sendung in codierter Form durch das Fernsehen, JR 1996, S. 95 - 99.

Berghaus, Michael: § 263a StGB und der Codekartenmißbrauch durch den Kontoinhaber selbst, JuS 1990, S. 981 - 983.

Bernsau, Georg: Der Scheck- oder Kreditkartenmißbrauch durch den berechtigten Karteninhaber, Göttingen 1990.

Bockelmann, Paul: Strafrecht Allgemeiner Teil, begründet von Paul Bockelmann, neubearbeitet von Klaus Volk, 4. Auflage, München 1987.

Bühler, Christoph: Ein Versuch, Computerkriminellen das Handwerk zu legen - Das Zweite Gesetz zur Bekämpfung der Wirtschaftskriminalität, MDR 1987, S. 448 - 457.

Bühler, Christoph: Zum Konkurrenzverhältnis zwischen § 63 a StGB und § 266 b StGB beim Scheck- und Kreditkartenmißbrauch, MDR 1989, S. 22 - 25.

Bühler, Christoph: Geldspielautomatenmißbrauch und Computerstrafrecht, MDR 1991, S. 14 - 17.

Burhoff, Hamm: Missbräuchliche einer Mobilfunktions-Kodekarte, NJW 1999, S. 3726 - 3727.

Burkhardt, Björn: Vorspiegelung von Tatsachen als Vorbereitungshandlung zum Betrug (zu OLG Karlsruhe NJW 1982, 59), JuS 1983, S. 426 - 431.

Dannecker, Gerhard: Neuere Entwicklungen im Bereich der Computerkriminalität, Aktuelle Erscheinungsformen und Anforderungen an eine effektive Bekämpfung, BB 1996, S. 1285 - 1294.

Dierstein, Rüdiger: Arten, Eigenschaften und Bekämpfung von Programm-Manipulation, von Viren, trojanischen Pferden und logischen Bomben (I), NJW-CoR 4/9-1990, S. 9-13.

Dornseif/Schumann: Probleme des Datenbegriffs im Rahmen des § 269 StGB, JR 2002, S. 52 - 57.

Dworatschek, Sebastian: Grundlagen der Datenverarbeitung, 8. Auflage, Berlin u.a. 1989.

Ellmer, Manfred: Betrug und Opfermitverantwortung, Berlin 1986.

Engelhard, Hans: Computerkriminalität und deren Bekämpfung durch strafrechtliche Reformen, DVR 1985, S. 165 - 174.

Freund, Georg : Grundfälle zu den Urkundendelikten, JuS 1994, S. 207 - 212.

Frey, Silvia: Computerkriminalität in eigentums- und vermögensstrafrechtlicher Sicht, Dissertation, München 1987.

Frommel, Monika: Das Zweite Gesetz zur Bekämpfung der Wirtschaftskriminalität, JuS 1987, S. 667 - 668.

Gerstenberg, Ekkehard: Löschen von Tonbändern als neuer strafrechtlicher Tatbestand, NJW 1956, S. 540.

Gössel, Karl Heinz: Strafrecht Besonderer Teil / 1 - Delikte gegen immaterielle Rechtsgüter des Individuums, Heidelberg 1987.

Gravenreuth, Günther Frhr. von: Computervieren, Hacker, Datenspione, Crasher und Cracker, NStZ 1989, S. 201 - 207.

Gravenreuth, Günther Frhr. Von: Ziffer 106 - Computerrechts-Handbuch, Computertechnologie in der Rechts- und Wirtschfatspraxis, 8. Ergänzungslieferung, Stand: 31. Mai 1995, München 1995.

Gropp, Walter: Die Codekarte: der Schlüssel zum Diebstahl - II. Der Mißbrauch der Codekarte in der strafrechtlichen Diskussion, JZ 1983, S. 487 - 491.

Grosch, Olaf/Liebl, Karlhans: Computerkriminalität und Betriebsspionage - Zum strafrechtlichen Schutz bei Computer bezogen Betriebsspionage, CR 1988, S. 567 - 574.

Grochla, Erwin: Betrieb, Betriebswirtschaft und Unternehmung – in: Handwörterbuch der Betriebswirtschaft, Teilband 1. Stuttgart 1993.

Haft, Fritjof: Das Zweite Gesetz zur Bekämpfung der Wirtschaftskriminalität - Teil 2: Computerdelikte, NStZ 1987, S. 6 - 10.

Haß, Gerhard: Der strafrechtliche Schutz von Computerprogrammen - Rechtsschutz und Verwertung von Computerprogrammen, 2. Auflage, Köln 1993.

Hefendehl, Roland: Das strafrechtliche Problem beim Herstellen, beim Vertrieb und bei der Verwendung von wiederaufladbaren Telefonkartensimulatoren, NStZ 2000, S. 348 -350.

Hilgendorf, Eric: Grundfälle zum Computerstrafrecht, JuS 1996, S. 509 – 512; II Die Computerspionage, JuS 1996, S. 702 – 706; III Die Datenveränderung, JuS 1996, S. 890 – 894; IV Die Computersabotage, JuS 1996, S. 1082 – 1084; V Der Computerbetrug, JuS 1997, S. 130 – 136; VI Die künftige Entwicklung des Computerstrafrechts: Datennetzkriminalität, JuS 1997, S. 324 - 331.

Hilgendorf, Eric: Überlegung zur strafrechtlichen Interpretation des Ubiqitätsprinzips im Zeitalter des Internet, NJW 1997, S. 1873 - 1878.

Holtz, Günter: Aus der Rechtsprechung des Bundesgerichtshofs in Strafsachen, MDR 1984, S. 979 - 983.

Huff, Martin: Die mißbräuchliche Benutzung von Geldautomaten, NJW 1987, S. 815 - 818.

Huff, Martin: Mißbräuchliche Benutzung eines Geldautomaten als Unterschlagung nach altem Recht, NJW 1988, S. 979 - 981.

Jakobs, Günter: Strafrecht Allgemeiner Teil, Die Grundlagen und die Zurechnungslehre, Berlin u.a. 1983.

Jescheck, Hans-Heinrich: Lehrbuch des Strafrechts: Allgemeiner Teil, 4. Auflage, Berlin 1988.

Joecks, Wolfgang: Strafgesetzbuch, Studienkommentar, 3. Auflage, München 2001.

Jungwirth, Anton: Diebstahlsvarianten im Zusammenhang mit Geldausgabeautomaten, MDR 1987, S. 537 - 543.

Kadel, Bertold: Versuchsbeginn bei mittelbarer Täterschaft - versuchte mittelbare Täterschaft, GA 1983, S. 299 - 309.

Kirchner, Hilderbert: Abkürzungsverzeichnis der Rechtsprache, 4. Auflage, Berlin u.a. 1993.

Kitz, Volker: Examenrelevante Bereiche „moderner Kriminalität", JA 2001, S. 303 - 306.

Kleb-Braun, Gabriele: Codekartenmißbrauch und Sparbuchfälle aus „Volljuristischen" Sicht, JA 1986, S. 249 - 261.

Köhler, Daniel: Strafrechtsklausur: Der freigebige EC- Automat, JuS 1990, S. 52 - 57.

Kühl, Kristian: Versuch in mittelbarer Täterschaft (zu BGHSt 30, 363), JuS 1983, S. 180 - 182.

Kühl, Kristian: Grundfälle zu Vorbereitung, Versuch, Vollendung und Beendigung - 3. Teil, Der Versuch, JuS 1980, S. 506 - 510

Kunz, Karl-Ludwig: Strafrecht: Die prestigefördernde Computer-Manipulation, JuS 1977, S. 604 - 608.

Küper, Wilfrid: Der Versuchbeginn bei mittelbarer Täterschaft, JZ 1983, S. 361 - 372.

Küper, Georg: Anspruch und wirkliche Bedeutung des Theorienstreits über die Abgrenzung von Täterschaft und Teilnahme, GA 1986, S. 436 - 449.

Küper, Wilfrid: „Teilverwirklichung" des Tatbestandes: ein Kriterium des Versuches? - Zugleich eine Besprechung des BGH- Urteil vom 16.01.1991, JZ 1992, S. 338 - 347.

Labasch, Karl Heinz: Grundprobleme des Missbrauchstatbestands der Untreue (I) (§ 266 Abs. 1, 1. Alt. StGB), Jura 1987, S. 343 - 352.

Lackner, Karl/Kühl, Kristian: Strafgesetzbuch mit Erläuterungen, 22. Auflage, München 1997.

Lampe, Ernst-Joachim: Genügt für den Entschluß des Täters in § 43 StGB sein bedingter Vorsatz?, NJW 1958, S. 332 - 333.

Lampe, Ernst-Joachim: Die strafrechtliche Behandlung der sog. Computerkriminalität, GA 1975, S. 1 - 23.

Laubenthal, Klaus: Der Versuch des qualifizierten Deliktes einschließlich des Versuches im besonders schweren Fall bei Regelbeispielen, JZ 1987, S. 1065 - 1070.

LK: Großkommentar, Band 1, Einleitung, §§ 1 bis 31, 10. Auflage, Berlin u.a.1985;

Band 5, §§ 185 bis 262, 10. Auflage, Berlin u.a. 1988;

Band 6, §§ 263 bis 302a, 10. Auflage, Berlin u.a. 1988;

Band 7, §§ 303 bis 358, 10. Auflage, Berlin u.a. 1988.

Lenckner, Theodor: Computerkriminalität und Vermögensdelikte, Heidelberg u.a. 1981.

Lenckner, Theodor/Winkelbauer, Wolfgang: Computerkriminalität-Möglichkeiten und Grenzen des 2. WiKG I, CR 1986, S. 483 – 488; II [2. Teil], CR 1986, S. 654 – 661; III [3. Teil], CR 1986, S. 824 - 831.

Maunz/Düring: Grundgesetz, Band V, Art. 89-146, zugleich die 42. Ergänzungslieferung zur 1. Auflage, Lieferung 1 bis 42, München 2003.

Maurach, Reinhart/Schroeder, Friedrich-Christian/Maiwald, Manfred: Strafrecht Besonderer Teil, Teilband 1, Straftaten gegen Persönlichkeits- und Vermögenswerte, 9. Auflage, Heidelberg 2002.

Meier, Bernd-Dieter: Strafbarkeit des Bankautomatenmißbrauchs, JuS 1992, S. 1017 - 1021.

Meier, Bernd-Dieter: Softwarepiraterie - eine Straftat? Überlegungen zum Strafrechtsschutz für Computerprogramme, JZ 1992, S. 657 - 665.

Meyer, Gisela: Datenunterdrückung gemäß § 274 I Nr. 2 StGB, ein Kabinettstückchen?, iur 1988, S. 421 - 427.

Mitsch, Wolfgang: Die Verwendung einer Codekarte durch einen Nichtberechtigten als Diebstahl (zu AG Kulmbach, NJW 1985, 2282), JuS 1986, S. 767 - 772.

Mitsch, Wolfgang: Rechtsprechung zum Wirtschaftsstrafrecht nach dem 2. WiKG, JZ 1994, S. 877 - 889.

Möhrenschlager, Manfred: Das Zweite Gesetz zur Bekämpfung der Wirtschaftskriminalität (2. WiKG), wistra 1986, S. 123 – 142.

Möhrenschlager, Manfred: Computerstraftaten und ihre Bekämpfung in der Bundesrepublik Deutschland, wistra 1991, S. 321 - 331.

Mühle, Kerstin: Hacker und Computer–Vieren im Internet – eine strafrechtliche Beurteilung -, Dissertation, 1998.

Mühlen, Rainer: Computer-Kriminalität, Gefahren und Abwehrmassnahmen, Schriftenreihe „Wirtschaftsführung, Kybernetik, Datenverarbeitung", Berlin 1973.

Mürbe, Manfred: Die Selbstbedienungstankstelle, Jura 1992, S. 324 - 328.

Neumann, Ulfrid: Leerspielen von Geldspielautomaten - Diebstahl und Computerbetrug, CR 1989, S. 717 - 720.

Neumann, Ulfrid: Unfaires Spielen an Geldspielautomaten, JuS 1990, S. 535 - 540.

Otto, Harro: Der Versuch des erfolgqualifizierten Delikts, Problembereich: Konsequenzen aus dem Grundgedanken einer strafrechtlichen Regelung, Jura 1985, S. 671 - 672.

Otto, Harro: Zum Bankautomatenmißbrauch nach Inkrafttreten des WiKG, JR 1987, S. 221 - 225.

Otto, Harro: Problem des Computerbetrugs, Jura 1993, S. 612 - 615.

Otto, Harro: Grundkurs Strafrecht - Allgemeine Strafrechtslehre, 6. Auflage, Berlin u.a. 2000.

Otto, Harro: Grundkurs Strafrecht - Die einzelnen Delikte, 6. Auflage, Berlin u.a. 2002.

Pasker, Hans-Uwe: Betrug durch Täuschung des Rechtspflegers im Mahnverfahren, § 263 Abs. 1 StGB, (zu OLG Düsseldorf, Beschl. v. 30.8. 1991- 2 Ws 317/91= NStZ 1991, 586), JA 1992, S. 191 - 192.

Paul, Werner/Schneider, Jochen: Datenvernichtung durch unverlangt zugesandte Diskette, CR 1990, S. 82 - 83.

Pohl, Hartmut/Cramer, Dorothea: Recht und Sicherheit der Informations- und Kommunikationssysteme - Zur Computerkriminalität im 5. StÄG der DDR und 2. WiKG der Bundesrepublik aus der Sicht der Informationstechnik (I), DuD 1990, S. 493 - 497.

Puppe, Ingeborg: Die Fälschung technischer Aufzeichnungen, Dissertation, Berlin 1972.

Ranft, Otfried: Grundfälle aus dem Bereich der Vermögensdelikte (1. Teil), JA 1984, S. 1 - 8.

Ranft, Otfried: Der Bankautomatenmißbrauch, wistra 1987, S. 79 - 86.

Ranft, Otfried: Kreditkartenmißbrauch (§ 266b Alt. 2 StGB), JuS 1988, S. 673 - 681.

Ranft, Otfried: Zur „betrugsnahen" Auslegung des § 263a StGB, NJW 1994, S. 2574 - 2580.

Rengier, Rudolf: Strafrecht Besonderer Teil I, Vermögensdelikte, 3. Auflage, München 1999.

Rohner, Louis: Computerkriminalität, strafrechtliche Probleme bei „Zeitdiebstahl" und Manipulationen, Dissertation, Zürich 1976.

Rombach, Wolfgang: Killer-Viren als Kopierschutz, vertragliche und deliktische Anspruchsgrundlagen der Betroffenen, CR 1990, S. 101 - 106.

Roxin, Claus: Tatentschluss und Anfang der Ausführung beim Versuch, JuS 1979, S. 1 - 13.

Rupp, Wolfgang: Computersoftware und Strafrecht - Ein Beitrag unter besonderer Berücksichtigung des strafrechtlichen Vermögensschutzes, Dissertation, Tübingen 1985.

Samson, Erich: Grundprobleme des Betrugstatbestands, 1. Teil, JA 1978, S. 469 - 475.

Scheffler, Hauke/Dressel, Christian: „Unbefugtes" Verwendung von Daten beim Computerbetrug, NJW 2000, S. 2645 - 2646.

Schlüchter, Ellen: Grundfälle zum Bewertungsirrtum des Täters im Grenzbereich zwischen §§ 16 und 17 StGB – 3. Teil, Fehlbewertungen im Rahmen der Rechtswidrigkeit, JuS 1985, S. 617 - 621.

Schlüchter, Ellen: Zweites Gesetz zur Bekämpfung der Wirtschaftskriminalität - Kommentar mit einer kriminologischen Einführung, Heidelberg 1987.

Schlüchter, Ellen: Zweckentfremdung von Geldspielgeräten durch Computermanipulationen, NStZ 1988, S. 53 - 60.

Schmitt, Rudolf/Ehrlicher, Verena: Anmerkung zu BGH JZ 1988, S. 361 ff., JZ 1988, S. 364 - 365.

Schmitz, Roland: Ausspähen von Daten, § 202a StGB, JA 1995, S. 478 - 484.

Schnabl, Andrea: Strafbarkeit des Hacking – Begriff und Meinungsstand, wistra 2004, S. 211 - 216

Schneider, Hartmut: Unbefugte Verwendung einer Scheckkarte, NStZ 1987, S. 122 - 126.

Schroth, Hans-Jürgen: Der Diebstahl mittels Codekarte, NJW 1981, S. 729 - 733.

Schönke, Adolf/Schröder, Horst: Strafgesetzbuch, Kommentar, 26. Auflage, München 1991.

Schulze-Heiming, Ingeborg: Der strafrechtliche Schutz der Computerdaten gegen die Angriffsformen der Spionage, Sabotage und des Zeitdiebstahls, Münster u.a. 1995.

Seelmann, Kurt: Grundfälle zu den Straftaten gegen das Vermögen als Ganzes, JuS 1982, S. 268 - 272.

Seier, Jürgen: Prozeßbetrug durch Rechts- und ungenügende Tatsachenbehauptungen, ZStW 1990, S. 563 - 595.

Sieber, Ulrich: Computerkriminalität: Probleme hinter einem Schlagwort - Bericht anläßlich eines der Interparlamentarischen Arbeitsgemeinschaft in Bonn, DSWR 1974, S. 245 - 250.

Sieber, Ulrich: Gefahr und Abwehr der Computerkriminalität, BB 1982, S. 1433 - 1442.

Sieber, Ulrich: Informationstechnologie und Strafrechtsreform - Zur Reichweite des künftigen zweiten Gesetzes zur Bekämpfung der Wirtschaftskriminalität, Köln u.a. 1985.

Sieber, Ulrich: Computerkriminalität und Informationsstrafrecht, CR 1995, S. 100 - 113.

Sieg, Rainer: Strafrechtlicher Schutz gegen Computerkriminalität, Jura 1986, S. 352 - 363.

Sondermann, Markus: Computerkriminalität - Die neuen Tatbestände der Datenveränderung gem. § 303a StGB und der Computersabotage gem. § 303b StGB, Dissertation, Münster 1989.

Sowada, Christoph: Die erfolgqualifizierten Delikte im Spannungsfeld zwischen Allgemeinem und Besonderem Teil des Strafrechts, Jura 1995, S. 644 - 653.

Spahn, Andreas Guido: Wegnahme und Mißbrauch codierter Scheckkarten nach altem und neuem Recht, Jura 1989, S. 513 520.

Steinhilper, Udo: Die mißbräuchliche Verwendung von Euroscheckkarten in strafrechtlicher Sicht, Jura 1983, S. 401 - 416.

Steinhilper, Udo: Ist die Bedienung von Bargeldautomaten unter mißbräuchlicher Verwendung fremder Codekarten strafbar?, GA 1985, S. 114 - 131.

Steinke, Wolfgang: Die Kriminalität durch Beeinflußung von Rechnerabläufen, NJW 1975, S. 1867 - 1869.

Steinke, Wolfgang: Kriminalität durch Beeinflussung von Rechnerabläufen, NStZ 1984, S. 295 - 297.

Systematischer Kommentar – Band II Besonderer Teil (§§ 80 – 358): §§ 80 -200, 5., 6. bzw. 7. Auflage, 60 Lieferung (Februar 2004); §§ 201 – 266b, 7. Auflage, 56. Lieferung (Mai 2003); §§ 267 – 358, 5. bzw. 6. Auflage, 52. Lieferung (August 2001).

Thaeter, Ralf: Die unendliche Geschichte „Codekarte", JA 1988, S. 547 - 551.

Tiedemann, Klaus: Die Bekämpfung der Wirtschaftskriminalität durch den Gesetzgeber - Ein Überblick aus Anlaß des Inkrafttretens des 2. WiKG am 1.8.1986, JZ 1986, S. 865 - 874.

Tröndle, Herbert: Strafgesetzbuch und Nebengesetze, 49. Auflage, München 1999.

Tröndle, Herbert/Fischer, Thomas: Strafgesetzbuch und Nebengesetze, 51. Auflage, München 2003.

Ulsenheimer, Klaus: Zur Problematik des Versuches erfolgsqualifizierter Delikte, GA 1966, S. 257 - 278.

Volesky, Karl-Heinz/ Scholten, Hansjörg: Computersabotage - Sabotageprogramm - Computerviren, Rechtline Probleme von § 303b StGB, iur 1987, S. 280 - 289.

Weber, Ulrich: Das Zweite Gesetz zur Bekämpfung der Wirtschaftskriminalität (2.WiKG) - Teil 1: Vermögens- und Fälschungsdelikte (außer Computerkriminalität), NStZ 1986, S. 481 - 488.

Weber, Ulrich: Probleme der strafrechtlichen Erfassung des Euroschecks- und Euroscheckkartenmißbrauch nach Inkrafttreten des 2. WiKG, JZ 1987, S. 215 - 218.

Weck, Gerhard: Sicherheit von Rechensystemen, CR 1986, S. 839 - 850.

Welp, Jürgen: zu Ellen Schlüchter, Zweites Gesetz zur Bekämpfung der Wirtschaftskriminalität - Kommentar mit einer kriminologischen Einführung, iur 1987, S. 353-355.

Welp, Jürgen: Strafrechtliche Aspekte der digitalen Bildbearbeitung (I), CR 1992, S. 291 - 296; (II), CR 1992, S. 354 - 362.

Wessels, Johannes/ Hettinger, Michael: Strafrecht Besonderer Teil/1, Straftaten gegen Persönlichkeits- und Gemeinschaftswerte, 26. Auflage, Heidelberg 2001.

Wessels, Johannes/Hillenkamp, Thomas: Strafrecht Besonderer Teil/2, Straftaten gegen Vermögenswerte, 24. Auflage, Heidelberg 2001.

Wessels, Johannes/Beulke, Werner: Strafrecht Allgemeiner Teil - Die Straftaten und ihr Aufbau, 32. Auflage, Heidelberg 1998.

Westpfahl, Marion: Strafbarkeit des systematischen Entleerens von Glücksspielautomaten, CR 1987, S. 515 - 521.

Wiechers, Lothar: Forum: Strafrecht und Technisierung im Zahlungsverkehr, JuS 1979, S. 847 - 850.

Winkelbauer, Wolfgang: Computerkriminalität und Strafrecht, CR 1985, S. 40 - 44.

Wöhe, Günter/Döring, Ulrich: Einführung in die Allgemeine Betriebswirtschaftslehre, 18. Auflage, München 1993.

Zimmerli, Erwin/Liebl, Karlhans: Computermissbrauch - Computersicherheit, Fälle- Abwehr- Aufdeckung, Ingelheim 1984